Wolfgang Schmidbauer

Die subjektive Krankheit

Kritik der Psychosomatik

Rowohlt

Umschlaggestaltung Werner Rebhuhn
unter Verwendung einer Gestalt
von der Altartafel mit dem Jüngsten Gericht
von Hieronymus Bosch (1450–1516),
Wien, Akademie der bildenden Künste

1. Auflage August 1986
Copyright © 1986 by Rowohlt Verlag GmbH,
Reinbek bei Hamburg
Alle Rechte vorbehalten
Satz aus der Garamond auf Linotron 202
Gesamtherstellung Clausen & Bosse, Leck
Printed in Germany
ISBN 3 498 06199 2

Inhalt

Vorwort

Viel Kummer, viel Angst und Mißgunst, viel Erniedrigung, die andere uns und wir selbst uns und anderen zufügen, wären zu vermeiden, wenn wir eine bessere, eine spezifisch auf den Menschen zugeschnittene Krankheits- und Heilungslehre besäßen.

Alexander Mitscherlich *

Wo wir uns lebendig fühlen, verschwindet die Subjekt-Objekt-Spaltung, löst sich das distanzierende, analytische Denken in einer emotionalen Ganzheit auf. Immer treibt die Krankheit einen Keil in diese Ganzheit. Aber unser Umgang mit dieser Situation hat sich geändert: während die alte schamanistische und magische Heilkunde diesen Keil zu entfernen trachtet, schlägt ihn die objektivierende, naturwissenschaftliche Medizin noch tiefer ein, um ungestört von den ganzheitlichen Erlebnissen des Subjekts die objektivierbare Hälfte reparieren zu können. Um den Tod zu vertreiben, verbündet sich der Arzt mit seinen Attributen, mit Kälte, Distanz, Maß, Zahl und Funktion.

Die psychosomatische Medizin ist ein Versuch, dieser Ganzheit des erlebenden Subjekts wieder nahezukommen. Aber sie ist auch Medizin, oft naturwissenschaftlich geprägt, und wiederholt deshalb deren objektivierendes Vorgehen. Die Widersprüche und psychologisch faßbaren Belastungen, die auf diese Weise entstehen, will ich hier beschreiben. Der Anspruch, sich ihrer zu bemächtigen, löst die Ganzheit in Bruchstücke auf,

---

* Krankheit als Konflikt. Studien zur psychosomatischen Medizin I. Frankfurt (Suhrkamp) 1966, S. 9.

wie die magischen Visionen des Märchens oder – aktueller – die touristisch erschlossenen Inseln der Südsee.

Das Subjekt verzweigt sich in seinen gefühlsbestimmten Erlebnissen bis in die letzte Zelle. Jede Erkrankung, vom banalen Schnupfen bis zum tödlichen Herzinfarkt, wird durch die geheimnisvolle Macht des Subjekts mitbestimmt. Aber sein Zugang und sein Einfluß sind nicht rational, kontrollierbar, objektiv meßbar. Man ist an die Unschärferelation der Physik erinnert: die Tiefe der subjektiven Erlebniswelt, ihre heilende (oder zerstörerische) Macht kann sich nicht gleichzeitig mit der Gesetzmäßigkeit des objektivierenden Wissens entfalten. Der in psychosomatischen Überlegungen enthaltene Versuch, Verlorenes wiederzufinden, läuft Gefahr, den Verlust noch zu verschärfen. Moralisierende, in Leistungszusammenhänge eingebettete «Übersetzungen» der Krankheit in eine lexikalisch geordnete Organsprache führen zu einer Selbst-Kolonialisierung der Subjekte, die in die Formel mündet «Ich weiß schon, es ist psychosomatisch». Es ist, als ob wir, des Nebels und der Dunkelheit draußen vor den Fenstern müde, Bilder und Diagramme an die Scheiben malen und nun glauben, wir hätten Klarheit gewonnen.

Mich selbst hat die Arbeit an diesem Text oft sehr betroffen, nicht nur, weil ich eine eigene «banale» Krankheit zum Gegenstand der Analyse machte und vor ihren Verzweigungen erschrak, sondern auch deshalb, weil die Reflexionen zur subjektiven/objektiven Krankheit meine eigene Doppelexistenz als Schriftsteller und psychoanalytischer Therapeut immer wieder berührten. Wie die Heilkunde in einer Spannung zwischen Kunst und Wissenschaft steht, so auch meine bisher bevorzugte literarische Ausdrucksform: das «Sachbuch», dem man im guten Fall eine Synthese von künstlerisch gefälliger Form und wissenschaftlich haltbarem Inhalt zubilligen mag. Im schlechten Fall ist es weder Fisch noch Fleisch. Mir ist deutlicher geworden, daß ich in dem prägbaren Alter von 21 Jahren deshalb aufhörte, meine poetischen Ziele weiterzuverfolgen, weil mich die handgreiflichere Macht wissenschaftlicher Abstraktionen mehr fesselte. Konkret sah das so aus, daß ich die brotlose Kunst des Gedichteschreibens aufgab und anfing, Artikel und Kongreßberichte für ein medizinisches Magazin zu verfassen. Damit setzte ich den Kompromiß fort, den die Entscheidung für das Psychologiestudium bereits enthielt. Ich wählte ein Gebiet, das die Freiheit der Kunst zusammen mit dem Machtgewinn des Wissens verspricht, dann aber Mühe hat, etwas zu halten, von wirkungsloser Spekulation und empirischer Banalität gleichermaßen bedroht.

Ich versuche im Text diesen Widerspruch nicht zu lösen, sondern mit ihm zu leben und ihn schrittweise genauer auszudrücken. So hoffe ich, auf mich selbst anzuwenden, was ich auch im Inhalt empfehle: genaue Beobachtung, Verzicht auf Macht, wo es möglich ist, Selbstbegrenzung in einem ganzheitsbezogenen, ökologischen Sinn. Daß Ökologie ein penetranter Modebegriff geworden ist, sollte uns nicht daran hindern, in dieser Richtung weiterzudenken, eher die Mode zu hinterfragen als uns ihrem Diktat zu beugen. Daß ich mich damals von der Poesie entfernt und der Psychologie zugewandt habe, war weder falsch noch richtig, sondern unausweichlich. Auf vielen, oft verworrenen Wegen, wissenschaftlich wie privat, habe ich doch eine genauere Kenntnis dessen gewonnen, was ich damals nicht wagte zu verfolgen.

Im Gegensatz zu naturwissenschaftlichen Fragen, die ein für allemal geklärt und dann abgeheftet werden können, stellen sich die Fragen nach unserem Schicksal und unseren Gefühlsbeziehungen immer wieder neu. Die Schwierigkeiten im Umgang mit eigener und fremder Krankheit liegen darin, daß die für einen möglichst schonenden und hilfreichen Umgang nötige Kreativität durch keine auch noch so brillante chemische, biologische oder psychologische Erkenntnis gewährleistet werden kann. Allenfalls kann man günstigere Bedingungen für diese Kreativität schaffen. Dazu soll diese Kritik der Psychosomatik nützlich sein.

Der Schriftsteller ist einer der letzten einzelgängerischen Produzenten in dieser hochorganisierten Welt. Aber auch er schuldet äußeren Anregungen viel, die er verarbeitet. Ich denke an befreundete Ärzte: Almut Gruber, Lore und Siegfried Gröninger, Hans Kemper, Walter Reiß, Christoph Pirker, Till Bastian, Hubertus von Braunmühl, Jürgen Götte mit denen ich diskutieren und an deren Vorstellungen ich mich teils reiben, teils bilden konnte. Die Namen der Patienten will ich nicht nennen, deren Lebensgeschichte mir zugänglich wurde. Ohne sie wäre dieses Buch nicht möglich. Sicher hilfreich waren auch die zehn Jahre (1961–1971) intensiver Mitarbeit an dem Ärztemagazin «Selecta». Wenn schließlich ein Medizinkritiker und kein Medizinredakteur aus mir geworden ist, liegt es nicht an einem Mangel an Toleranz und Förderung von seiten meiner damaligen Chefs, Erdmuthe und Ildar Idris. Die Anteilnahme und das Interesse der Kollegen vom Fachbereich I der Gesamthochschule Kassel während meiner Gastprofessur im Sommer 1985 haben mich ermutigt, meinen Überlegungen zu einer Selbstbegrenzung der naturwissenschaftlichen Zudringlichkeit weiter nachzugehen – schließlich gibt es dort auch Pädagogen wie Heinrich Dauber, die das «Recht auf Ungezogenheit» fordern*.

Mein Lektor Hermann Gieselbusch hat sich in den letzten acht Jahren aufmerksam und tolerant um meine Arbeit gekümmert. Sein geduldiges Ausharren auf seinem sicher oft schwie-

---

* J. Beck, H. Dauber, M. Gronemeyer, Ch. Marzahn, W. Sachs, H. Stubenrauch, Das Recht auf Ungezogenheit. Reinbek (Rowohlt) 1983.

rigen Platz im Verlag hat es ihm ermöglicht, Autoren über längere Zeit zu betreuen und sie in ihrer Entwicklung zu fördern. Seine Achtung vor der Subjektivität des Autors in einer Welt, die der Objektivität von Absatz und Umsatz soviel mehr Aufmerksamkeit schenkt, hat mir viel bedeutet und mir geholfen, meinem persönlichen Stil näherzukommen. Gudrun Brockhaus hat viele meiner Gedanken mit mir diskutiert und mir die Schwachpunkte meiner Argumente scharfsinnig gezeigt, ohne daß ich jemals das Gefühl verlor, unterstützt und bereichert zu werden.

München, Herbst 1985   W. S.

Einleitung

> «Wenn einer dieser Bekannten aus der Psychoszene
> mich besucht hat und sagte: ‹Du weißt ja, der Krebs
> hat psychosomatische Ursachen, und was hat das
> wohl mit deiner Ehe zu tun …›, dann ist es mir den
> ganzen Tag schlechtgegangen. Ich soll ausgeglichen
> und ruhig sein, das ist gut fürs Gesundwerden, sagen
> alle – aber wie mache ich das?»

Mora (vgl. S. 221 ff

Äußerungen wie diese sind ein Anlaß gewesen, dieses Buch zu
schreiben. Es wendet sich an die Opfer solcher Redensarten
wie an ihre Urheber. Die psychosomatische Denkweise in der
Medizin ist aus dem Ungenügen an der technisch-naturwissenschaftlichen Einseitigkeit entstanden. Die leibseelische Ganzheit, das Subjekt, sollte wieder eingeführt und ernst genommen
werden. Aber mir scheint, daß die Psychosomatik das Schicksal jenes frommen Predigers teilt, der zum todkranken, un-
gläubigen Versicherungsmakler gerufen wird: Am Ende bleibt
der Kaufmann gottlos, der Pfarrer aber schließt eine Versiche-
rung ab. Aufgeklärte Mitglieder der Gesundheits- und Sozial-
berufe wagen inzwischen kaum mehr, durch unbefangenes
Schildern ihres Schnupfens, ihrer Angina, ihrer Magenschmer-
zen oder asthmatischen Beschwerden Zuwendung, Schonung
und Rücksicht zu erbitten. «Ich weiß schon, es ist psychosomatisch», sagen sie mit zusammengebissenen Zähnen, um ein-
dringliche Fragen abzuwehren.

Jüngst haben amerikanische Forscher in aufwendigen Dop-
pelblindversuchen nachgewiesen, daß Handauflegen Schmerzen lindert, Blutwerte verändert (den Hämoglobinspiegel) und

auch kranke Labormäuse und beschädigte Pflanzen schneller heilen läßt.* Ich finde solche Beweisführungen eher komisch: Naturwissenschaftler versuchen, die Wirkungen poetischer Gesten zu objektivieren.

Viele Psychosomatiker beklagen den hartnäckigen Widerstand der Organmedizin gegen ihre Auffassungen. «Neben Bäderkunde ist jetzt ‹Seelenkunde› aller Richtungen gelegentlich als Alibi zugelassen», sagte Alexander Mitscherlich vor fast zwanzig Jahren. «Wahrscheinlich empfinden das die Bosse der 200-, 300-, 400-Betten-Kliniken als Selbstbeschwichtigung und Beweis ihrer Fortschrittlichkeit. Doch keine ins Gewicht fallende Entscheidung in diesen Großbetrieben wird heute unter psychosomatischen Gesichtspunkten getroffen.»** An dieser Situation hat sich nicht viel geändert. Die großen Ärztekongresse handeln nach wie vor längst in ihren psychosomatischen Zusammenhängen erkannte Krankheiten wie Magenulkus, Asthma und Rheuma ab, als ob diese Betrachtungsweise bedeutungslos wäre.

Vielleicht ist es an der Zeit, diese Widerstände nicht nur zu beklagen, sondern sie zu analysieren, ihre Entstehungsbedingungen zu untersuchen. Meine Kritik an der Psychosomatik ist kein Versuch, die traditionelle Gleichgültigkeit der (angeblich) naturwissenschaftlichen Medizin mit neuen Argumenten zu stärken, sondern eher einer, zu verhindern, daß die Psychosomatik am Ende das Schicksal der Organmedizin teilt. Alexander Mitscherlich hat sich an die «denkgewohnten Mitmenschen» gewandt, weil er von der Ahnungslosigkeit und Ablehnung der Ärzte genug hatte.*** Aber selbst wenn die Ärzte von

* «Psychologie heute», Oktober 1985, S. 12.
** A. Mitscherlich, Krankheit als Konflikt. Studien zur psychosomatischen Medizin II. Frankfurt (Suhrkamp) 1967, S. 10.
***A. Mitscherlich, a. a. O., S. 8.

brennendem Interesse an ihr erfüllt wären: die Psychosomatik ist eine zu wichtige Sache, um sie den herrschenden Formen des Expertentums anzuvertrauen.

So versuche ich, mit den Mitteln des Sachbuchs die verschütteten Zugangswege zu einer genauen, autonomen Wahrnehmung des eigenen Körpers in Gesundheit und Krankheit wieder freizulegen. Das heißt, ich spreche auch für einen Verzicht auf Machen und auf Macht, um wieder unverstellt zu sehen und vielleicht eigene Wege zu einer heilsamen Veränderung zu entdecken. Das inhaltliche Material soll diesen Prozeß fördern. Die Untersuchung der Hypochondrie (Kapitel 1) lehrt, wie eine dem unmittelbaren Kontakt mit der sozialen und natürlichen Umwelt entfremdete Subjektivität «draußen», in Krankheitsbeschreibungen, oder «drinnen», im ängstlichen Festhalten von Mißempfindungen einen neuen Halt sucht. Die Betrachtung schamanistischer und magischer Krankheitsauffassungen (Kapitel 2, 3, 4) ermöglicht vielleicht eine kritische Distanz zu unseren machthungrigen Objektivierungen.

Während der Arbeit an diesen Texten wurde mir zunehmend klarer, daß die Vernachlässigung der subjektiven Krankheit und die Gefahren der Psychosomatik nur zum Teil rational aufgeklärt und zum Gegenstand einer sozialpsychologischen Untersuchung gemacht werden können. Diese Gefahren hängen eng mit unserem verzerrten und gefährlichen Wissenschaftsverständnis zusammen – mit der Ausgrenzung und Entmachtung ganzheitlicher Verständnisformen wie der Kunst und der Poesie. Ich versuche, diesen Gesichtspunkt durch die Beschreibung Georg Groddecks und seiner «wilden Psychoanalyse» im Gegensatz zu den modernen, von ihren poetischen Elementen gereinigten Auffassungen der Medizin und Psychologie zu verdeutlichen (Kapitel 5, 6, 7, 8). Denn die Psychosomatik krankt an ihrer Suche nach einer lexikalisch faßbaren, starren «Organsprache», während es nur sozusagen schriftlose, künstlerisch faßbare Organdialekte gibt. Die kaum mehr überschaubare Vielfalt von Psychotherapieformen hängt sicherlich damit zusammen. Wissenschaftler bauen in anderer Weise aufeinander auf als Künstler. Die Möglichkeit, den Sinn von Krankheiten zu erfassen, ihre biographischen und sozialen Bedeutungen zu verstehen, ist nicht ohne einen jeweils nicht objektivierbaren und vorhersagbaren «Neubeginn» (der Begriff stammt von Michael Balint) hilfreich. Wo Psychosomatik anfängt, die Subjekte zu bevormunden und zu unterdrücken, ist Schweigen besser als Reden, Unwissenheit besser als Wissenschaft.

Die Naturforschung in der Moderne machte den Menschen in einer unvorhersehbaren Weise zu einem Gegenstand, der ohne jede Selbstbegrenzung analysiert wurde. «Das ist ein neuer, die Epoche charakterisierender Aspekt: die durch nichts gehemmte Zudringlichkeit. Man wagt diese Leidenschaft, die zu außerordentlichsten Anstrengungen in den Naturwissenschaften und zu gründlichster Veränderung der Welt geführt hat, kaum zu kritisieren. Denn ohne Zweifel handelt es sich um eine Leidenschaft; aber es läßt sich auch nicht leugnen, daß ihre Organisationsstufe ziemlich primitiv ist. Legt man die Entwicklungsstufen der Libido zugrunde, so müssen wir dem Verhaltensstil der Forscher ebenso wie vieler anderer Zeitgenossen entnehmen, daß ihre Leidenschaften voyeuristischer Art sind ... Zum Fortschritt der Kultur gehört also auf der Ebene der Affekte und ihrer Gestaltung durch das Kollektiv ein Rückschritt ... So daß man zu der betrüblichen Einsicht kommt, aller wissenschaftliche Fortschritt habe nicht eigentlich zur affektiven Entwicklung der Menschheit beigetragen ... Die aus den objektivierenden Forschungsverfahren stammenden Einsichten [haben] keine Humanisierung der Menschheit bewirkt. Revolutionen und Kriege sind nicht seltener geworden. Die Medizin verfügt zwar über eine hochentwickelte Methode der

Diagnose und staunenswerte operative Techniken, aber auch sie humanisiert sich deswegen keineswegs, vielmehr versteht sie ihre Patienten weniger und weniger.»*

In seinen an Aussagekraft von keinem späteren Werk übertroffenen Studien zur psychosomatischen Medizin hat Mitscherlich diese Situation vorausgeahnt. Er hoffte, die Psychoanalyse würde endlich doch durch viele Nadelstiche den Dinosaurus der Medizin in eine andere Richtung bringen. Heute scheint es mir notwendig, auf die Gefahr hinzuweisen, daß dieser Dinosaurus seinen Herrschaftsbereich auch auf Gebiete ausweitet, die ihm bisher verschlossen blieben, nur um der Einsicht in die Grenzen seiner Macht zu entfliehen. In den Kapiteln über «Antipsychosomatik» und in der Dokumentation eines Konfliktes zwischen psychotherapeutischer Autorität und Widerspenstigkeit des Subjekts (Kapitel 9, 10) gehe ich dieser Frage nach. Vielleicht ist es übertrieben, schon jetzt darauf hinzuweisen, wie drohende Gefahren von Umweltverseuchung und Allergie dadurch heruntergespielt werden, daß sich die Psychosomatiker plötzlich in der Rolle von Experten finden, die widerspenstigen Kranken deren nur allzu berechtigte Angst vor den Schattenseiten unseres chemisch so gut versorgten Alltags austreiben sollen. Aber Müdigkeit, depressive Verstimmung, häufige Kopfschmerzen sind nicht immer nur das Leitsymptom gestörter Erlebnisverarbeitung, sondern können auch durch zu hohe Formaldehyd-Konzentrationen in der Atemluft entstehen, um nur ein Beispiel zu nennen.

Seit so viel von AIDS geschrieben und gesprochen wird, mache ich mir Gedanken über die psychosomatische Seite dieser Virusinfektion, die vor allem emotional belastete Randgruppen der Gesellschaft trifft: promiskuitiv lebende Homosexuelle, Fixer, Prostituierte. Eine Lebensform ohne feste Bin-

* A. Mitscherlich, a. a. O., S. 67f.

dungen ist meiner Erfahrung nach stärker von Krankheit bedroht. Die körpereigene Abwehr wird von unserem Erleben intensiv beeinflußt. Um ihre Leistungsfähigkeit geht es bei der heute zum Gespenst stilisierten AIDS, der Analogie zum Waldsterben in der Welt der Krankheit. Denn auch bei den Bäumen ist nicht ein Faktor für die Schäden verantwortlich, sondern das Zusammenwirken vieler schädlicher Einflüsse.

Ich halte es für sinnvoll, diese Vermutung vorsichtig zu formulieren und die grassierenden Schuldzuschreibungen, die jedes mit dem Geschlechtsleben verbundene Leiden auf sich zieht, nicht um eine neue Variante zu bereichern. Andererseits finde ich es blind, wenn in Fernsehdiskussionen immer nur von Viren, Immuntests, T-Lymphozyten die Rede ist und nicht davon, daß es in Afrika schon längst Bevölkerungen gibt, die mit diesem, wie es heißt, tödlich bedrohenden Virus so leben wie wir mit unseren Grippeerregern. Aber hundert Dichter und tausend Psychotherapeuten können Geschichten erzählen, die eindeutig zeigen, daß die Immunabwehr erlebnisabhängig ist – für die Immunologen sind das unwissenschaftliche Erklärungsversuche: das körpereigene System der Krankheitsabwehr funktioniere unabhängig, biochemisch, ohne Einflußmöglichkeiten des Subjekts. Die Tatsache, daß Nervenzellen und Immunzellen aufeinander wirken, ist aber inzwischen auch für Neurobiologen glaubhaft bewiesen: Novera H. Spector von der Universität Alabama hat Mäuse nach dem Pawlowschen Modell dazu gebracht, auf Kampfergeruch allein mit erhöhter Killerzellen-Aktivität zu reagieren, nachdem er vorher einigemal zusammen mit dem (sonst wirkungslosen) Duftsignal ein immunstimulierendes Medikament (Poly-Inosin-Poly-Cytidin-Säure) gespritzt hatte.* Seither glauben auch die

* Roger Guillermin und Mitarbeiter, Neural Modulations of Immunity. New York (Raven Press) 1985.

hartgesottenen Biochemiker an etwas, was jeder unvoreingenommene Beobachter von Menschen schon immer wußte. Die vom AIDS-Virus HTLV III (human T-lymphotrophic virus) befallenen T-Lymphozyten werden in Milz, Lymphknoten und Knochenmark gebildet, die mit Fasern des autonomen Nervensystems reich versorgt sind.

Die AIDS-Debatte zeigt, wie sehr nicht nur das medizinische Denken von einem primitiven Erregermodell beherrscht ist, sondern wie genau dieses Modell die öffentliche Stimmung widerspiegelt. Ganzheit und Subjekt sind in dieser Welt nur Schemen wie die Schatten der Toten in Homers Epen. Da werden Viren und genetische Substanzen ausgebreitet, wird die Panik der subjektiv Gesunden, nach einem Virus-Test jedoch «Positiven» geschürt, die in vielen Diskussionen am Ende schon als AIDS-Kranke dastehen. Die einen Autoren halten sich für liberal, weil sie AIDS zu einer allgemeinen Seuche machen und damit von den Homosexuellen ablenken; die anderen für kritisch, weil sie Tacheles reden und auf die Gefahren des Analverkehrs hinweisen: Im Gegensatz zu den sieben Zellschichten der Scheide sei der nur mit drei Zellschichten ausgekleidete Enddarm von der Natur nicht als Sexualorgan vorgesehen. Über die Gefühle der Betroffenen wird nur wenig gesprochen, schon gar nicht über jene ungeklärten Vorgänge, die zwischen der Infektion, die viele trifft, und dem Ausbruch der Immunschwäche liegen, der nur bei einem geringen Prozentsatz der Infizierten eintritt.

Aber wenn ein Psychosomatiker das Wort nimmt, wird die Lage noch undeutlicher. Hätte er nicht besser geschwiegen mit seinen vagen Versprechungen und seinem handgreiflichen Versuch, die Lücken im naturwissenschaftlichen Gebäude durch seine Vorurteile zu schließen?

«Ich habe im Lauf der Zeit schon sehr viele Patienten, die von Immunschwäche-bedingten Krankheiten wie multipler Sklerose oder gewissen Hauterkrankungen befallen waren, psychotherapeutisch behandelt. Für mich persönlich steht es heute außer Zweifel, daß auch und gerade hier Psychotherapie den Krankheitsverlauf äußerst günstig beeinflussen kann. Man erkennt schon, wenn man sich mit an multipler Sklerose und wahrscheinlich auch mit an AIDS erkrankten Menschen nur sehr oberflächlich befaßt, daß diese unter seelischen Belastungen stehen … Die Viren, die ja allgegenwärtig sind, können erst dann Schaden anrichten, wenn das Immunsystem schon bedeutend geschwächt ist. Sie sind also nicht, wie meist angenommen, selbst für die Schwächung verantwortlich, sondern breiten sich nur auf dem schon bereiteten Boden aus … Ich möchte daher den Forschern dringend raten, die seelische Struktur der betreffenden Personen genauestens zu studieren. Dabei erinnere ich an den aus dem Tierreich bekannten Mechanismus der Selbsteliminierung. Dieser bringt aus der Gruppe ausgeschlossene Tiere dazu, innerhalb kurzer Zeit an einer massiven Infektion von Viren zu verenden, mit denen sie zuvor in Symbiose gelebt haben.»[*]

Chance und Gefahr der psychosomatischen Sichtweise sind in diesen Sätzen von David Jonas (einem Medizinprofessor, der in Wien lehrt) beispielhaft verdichtet: die Erweiterung des Blicks auf ganzheitliche Zusammenhänge, auf die Verschiedenartigkeit der Subjekte – und eine faschistisch anmutende Denkform, in der «promiskuöse Personen» zumindest im Wort der «aus dem Tierreich bekannten Selbsteliminierung» unterworfen und Homosexuelle mit «aus der Gruppe ausgeschlossenen» Personen gleichgesetzt werden.[**] Alexander Mitscherlich hat diese Gefahren vorausgesehen. «Eine nicht zu übertreibende Gefahr jeder die Motivationen des Verhaltens aufspürenden

[*] A. David Jonas, AIDS, Pandemie am Ende des Jahrhunderts. Selecta 37, 16.9.1985, S. 3258 f.
[**] Jonas, a. a. O., S. 3260.

Psychologie liegt darin, daß sie in den Dienst bestehender Institutionen gerät. Sie trägt dann zur Perfektionierung der Techniken bei, mit denen das den anonymen Agenturen ziemlich schutzlos ausgelieferte Individuum manipuliert wird, statt zuerst die kritische Wahrnehmungsfähigkeit des einzelnen für seine Umwelt zu erweitern, so daß er sich selber in seinen Motivationen prägnanter versteht.»*

Weil jeder von uns ständig von Krankheit bedroht ist und wir alle im Alltag** dazu neigen, Gesundheit für das höchste Gut zu halten, kann die nachdenkliche Betrachtung unseres wissenschaftlichen und sozialen Umgangs mit Krankheiten vielleicht zu einem Modell werden. Selbstbegrenzung und der Verzicht auf die von Mitscherlich erwähnte «Zudringlichkeit» wären Ziele, die uns durch solche naheliegenden Beispiele klarer werden können. Ein heikles, in diesem Zusammenhang aber wesentliches Kapitel ist der Verzicht auf Behandlung (Kapitel 15) – ein Thema, das in unserer Macher-Welt verdrängt wird. Dieser Welt sollte deutlich werden, daß psychosomatische Experten zu jenen Dienstleistungsberufen zählen, deren höchstes Ziel es ist, sich selbst überflüssig zu machen. Sie sind ein Notbehelf und selbst dann nur das kleinere Übel, wenn sie sich an der oben zitierten Warnung orientieren. Denn kein einzelner Psychotherapeut, sei er auch noch so liebevoll, geschickt, lange ausgebildet und sorgfältig überwacht, kann dem in seiner Erlebnisverarbeitung gestörten Menschen alles geben, was dieser bräuchte. Deshalb Hilfe zu verweigern wäre unmenschlich. Jedoch die Begrenztheit und die dieser Hilfe innewohnenden Gefahren zu verleugnen ist genauso verfehlt.

* A. Mitscherlich, a. a. O., S. 97.
** Das politische Verhalten straft diese Auffassung freilich Lügen: wer die Hochrüstung unterstützt, ist sich des Widerspruchs zu seinem alltäglichen Wunsch, gesund zu bleiben, selten bewußt.

1 Die Hypochondrie

Spricht die Liebe, so spricht
Ach, schon die Liebe nicht mehr.

F. Hebbel, Tagebücher

So wie der Altknecht schon seit jeher die Bewirtschaftung des Gutes führte, mußte nun der Bediente die Kleiderkammer übernehmen, der Schaffner erhielt die Geräte, der Verwalter das Vermögen, und er, der Herr, hatte kein anderes Geschäft, als sich zu heilen.

Um den Zweck völlig zu erreichen, schaffte er sich sofort alle Bücher an, die über den menschlichen Körper handelten. Er schnitt sie auf und legte sie in Stößen nach der Ordnung hin, in der er sie lesen wollte. Die ersten waren natürlich die, die über die Beschaffenheit und Verrichtungen des gesunden Körpers handelten. Aus ihnen war nicht viel zu entnehmen, aber sobald er zu den Krankheiten gekommen war, so war es ganz deutlich, wie die Züge, die beschrieben wurden, in aller Schärfe auf ihn paßten – ja sogar Merkmale, die er früher nicht an sich beobachtet hatte, die er aber jetzt aus dem Buche las, fand er ganz klar und erkennbar an sich ausgeprägt und konnte nicht begreifen, wie sie ihm früher entschlüpft waren. Alle Schriftsteller, die er las, beschrieben seine Krankheit, wenn sie auch nicht überall den nämlichen Namen für sie anführten. Sie unterschieden sich nur darin, daß jeder, den er später las, die Sache noch immer besser und richtiger traf als jeder, den er vorher gelesen hatte.

Adalbert Stifter, Der Waldsteig

Der Essener Kommunikationswissenschaftler Horst Merscheim meint entdeckt zu haben, daß das Fernsehen Krankheiten übertragen kann. In seiner Doktorarbeit zum Thema «Medizin und Fernsehen» schildert er den «Morbus Mohl», benannt nach dem Leiter der ZDF-Gesundheitssendung «Gesundheitsmagazin Praxis», Hans Mohl. Die Krankheit äußere sich darin, daß an Tagen nach der Schilderung von Krankheitssymptomen in Fernsehsendungen die Zuschauer recht zahlreich in die Arztpraxen kämen, weil sie glaubten, sie litten an der Krankheit. Merscheims Arbeit beruht auf der Befragung von 33 Ärzten sowie der Inhaltsanalyse von Medizinsendungen in allen drei Fernsehprogrammen. Danach sorgen viele Sendungen für eine Bedarfsweckung bei den Patienten: Die Besucher in den Sprechzimmern verlangen, angeregt durch die Sendungen, von ihren Ärzten neue Untersuchungsmethoden.

Süddeutsche Zeitung, Nr. 292 (1984), S. 44

Die Meldung über hypochondrische Ängste, die sogenannte «Gesundheitssendungen» bewirken, ist ein Beispiel unter vielen möglichen. Länger bekannt ist der «Morbus clinicus». Gemeint sind Störungen von Medizinstudenten, die nach ihren Vorstudien über Chemie, Physik und Biologie in die klinischen Semester eintreten, d. h. über Krankheiten lesen. Viele von ihnen erkranken dann an sogenannten «eingebildeten Leiden». Diese sind ein fesselndes Beispiel für eine Situation, die gerade deshalb eine genauere Untersuchung verdient, weil in ihr die meist unbesehen geglaubte Formel «Wissen ist Macht» fast in ihr Gegenteil verkehrt wird: Wissen ist Ohnmacht.

Die «Krankheit», welche das Gesundheitsmagazin bei den Fernsehzuschauern oder das Studium der medizinischen Lehrbücher bei den Studenten auslöst, heißt «Hypochondrie».

Ähnlich wie Neurose, unter der die alten Ärzte eine körperliche, auf einer Degeneration der Nerven beruhende Krankheit verstanden, ist auch Hypochondrie ursprünglich die Bezeichnung einer körperlichen Krankheit. Der Begriff wurde von Claudius Galenus (129 bis 199 n. Chr.) geprägt, einem der großen antiken Ärzte-Schriftsteller, der über 500 Traktate verfaßte (von denen etwa hundert erhalten sind). Hypochondrium ist die Stelle unterhalb des Brustbeins, der Oberbauch. Solange der Glaube an die überlegene Wissenschaft der antiken Ärzte das Abendland beherrschte, war diese Auffassung der Hypochondrie als eine Form hartnäckiger Leibschmerzen mit Blähungen und/oder Verstopfung allgemein anerkannt. Bis 1900 finden sich entsprechende Aussagen, wobei die Autoren aber immer unsicherer werden, ob es sich wirklich um einen körperlichen Leidenszustand handelt.

In Meyers Konversationslexikon von 1897 (Bd. 9, S. 125 f) wird Hypochondrie als «Krankheit der Gebildeten» (Morbus eruditorum) identifiziert und als Gegenstück zur «weiblichen» Hysterie vorwiegend den Männern zugeschrieben. Molières «eingebildeter Kranker» ist ein Mann. In der Beschreibung der Symptome stehen die körperlichen vor den seelischen: Blähungen, Verstopfung, ängstliche Beobachtung des Stuhlgangs. Ein Husten weckt die Angst vor Schwindsucht und führt dazu, daß die Verdauungsbeschwerden plötzlich verschwinden. Die seelischen Schwierigkeiten sind eher die Folge als die Ursache des Krankheitsbildes: Krasse Selbstbezogenheit und Mangel an Leistungsfähigkeit werden betont. Nördliches Klima – vor allem das englische – und Kaffeegenuß gelten als «Risikofaktoren», wie wir heute sagen würden. Die Behandlung ist körperlich (Bäder, mäßige Bewegung, Diät mit Verzicht auf blähende Speisen), aber auch seelisch (Ablenkung, ruhige Sportarten wie Billard und Kegeln).

Entschiedener ist die Position der Encyclopaedia Britannica

von 1911 (Hypochondriasis, XIV, S. 207): Hypochondrie gilt als krankhafter Zustand des Nervensystems mit wahnhafter Verkennung des eigenen Gesundheitszustands und Depressionen, die in schweren Fällen die Aufmerksamkeit vollständig absorbieren und den Kranken hindern, seinen Pflichten nachzukommen.

Das «Wörterbuch der Psychiatrie» von 1971, verfaßt von Uwe Henrik Peters, ist bereits sicher, daß Hypochondrie zwar von Galen als organische Krankheit gemeint, aber «später stets mit psychischen Momenten verbunden» wurde. Es sieht in der Hypochondrie keine einheitliche Erkrankung mehr, sondern «ein Symptom bzw. Syndrom, das bei verschiedensten psychotischen und nichtpsychotischen Erkrankungen vorkommt» (S. 204). Da gibt es die traumatische Hypochondrie, die durch äußere, plötzliche Belastungen entsteht (wie eine Kriegsverletzung oder einen Autounfall), die topische Hypochondrie, die an bestimmten Organen ansetzt, und die Hypochondria vaga, auch dichtende Hypochondrie und Grillenkrankheit genannt, bei der die Kranken zwar über Beschwerden klagen, aber keinen Ort für sie finden können («so ein ziehendes Gefühl im ganzen Körper»).

Die geschichtliche Entwicklung der mit dem Hypochondrie-Begriff verbundenen Erscheinungen läßt sich so zusammenfassen: Die Entdeckung, daß es sich «eigentlich» um eine Erlebnisstörung handelt, kam spät. Die für unser Empfinden typischen Hypochonder vermehrten sich heftig, sobald die bürgerliche Gesellschaft mit ihren klaren Trennungen von Vernunft und Unvernunft, Individuum und Gesellschaft, Leistung und Trägheit, Wissenschaft und Glaube auftrat. Die Hypochondrie scheint, ebenso wie die Hysterie, eine Folge jener Umstände zu sein, die auch die Grundlage der technischen Revolution wurden.

Die Gesetze des Zeitgeists sind schwer zu erfassen. Geschichtliche Entwicklungen sind so komplex, daß jeder Ansatz zu einem Verständnis unvollständig bleibt, weil er andere Ansätze ausschließt. Zulässig ist aber sicher die allgemeine Aussage, daß die schärfere Trennung von Körper und Geist in der Philosophie mit einer neuartigen Betonung der «Nervenkrankheiten» einhergeht. Im Mittelalter war das individuelle Wissen dem großen, göttlichen Ordnungssystem unterworfen. Neugier und ungezähmte Erkenntnislust waren verdächtig, ja verboten. Umberto Eco hat diesen Konflikt zwischen den traditionellen Mönchen und den städtisch-bürgerlichen, wissenschaftlichen Strebungen in seinem Roman «Il nome della rosa»* veranschaulicht. Aber individuelles Wissen ist auch eine gefährliche, eine überfordernde Gabe. Das bürgerliche Individuum ist die gefährlichste Spezies, die sich im Lauf der kulturellen Evolution herausgebildet hat. Seine schrankenlose Vermehrung, seine Ohnmacht gegenüber den von ihm geschaffenen Strukturen, seine grenzenlose Gier nach Fortschritt und seine panische Angst vor Rückschritt, Trauer oder freiwilliger Unterwerfung werden vermutlich diesen Planeten unbewohnbar machen.

Das Wissen, welches das bürgerliche Individuum über sich selbst anhäuft, überfordert es kaum weniger, als seine Fabriken die Regenerationskraft der natürlichen Umwelt überfordern. Die Hypochondrie ist eine Folge davon. Ich sehe voraus, wie die verschiedenen Machtblöcke und Experten die Studie über die induzierte Hypochondrie durch das Fernseh-Gesundheitsmagazin verarbeiten werden. Der Kommunikationswissenschaftler wird kritisiert werden, weil er vorschnell verallgemeinert und nicht zwischen den nützlichen Folgen von Aufklärung (schließlich sollen doch die Patienten motiviert werden, etwas für ihre Gesundheit zu tun, nicht wahr?!) und den wenigen,

* U. Eco, Der Name der Rose. München (Hanser) 1982.

sicher nicht durch Fernsehsendungen erkrankten «echten» Hypochondern («als Begleitsymptom einer depressiven oder schizophrenen Psychose bzw. im Rahmen einer soziopathischen Entwicklung ...») unterscheidet. Die Fernsehgewaltigen werden sagen, eine dankbar aufzunehmende Anregung, gewiß, aber im Grunde unsinnig übertrieben.

Eine Seite des Problems wird vermutlich niemand erwähnen: die tiefe Störung des Körpergefühls, die solche Reaktionen auf eine Fernsehsendung ausdrücken. Seit es sie gibt, hat die «Nervenheilkunde» den Blick auf die psychologische Mißwirtschaft der bürgerlichen Gesellschaft verstellt, indem sie sich mit den «zu schwachen» Nerven einer auffälligen Minderheit befaßte. Die wahnhaften Hypochonder übertreiben eine allgemeine Entfremdung des Körpergefühls so, daß es jedem auffallen muß. Die spezifische Art des bürgerlichen Wissens wird gerade in den Befürchtungen der Hypochonder deutlich. Es ist ein Wissen, das den körperlichen Bedürfnissen feindlich ist, das sie verzerrt, ihnen eine einseitige Richtung gibt, eine störende und gestörte Härte. Die schönste Beschreibung dieser Veränderung findet sich in Heinrich von Kleists Aufsatz «Über das Marionettentheater», der vom 12. bis 15. Dezember 1810 in den «Berliner Abendblättern» erschien. Die Schattenseiten des Wissens werden hier an verschiedenen Szenen veranschaulicht. An der Makellosigkeit des Tanzes der Marionetten, deren Glieder sich nach dem Gesetz der Schwerkraft bewegen, zeigt Kleist in seinem ersten Beispiel die Unbeholfenheit des von Absicht behinderten menschlichen Tänzers:

> Sehen Sie nur die P. an ..., wenn sie die Daphne spielt und sich, verfolgt vom Apoll, nach ihm umsieht; die Seele sitzt ihr in den Wirbeln des Kreuzes; sie beugt sich, als ob sie brechen wollte ... Sehen sie den jungen F. an, wenn er als Paris unter den drei Göttinnen steht und der Venus den Apfel überreicht: die Seele sitzt ihm gar (es ist ein Schrecken, es zu sehen) im Ellenbogen ... Solche

Mißgriffe ... sind unvermeidlich, seitdem wir von dem Baum der Erkenntnis gegessen haben. Doch das Paradies ist verriegelt und der Cherub hinter uns; wir müssen die Reise um die Welt machen und sehen, ob es vielleicht von hinten irgendwo wieder offen ist.*

Das zweite Beispiel ist die Geschichte von einem jungen Mann, der in einem großen Spiegel beim Abtrocknen nach dem Bade feststellt, daß seine Geste genau der des «Dornausziehers» entspricht, einer antiken Statue im Louvre.

Ich badete mich ... mit einem jungen Mann, über dessen Bildung damals eine wunderbare Anmut verbreitet war. Er mochte ohngefähr in seinem sechzehnten Jahre stehn, und nur ganz von fern ließen sich, von der Gunst der Frauen herbeigerufen, die ersten Spuren von Eitelkeit erblicken ... er lächelte und sagte mir, welch eine Entdeckung er gemacht habe (die Ähnlichkeit seiner Bewegung mit der des «Dornausziehers», W. S.). In der Tat hatte ich in eben diesem Augenblick dieselbe gemacht, doch sei es ..., um seiner Eitelkeit ein wenig heilsam zu begegnen: ich lachte und erwiderte, er sähe wohl Geister! Er errötete und hob den Fuß zum zweitenmal, um es mir zu zeigen; doch der Versuch, wie sich leicht hätte voraussehn lassen, mißglückte ... er hob ihn wohl noch zehnmal: umsonst! er war außerstand, dieselbe Bewegung wieder hervorzubringen – was sag ich? die Bewegungen, die er machte, hatten ein so komisches Element, daß ich Mühe hatte, das Gelächter zurückzuhalten: – Von diesem Tage, gleichsam von diesem Augenblick an ging eine unbegreifliche Veränderung mit dem jungen Menschen vor. Er fing an, tagelang vor dem Spiegel zu stehen; und immer ein Reiz nach dem anderen verließ ihn. Eine unsichtbare und unbegreifliche Gewalt schien sich wie ein eisernes Netz um das freie Spiel seiner Gebärden zu legen, und als ein Jahr verflossen war, war keine Spur mehr von der Lieblichkeit in ihm zu entdecken, die die Augen der Menschen sonst, die ihn umringten, ergötzt hatte.

* H. v. Kleist, Über das Marionettentheater, zit. n. Werke und Briefe herausgegeben von K. M. Schiller. Leipzig (F. W. Hendel) 1926, S. 338.

An anderer Stelle habe ich die Bedeutung des uneinfühlenden, kritischen Beobachters in dieser Szene untersucht.* Kleist benützt sie, um die Widersprüche zwischen der natürlichen, nur dem Empfinden folgenden Grazie und dem bewußt herbeigeführten Zweck aufzuzeigen. Er steht damit durchaus in der Tradition Rousseaus, der die frühen Zweifel am Sinn des bürgerlichen Fortschritts besonders klar formuliert hat. Diese Zweifel hielten den Fortschritt nicht auf. Vielleicht haben sie ihn sogar gefördert: die Träume der Romantiker, die «natürlichen» Gärten und Parks im «englischen Stil», die Berichte von den edlen Wilden in Urwäldern und auf palmengesäumten Inseln boten Reservate an, in denen sich eine ihrer werktäglichen Zweckrationalität müde Gesellschaft erholen konnte. Was Kleist nicht sieht, vermutlich weil er es um einer eindeutigeren Aussage willen nicht sehen will, ist die in diesem Widerspruch vermittelnde und kittende Rolle der Professionalität. Der schöne Jüngling ist ein hoffnungsloser Amateur. Der berufsmäßige Schauspieler, Tänzer oder Gigolo unterscheidet sich von ihm eben gerade durch seine Fähigkeit, die anmutige Geste so zu spielen, als ob sie echt wäre. Die industrielle Entwicklung hat hier Verfeinerungen aufgebaut, deren Macht die scheinbare Spontaneität gerade durch völlige Berechnung herstellt: die «Traumfabrik» des Kinos und der Television, in der durch eine Verbindung von Aufzeichnung, Trickkamera und Schneidetechnik ein Anschein von Natur, von Spontaneität erweckt wird, gegen den die Marionetten lahm und leblos wirken, wieviel mehr noch die lebendigen Menschen.

Was ebenfalls unerwähnt bleibt, ist die Rolle des Beobachters. Erlebnisse wie «Echtheit» oder «natürliche Anmut» sind nicht mit Maß und Zahl bestimmbar, sondern nur durch ihre

* W. Schmidbauer, Alles oder nichts. Über die Destruktivität von Idealen. Reinbek (Rowohlt), 2. Aufl. 1983, S. 281 f.

emotionale Wirkung auf den Beobachter. Dessen Vorstellung entscheidet, ob sie entstehen oder nicht. Kleist deutet das durchaus in der Szene mit dem verwirrten «Dornauszieher» an. Bis heute ist der Regisseur die wichtigste Gestalt in den gefrorenen Träumen: Seine suggestive Macht, zu verwirklichen, was in seinem Kopf bereits vorhanden ist, entscheidet über Gelingen oder Mißerfolg einer Kinoproduktion.

Das dritte Beispiel Kleists ist der fechtende Bär. Im Holzstall eines livländischen Rittergutes, mit dessen Söhnen der Erzähler spielerisch gefochten und die er bezwungen hat, steht sein neuer, unbezwinglicher Gegner.

Der Bär stand, als ich erstaunt vor ihn trat, auf den Hinterfüßen, mit dem Rücken an einen Pfahl gelehnt, an welchem er angeschlossen war, die rechte Tatze schlagfertig erhoben, und sah mir ins Auge: das war seine Fechterpositur. Ich wußte nicht, ob ich träumte, da ich mich einem solchen Gegner gegenübersah; doch: «Stoßen Sie! Stoßen Sie!» sagte Herr von G., «und versuchen Sie, ob Sie ihm eins beibringen können!» Ich fiel, da ich mich ein wenig von meinem Erstaunen erholt hatte, mit dem Rapier auf ihn aus; der Bär machte eine ganz kurze Bewegung mit der Tatze und parierte den Stoß. Ich versuchte, ihn durch Finten zu verführen; der Bär rührte sich nicht. Ich fiel wieder mit einer augenblicklichen Gewandtheit auf ihn aus, eines Menschen Brust würde ich ohnfehlbar getroffen haben: der Bär machte eine ganz kurze Bewegung mit der Tatze und parierte den Stoß ... Der Ernst des Bären kam hinzu, mir die Fassung zu rauben, Stöße und Finten wechselten sich, mir triefte der Schweiß: umsonst! Nicht bloß, daß der Bär wie der erste Fechter auf der Welt alle meine Stöße parierte; auf Finten (was ihm kein Fechter der Welt nachmacht) ging er gar nicht einmal ein: Aug' in Auge, als ob er meine Seele darin lesen könnte, stand er, die Tatze schlagfertig erhoben, und wenn meine Stöße nicht ernsthaft gemeint waren, so rührte er sich nicht.

Dieses Beispiel ist das letzte der Erzählung: Es zeigt am deutlichsten die Überlegenheit des Instinkts vor der Berechnung.

Der Bär fällt auf Finten, das heißt auf Stöße, die ihn verwirren und seine Deckung aufreißen, aber nicht treffen sollen, überhaupt nicht herein. Dadurch ist er dem menschlichen Fechter überlegen, der nicht zwischen «echt» und «unecht» unterscheiden kann, während das Tier in einer Welt lebt, in der das seiner selbst bewußte Wissen fehlt. Daher muß es sich gar nicht um die berechneten Manöver des gegnerischen Fechters kümmern: in seinen Augen liest der Bär, ob er wirklich zustoßen wird oder nicht.

> Wir sehen, daß in dem Maße, als in der organischen Welt die Reflexion dunkler und schwächer wird, die Grazie darin immer strahlender und herrschender hervortritt. – Doch … findet sich auch, wenn die Erkenntnis gleichsam durch ein Unendliches gegangen ist, die Grazie wieder ein; so, daß sie zu gleicher Zeit in demjenigen menschlichen Körperbau am reinsten erscheint, der entweder gar keins oder ein unendliches Bewußtsein hat, d. h. in dem Gliedermann oder in dem Gott.
>
> Mithin, sagte ich ein wenig zerstreut, müßten wir wieder von dem Baum der Erkenntnis essen, um in den Stand der Unschuld zurückzufallen?
>
> Allerdings, antwortete er; das ist das letzte Kapitel von der Geschichte der Welt.

Es ist nicht schwierig, die Folgerungen der beiden Gesprächspartner auf die Problematik der Hypochondrie anzuwenden. Wie das Wissen um die Bewegung die Grazie des Tänzers zerstört, so das Wissen um den körperlichen Vorgang zum Beispiel der Verdauung die natürliche Selbstregulation. Der Stuhlhypochonder ist verstopft, weil er ängstlich auf die pünktliche Entleerung wartet, die – unbeobachtet und unerwartet – von sich aus einträte.

Kleist setzt seine geschichtliche Situation absolut. Nicht jedes Wissen ist der Selbstregulation und der natürlichen Anmut feindlich. Es muß die spezifische Form der bürgerlichen Wissenschaft sein, in der vor allem über Nutzen und Leistung nachgedacht wird. Der Stuhlhypochonder wird nicht deshalb krank, weil er so viel über seine Verdauung weiß, sondern weil dieses Wissen von einem Zwang zur Leistung, zur Normerfüllung durchtränkt und eingeschränkt ist. Der Hypochonder ist im Gegenteil an einem von innen heraus gewachsenen, leistungslosen Wissen um seinen Körper besonders arm. Er muß diesen Mangel durch angestrengtes Nachdenken und vielfältige äußere Informationen ersetzen. Er ist unsicher. Das meiste, was ihm seine Umwelt anbietet, ist geeignet, diese Unsicherheit zu verstärken. Verschiedene Ärzte haben unterschiedliche Meinungen. Jeder bietet neue Dienste an und verzieht das Gesicht, wenn er von der bisherigen Behandlung hört, natürlich will er den Kollegen nicht kritisieren, aber ... Der Hypochonder sucht verzweifelt, in dieser Situation seine verlorene Sicherheit wiederzufinden. Alles, was er unternimmt, verstrickt ihn nur noch mehr, wie die magischen Fesseln der Sage, die um so fester werden, je heftiger der Gefangene an ihnen reißt. *Womöglich* könnte er *jede* Krankheit haben. Daher seine Bereitschaft, auf Grund kleiner Anlässe wie einer Fernsehsendung zum nächsten Arzt zu gehen, der ihn «durchuntersucht».

Der Arzt und der Hypochonder haben in der gegenwärtigen Situation der Industriegesellschaft einen Kompromiß geschlossen. Der Hypochonder wird jedes Vierteljahr (wenn er den neuen Krankenschein für die Quartalsabrechnung bringt) mit Hilfe von Labor und Computer durchleuchtet und gibt dann für drei Monate Ruhe. Der Zwang, die aufwendigen Diagnose-Maschinen der modernen Arztpraxen auszulasten, wirkt harmonisch mit den immer ausgefeilteren Sorgen der Hypochonder zusammen. Krebs- und Herzangst sind längst an die Stelle der früheren Ängste vor Verstopfung und Schwindsucht getreten.

Nach einer gut belegten biologischen Theorie sind Altern und Tod Folgen der Vielzelligkeit unseres Organismus, der Arbeitsteilung im Körper. Einzeller sind potentiell unsterblich, da bei ihnen keine «Individualität» (im ursprünglichen Sinn der Unteilbarkeit) vorliegt. Die Last des Alters liegt in einer nicht unbegrenzt genauen Vervielfältigung und damit Erneuerung der Gewebe. Veränderungen (Mutationen), schlechte Kopien sozusagen, nehmen überhand, bis – meist durch zusätzlich auftretende Krankheiten – der Organismus erliegt.

Die Sehnsucht nach Unsterblichkeit und Alterslosigkeit wurzelt in dieser Situation. Falten, graue Haare oder Kahlköpfigkeit, schwindende Koordination der Bewegungen kommen für unser Erleben meistens zu früh. Der Tod wird gefürchtet und nur selten als Erlöser begrüßt. Eine Gesellschaft ohne Hierarchie, in der jedermann, jedefrau die schlichten Kulturtechniken (wie Jagen und Sammeln) beherrscht, legt die Last der Verarbeitung dieses Schicksals den einzelnen Personen fast ungemildert auf. Hilfreiche schamanistische Riten (so nennen wir sie, für die «Primitiven» sind sie ein Teil des Lebens wie Jagd und Fischfang auch) werden von fast allen Mitgliedern der kleinen Sprachgemeinschaft beherrscht und ausgeübt.* So ist das Alter, das jeden dem Tod näher bringt, auch der wichtigste Lehrmeister, Kinder und junge Erwachsene vor dem Tod zu bewahren. Alte Frauen sind die Hebammen, alte Männer legen Verbände bei Wunden an und überliefern das Wissen, ob Pflanzen, Schwitzbäder oder Fasten bei verschiedenen Krankheiten helfen. Die Wandlung vom «Laien» zum «Experten» vollzieht sich biographisch in-

---

* Z. B. der «Trancetanz» der Buschmänner, vgl. E. M. Thomas, Meine Freunde die Buschmänner. Berlin (Ullstein) 1959, S. 120f. Vgl. auch S. 83 ff im vorliegenden Buch.

nerhalb jeder betroffenen Person, sie wird nicht arbeitsteilig aufgespalten zwischen verschiedenen Personen, die ein Gefälle von Wissen (und Macht) trennt.

Jedoch ist die Machtansammlung, die (um wiederum unsere Begriffe auf sie anzuwenden) Effizienz solcher Gesellschaften gering. Erbärmlich gering, sagten wir früher, in Zeiten ungebrochenen Fortschrittsglaubens. Wohltuend gering, sind wir heute versucht zu sagen, angesichts einer zunehmenden ökologischen Bedrohung, während diese Kulturen viele Jahrhunderttausende im Gleichgewicht mit ihrer Umwelt leben konnten. Weil jeder Angehörige der altsteinzeitlichen Kultur *alles* sein muß, Jäger und Sammler, Arzt und Patient, Priester und Gläubiger, Richter und Gerichteter, Familienmitglied und Familientherapeut, kann er auch *nichts «richtig»* sein. Weil es keine Vorratswirtschaft, keine Schrift gibt, bleibt sein Wissen beliebig und vergänglich. Der unmittelbare Druck zum Überleben ist so groß, daß wenig Muße bleibt, sich mit Tätigkeiten abzugeben, in denen unser bürgerliches Lebensgefühl das wahrhaft Menschliche zwingend erlebt.

Verglichen mit der großen Stabilität und geringen Wandelbarkeit der altsteinzeitlichen Kulturen ist die Entwicklung zur arbeitsteiligen Gesellschaft sehr schnell verlaufen. Das liegt daran, daß die Fortschritte sich dann enorm beschleunigen, wenn erst Sperrmechanismen entdeckt sind, die verhindern, daß sie sich wieder auflösen. Der wichtigste dieser Sperrmechanismen war die Schrift. Sie schuf den ersten und grundlegenden Unterschied, mit dem die Völkerkunde lange Zeit Primitive oder Barbaren von Kulturmenschen trennte. Die agrarische Kultur war ungleich dynamischer als die altsteinzeitliche. Uns erscheint sie so starrsinnig und unveränderlich wie die Mauern ihrer Burgen und die Säulen ihrer Tempel. Der Sohn folgte dem Vater, die Tochter der Mutter. Handwerker, Bauer, Pfarrer, Edelmann waren die großen «Stände»; die Sklaven gehörten nicht zu ihnen, sie wurden gehalten wie Haustiere. Persönliche Würde war etwas, was keiner von ihnen erwartete oder forderte. Auch die «Experten für Körperbewußtsein», die uns hier vor allem beschäftigten, waren nach Ständen getrennt.

Das gewöhnliche Volk hatte «natürliche Krankheiten», für die Feldschere und Bader ausreichten. «Bei ihnen gibt es nicht die vielfältigen, komplexen, gemischten Nervenleiden, sondern solide Schlaganfälle und freimütige Tobsuchtsanfälle.»*
In seinem dreibändigen Werk von 1768 beschreibt der berühmte Arzt Tissot die Krankheiten der Landleute, der Gelehrten und der Personen «von Welt». Sein Grundargument (dem Rousseaus nicht unähnlich) ist, daß sich mit dem Aufsteigen in der Ordnung der Stände die Krankheiten verschlimmern, weil sie sich gegenseitig verbinden und verstärken. Daher ist für den gemeinen Mann der Dr. med. so überflüssig, «wie wenn man einen Dorfknaben, der Religionsunterricht erhalten soll, zum Professor der Theologie schickt»**.

Es ist sehr schwierig, zu rekonstruieren, wie sich unter den gesellschaftlichen Strukturen der feudalen, ständischen Ordnung die Subjektivität des Kranken entwickelt hat. Die Medizin war stark von Vorstellungen bestimmt, die wir heute als abergläubisch und pseudorational ansehen, vor allem von der Säftelehre. Es gab vier Elemente – Feuer, Wasser, Luft und Erde. Ihnen entsprachen Organe im Körper: Knochen und Fleisch der Erde, die Körperflüssigkeit dem Wasser, das Herz (das den Körper erwärmte) dem Feuer und der Atem dem Wind. Diese Vorstellungen sind bereits in altägyptischen Papy-

* M. Foucault, Naissance de la clinique, PUF 1963, zit. n. Die Geburt der Klinik. München 1973, S. 33.
** Hochfürstlich münsterische Medizinalordnung, 1774, zit. n. H. Viefhues, Lehrbuch der Sozialmedizin. Stuttgart (Kohlhammer) 1981, S. 235.

rustexten zu finden. Hippokrates hat sie weiterentwickelt und durch anatomische Erkenntnisse ergänzt. Das Gehirn ist «Dolmetscher des Bewußtseins», doch Wahnsinn wird daraus erklärt, daß das geistige Organ von übermäßiger Feuchtigkeit, Hitze oder Kälte betroffen ist. Eine richtige Mischung von heiß und kalt, feucht und trocken in Speisen, Getränken und klimatischen Bedingungen, stellt die seelische Gesundheit wieder her.*

Es gab andere Therorien, die ebenso anschaulich und unbeweisbar waren wie die Säftelehre: Etwa der «Methodismus» des Thessalos von Tralles (10–70 n. Chr.), der alle Krankheiten aus dem Zustand der Poren zwischen den Atomen des Körpers erklärte. Waren sie zu eng und verstopft, mußten Wärme und Abführmittel angewendet werden. Waren sie zu weit, verwendete man Kälte und adstringierende Mittel. Wieder andere Krankheitstheorien gingen von der Dämonologie aus: böse Götter (später: der Teufel und die Hexen) verursachen Krankheit und Wahnsinn. Gute Götter (später: die Heiligen und ihre Gnadenbilder an den Wallfahrtsorten) lindern die Krankheit und vertreiben den Wahnsinn.

Für den Kranken war die medizinische Welt ein Gemischtwarenladen, in dem er sich nach Maßgabe seines Standes bedienen konnte. Es gab vernünftige, naturalistische Erklärungsversuche (die sich in Begriffen wie «Erkältung», «Rheuma, «Melancholie» über zweitausend Jahre hin erhalten haben), aber auch magische Deutungen («Hexenschuß» – bereits die Schamanen der Primitiven glauben, daß Hexen schmerzhafte Gegenstände wie Kaktusdornen, scharfkantige Steine in den Körper eines Opfers «schießen» können). In den abgeschiedenen Welten der Dörfer nahmen sich Bader und Gesundbeterin-

* F. G. Alexander, S. T. Selesnick, Geschichte der Psychiatrie. Konstanz (Diana-Verlag) 1969, S. 52.

nen der Kranken an. In den Städten suchten die Ärzte ihre Opfer. Hoffnungen und Ängste richteten sich auf sie. «Wenn du krank bist, hüte dich vor den Ärzten», sagte Leornardo da Vinci. Zahnreißer, Steinschneider und Starstecher schrien von den Brettern der Jahrmarktsbuden in das Publikum.

Die «natürliche» Erklärung der Krankheit durch Störungen im Gleichgewicht der Säfte, in der Enge oder Weite der Poren war leicht verständlich. Sie lieferte Bilder, die das subjektive Erleben des Kranken mit Feuchte oder Hitzigkeit, Trockenheit oder Kälte seiner Speisen und Getränke verknüpften, die einen faßbaren Bezug zu Gott und Teufel herstellten. Der Tod war gegenwärtiger als heute, die Lebenserwartung geringer – Säuglinge starben an Durchfall, Erwachsene an den großen Seuchen, Pocken und Pest, viele Frauen im Kindbettfieber. Selbst kleine Wunden konnten tödlich sein. Wer sich einen Knochen brach, wurde zum Krüppel, wenn er nicht viel Glück hatte. Der Ernährungszustand war bei ungünstigen Ernten so schlecht, daß Hunger und Seuche ganze Landstriche entvölkerten.

Ungebrochen blieb die Hoffnung des Kranken. Er litt, aber er wußte nicht, woran und mit welcher Zukunft. Prognosen, die heute Allgemeingut geworden sind, gab es nicht. Seine Lebenserfahrung bereitete ihn darauf vor, dem nachzugeben und nachzufühlen, was ihn plagte: nicht, weil er es besonders gern tat oder einen Sinn darin sah, sondern weil ihm nichts anderes übrigblieb. Und siehe: oft ergab sich daraus der Sinn. Das Leben in der ständischen Gesellschaft bereitete jede Frau, jeden Mann von Geburt an darauf vor, Versagungen hinzunehmen, die Grenzen der eigenen Möglichkeiten zu ertragen. Im Winter mußten (fast) alle Menschen frieren, im Frühling war die Freude über einen wärmenden Sonnenstrahl groß. Die Beziehung zur Natur war sinnlich, nicht romantisch wie später in der bürgerlichen Welt oder gegenwärtig in der Ökologiebewegung. Die Abhängigkeit von den Zyklen der Monate und Jahreszeiten, die in den romanischen und gotischen Kathedralen eine so wichtige Rolle spielt und selbst in den allegorischen Göttern barocker Parkanlagen erhalten ist, war eindeutig und unbezwinglich – kein Gedanke, an Weihnachten nach Ägypten oder in die Karibik zu jetten. Ebenso meldeten die Speisen, wie es um die Erde stand. Was nicht in der unmittelbaren Umgebung gedieh, war selbst für die Reichen ein selten genossener Luxus.

Diese Konzentration auf die unmittelbare Umgebung, die erzwungene Hingabe an die aus ihr fließenden sinnlichen Eindrücke, muß die Situation des Kranken in der ständischen Gesellschaft stark beeinflußt haben. Wie auch immer er sein Leiden deutete, er erlebte es. Er entzog sich ihm nicht, weil es gar nicht ging. Seine Möglichkeiten, aus ihm zu lernen, es zu verstehen, hatten durch die Mauern zwischen den Ständen bereits an Offenheit verloren. Die Botschaft der Krankheit konnte ebensowenig entziffert werden wie heute, aber sie wurde gefühlt, nicht unterdrückt – und weil sie gefühlt wurde, war sie bereits zum Teil entziffert. Die Versuche der modernen Psychosomatik, die Sprache des Körpers zu übersetzen, sind ein armseliger, lückenhafter Ersatz für diesen Verlust.

2 Die subjektive Krankheit und die Macht der Magie

Tierärzte haben es leichter. Die werden wenigstens
nicht durch Äußerungen ihrer Patienten irregeführt.

Louis Pasteur

Die Überzeugung, daß Krankheiten nur «natürliche» Ursachen haben, ist eine Errungenschaft von Hochkulturen. In der schriftlosen Kultur gibt es zwei Krankheitsauffassungen, die nebeneinander verwendet werden: die magische und die naturalistische. Für den Europäer ist die Vermischung dieser beiden Auffassungen oft schwer verständlich. Ein weißer Forscher (die Anekdote stammt von Paul Parin) trifft einen Schwarzen mit zwei verkrüppelten Zehen. Er fragt, wie es zu diesen Verstümmelungen gekommen ist. «Diese Zehe», antwortet der Schwarze, «ist krank geworden, weil mich meine mißgünstige Schwiegermutter mit einem Zauber verfolgt hat.» «Und wer hat dich verzaubert, so daß der andere Zeh krank geworden ist?» «Das war kein Zauber», antwortet der Eingeborene. «Ich habe mich verletzt. Schmutz ist in die Wunde gedrungen, sie hat geeitert und heilte lange Zeit nicht. Kennst du solche Verletzungen nicht?»

In den ethnographischen Berichten wird oft gesagt, daß den Primitiven jede naturalistische Auffassung der Krankheit fehlt. Vor dem Hintergrund dieser angeblich dumpfen, abergläubischen Mentalität kann sich das aufgeklärte Bewußtsein des Europäers besonders hervortun. Über diesem Triumph wird übersehen, wieviel an möglichem Verständnis der Krankheit auf diese Weise verlorengeht. Wenn jede körperliche oder seelische Auffälligkeit, die nicht rasch wieder verschwindet, zwangsläufig mit einem feindlichen Menschen oder einem feindlichen Geist verknüpft werden muß, erfährt der Kranke in seiner Umwelt ständig, wie sehr sein Wohlergehen von seinen Gefühlsbeziehungen abhängt – eine Einsicht, die der psychologisch aufgeklärte Arzt seinen Patienten vergeblich zu vermitteln sucht. Unsere Psychosomatik ist so abstrakt geworden, daß sie an die Einsicht des Betroffenen hohe (und oft genug zu hohe) Anforderungen stellt. Die Denkweise des Primitiven mit ihrer magischen Verbindung von Ursache und Wirkung ist sinnlich und emotional um das treffender, was sie an Verdeutlichung eines rational nachprüfbaren Ursache-Wirkungs-Verhältnisses verfehlt.

Die gegenwärtige Situation in den Industriegesellschaften macht uns gegen den Vernunftzauber vollends mißtrauisch. Die Versuchung ist groß, die ganze Misere von Hochrüstung und Umweltverschmutzung dieser aufgeklärten, individuellen Vernunft zuzuschreiben, die nichts anderes zu können scheint, als partikularistische Interessen durchzusetzen auf Kosten anderer Individuen – der Schwachen, der Frauen und Kinder, der für unnütz erklärten Tiere und Pflanzen. Anscheinend gehört die naturalistische Auffassung der Krankheit zu dieser Vorstellung einer Vernunft, die sich im Individuum konkretisiert und dessen Bindungen an andere Menschen nur duldet, wenn diese ebenfalls vernunftgemäß sind.

Diese zur Zweckrationalität verkommene Vernunft macht es uns sehr schwer, noch wahrzunehmen, was sie so grob in den Hintergrund gedrängt hat: eine Vernunft, die sich an Einfühlung und damit primär nicht an einer Ausweitung der eigenen Macht und Kontrolle orientiert. So wünschen wir immer dann, wenn die Schattenseiten der Fortschritte dieser Zweckrationalität deutlich werden, nie diesen gefährlichen Weg eingeschlagen zu haben. Hätten wir doch nie die großen Kriegsmaschinen erfunden, wenn unsere Vernunft nicht fähig ist, sie zu kontrollieren! Was sollen die Erfolge in der Güterversorgung, in der Lösung von Transportproblemen, wenn darüber Flüsse verschmutzen und Wälder sterben? Wozu der medizinische Fortschritt, wenn die von der Dyspepsie (dem früher so lebensgefährlichen Säuglingsdurchfall) verschonten Kinder in den Slums der Metropolen zu Kriminellen werden?

Doch sind solche Gedanken müßig. Sie werden, wie es platt heißt, das Rad der Geschichte nicht zurückdrehen. Schließlich hat mit der Erfindung dieses Rades der Jammer angefangen. Mit seiner Hilfe konnten Lasten bewegt werden, Verkehrswege gefördert, die eine lange Entwicklung wachsender individueller Macht einleiteten. Wenn dieses Rad zurückgedreht werden soll, bleibt es selbst unangetastet. Das angezielte Problem ist unlösbar. Doch scheint es nützlich, möglichst viel von dem zu verstehen, was verlorengegangen ist. Das kann aber nur gelingen, wenn die *ganze* Vergangenheit – nicht nur ein verklärtes Bild von ihr – gesehen wird. Die Nicht-Vernunft wird von Regeln beherrscht, welche die Vernunft nicht fassen kann. Das gilt auch für die magische Auffassung der Krankheit. Die Wortkämpfer der Aufklärung sehen nur die Willkür und den Eigennutz von Hexen und Zauberern, wenn sie an das magische Weltbild denken. Wie erlösend, sich vorzustellen, daß nicht eine böse Fee, sondern die Degeneration einer Bandscheibe den «Hexenschuß» verursacht hat!

Der psychosomatisch Kundige versucht heute, die alte Hexe wiederzubeleben. «Wie ich den Laden hier kenne, wird es schon meine Mutter sein», sagte mir einmal eine Patientin auf der Couch, nach ihren Einfällen zu einer solchen Hexe befragt. Aber wie dünn ist der Einfluß, den wir den Gefühlen und den mit ihnen untrennbar verknüpften zwischenmenschlichen Beziehungen zutrauen, wenn wir psychosomatische Krankheiten «übersetzen». Die mißlungene Symbiose, die Mängel mütterlicher Einfühlung, der nicht geglückte Schritt zur Desomatisierung seelischer Konflikte sind Folgen einer bürgerlichen Norm, die zur Normalität des Menschen an sich geworden ist, auch in den nicht mehr vom Kapital regierten Ländern. Man könnte sagen, diese Verdünnungen, die dem magengeschwürkranken Angestellten erst auf dem Umweg über Papi und Mami erlauben, seinen Chef und seine Sekretärin mit seiner Erkrankung zu verknüpfen, entsprechen ganz allgemein dem langen Prozeß der Zivilisierung, in dem die normenbildenden Eliten lernten, sich den abstrakten Gesetzen des Geldverkehrs zu beugen und ihre Konflikte nicht mehr sofort mit Faust, Zahn oder Knüppel auszutragen. Auch die Tatsache, daß der eben beschriebene Angestellte in seiner Kindheit und in seiner Familie nach den Wurzeln seiner Anfälligkeit suchen muß, enthält einen solchen Zwang zum Umweg. Diese Zwänge sind uns so vertraut, daß wir sie nicht mehr missen möchten. Niemand spürt die Verluste mehr, durch die sie erkauft sind, als die psychosomatisch Kranken.

Die lange Tradition der Magie, die alle anderen menschlichen Überlieferungen weit übertrifft, weist auf eine frühe Sonderstellung des Menschen hin, die mit seiner Anfälligkeit für Krankheiten eng verknüpft ist. Es ist falsch, von einem magischen Weltbild zu sprechen, wenn darunter die vollständige Übermacht eines primitiven, «magischen» Denkens verstanden werden soll, wie es manche Anthropologen des 19. Jahrhunderts (z. B. Lucien Levy-Bruhl in seiner Lehre von der *participation mystique*) beschrieben. Die «Wilden» sind in vielen Belangen genau so rational wie wir. Sie sind nur nicht so von der Vernunft besessen. Die Aufklärer haben das «Urdummheit» (Theodor Preuß) oder falsche Anwendung der Assoziationsgesetze genannt (wie James Frazer). Aber gemessen an fortschrittslosen Kriterien, an realer Harmonie mit der Umwelt ist das Denken der Primitiven ungleich vernünftiger, ge-

Welche kosmischen Symbole die Teile des menschlichen Körpers regieren, zeigt diese aztekische Malerei aus den «Antiquities of Mexico» von Kingsborough (1830–1848).

rade weil es Selbstbeschränkungen und Regressionsmöglichkeiten nicht als freiwillige Möglichkeit, sondern als Naturgewalt enthält. Diese Haltung ist grausam und weise, weil sie die menschlichen Möglichkeiten realistischer einschätzt als eine Zweckrationalität, die in der Erfindung einer Menschenmaschine gipfelt, welche in der Lage ist, den Planeten in einen von radioaktivem Staub umhüllten Eisklumpen zu verwandeln.

Die Magie ist ein Mittel, die Zweckrationalität in ihrem Vormarsch aufzuhalten oder diesen überhaupt unmöglich zu machen. Jeder Fortschritt, auch jeder biologische, birgt auch ein erhöhtes Risiko. Der Mensch hat den zweibeinigen Gang, der ihm die Hände für Werkzeuge frei machte und seinen Kopf weit über das Gras der Steppe erhob, mit einer erhöhten Anfälligkeit für Krampfadern und Leiden der Wirbelsäule erkauft – unter anderem jenem Hexenschuß, den wir schon erwähnt haben. Die hohe Intelligenz und die Fähigkeit, sich Vergangenheit und Zukunft zu vergegenwärtigen, führen auch dazu, daß der Mensch die Ruhe und Sicherheit des Tiers verliert, das keine Angst vor der Zukunft und keine Neurose kennt. «Wie die Klappen in seinen Venen dem Menschen dazu verhelfen, daß sich trotz des aufrechten Gangs das Blut nicht in den unteren Gliedmaßen staut, so war es die Magie – die archaische Form der Religion –, welche den vom aufflackernden Licht des Bewußtseins geworfenen Schatten durchdrang und ordnete.

ie trug auf diese Weise zu jener geistigen Unabhängigkeit bei, auf die wir heute so stolz sind. Vielleicht wären die ersten Menschen, die ein reflektierendes Bewußtsein kennenlernten, von den Schattenseiten dieser revolutionären Mutation gelähmt worden, hätten sie nicht die Magie entdeckt. Ihr danken wir es möglicherweise, daß das Bewußtsein, kaum geboren, nicht wieder erlosch, weil es ein zu kühner Entwurf der Baumeister des Lebens war.» So schrieb ich vor fünfzehn Jahren in einer Geschichte der Psychotherapie.*

Während die sprachliche Reflexion den einzelnen von seiner Umwelt trennt und zum Nachdenken über sich selbst bringt, das ihn von seinen Mitmenschen abhebt und potentiell seine und nur seine Interessen verwirklicht, enthält die Magie den Versuch, ein verbindliches kollektives Bewußtsein zu schaffen, das – anders als das kollektive Unbewußte der Psychotherapie – nicht auf der Überzeugungskraft von Deutungen fußt,

* W. Schmidbauer, Psychotherapie – Ihr Weg von der Magie zur Wissenschaft. München (dtv) 1971/1975, S. 18.

sondern auf Gesetzen, die so unausweichlich gültig sind wie die Schwerkraft oder die Beziehung zwischen Ursache und Wirkung.

Diese Situation läßt sich mit einem Gedanken von Günther Anders veranschaulichen. Anders spricht davon, daß den heutigen Menschen eine Diskrepanz bestimmt, ein Auseinanderklaffen von dem, was er machen, und dem, was er sich vorstellen kann. Nur weil er sich ihre Produkte und deren Wirkungen nicht vorstellen kann, hat der Mensch keine Bedenken, Atombomben zu bauen. Er ist ein umgedrehter Utopist geworden: während die Sucher nach Utopia sich sehr viel mehr vorstellen konnten, als sie herzustellen vermochten, können die Mächtigen der Gegenwart viel mehr machen, als sie sich träumen lassen. Es gibt keine Entfremdung mehr: Diese setzt ja voraus, daß man einmal gekannt hat, was nunmehr fremd gemacht wurde. Der heutige Mensch macht nicht Vertrautes fremd, sondern «befindet sich von vornherein in einem Fremdheitszustand gegenüber dem Resultat seiner Tätigkeit: Er denkt überhaupt nicht an sein Resultat.»*

In der Medizin läßt sich diese Diskrepanz sehr genau verfolgen. Statt bei einer Krankheit zunächst einmal die eigene Vorstellung und damit seine Subjektivität, die mit ihr verknüpften Phantasien, Gefühle, Beziehungen zu befragen, wird die Krankheit durch einen Experten objektiviert, der erzogen wurde, sich gerade nicht vorzustellen, wie seine Maßnahmen auf die Subjektivität des Kranken wirken. In der magischen Krankheitsauffassung ist diese Vernachlässigung der Vorstellung zugunsten des Machbaren stark eingeschränkt. Wer sich von den magischen Pfeilen, von Zauber oder Gift eines Feindes getroffen fühlt, wird stark auf seine intimen Beziehungen zu seinen Mitmenschen hin orientiert. Er muß sich Gedanken ma-

* G. Anders in: «Die Zeit», Nr. 13, 22.3.1985, S. 66.

46

chen, wie dieses Körpersignal mit diesem Menschen in seiner Bekanntschaft zusammenhängt – mit feindlichen Lebenden oder mit neidischen Toten, mit konkurrierenden Medizinmännern, vielleicht sogar mit Tier- und Pflanzengeistern. Bei den australischen Eingeborenen traten Krankheiten dann auf, wenn Männer oder Frauen Tiere jagten, Pflanzen sammelten, die ihrem Totem nicht gemäß waren. Der Medizinmann fand dann beispielsweise eine Dingopfote, die irgendwo im Körper des Kranken steckte, der verbotenerweise Dingos gejagt hatte. Wie irrational! Wieviel vernünftiger ist es doch, wenn alle Jäger alles jagen dürfen, was auf ihrem Land herumläuft. So der Grundsatz der bürgerlichen Aufklärung, der die Ausrottung vieler Tierarten eingeleitet hat.

Unsere psychosomatischen Theorien sind ein armseliger Abglanz der üppigen Vielfalt emotionaler, sozialer und ökologischer Bezüge, die ein magisches Weltbild der Krankheit verschafft. Phantasiearmut und Macherrausch der modernen «Intensivmedizin» sind kaum mehr zu überbieten. Die Neigung, jede subjektive Vorstellung durch ein «objektives» Gegenmittel zu unterdrücken, wird im medizinischen Alltag deutlich. Jüngst zeigte sich bei einer Umfrage in Bayern, daß jedem dritten über 65 Jahre alten Patienten, der einen praktischen Arzt aufsucht, mehr als 40 (!) Medikamente pro Jahr verordnet werden.* Die Vermutung liegt nahe, daß viele dieser mit Rezepten überfütterten alten Leute an dieser Behandlung mehr leiden als an ihren Krankheiten.

An diesen Zahlen läßt sich ablesen, wie schwierig die Selbstbegrenzung einer so «rationalen» Behandlungsform wie der modernen Pharmakotherapie ist. Dabei werden Ärzte und Patienten nicht einmal durch direkten wirtschaftlichen Profit zu diesem Verhalten bewogen: sie sind frei, zu fordern und zu ver-

* «Selecta» Nr. 12, 25.3.1985, S. 1096.

schreiben – so frei, wie man in einer von blindem Machbarkeits-
glauben beherrschten, von Pharmawerbung und passivem Kon-
sumanspruch bestimmten Arzt-Patient-Beziehung sein kann.

Als konkretes Beispiel der Vielfalt von Bezügen, die ein magisches Weltbild an die subjektive Krankheit heranträgt,
möchte ich jetzt aus einem von den schwedischen Ethnogra-
phen Nils Holmer und Henry Wassen veröffentlichten Heilgesang zitieren. Er stammt von einem Schamanen der Cuña-
Indianer und soll Hilfe bei einer schweren Geburt bringen. Nach
dem Glauben der Cuña hat jeder Körperteil eine eigene Purba,
was sich wohl am ehesten mit unserem etwas abstrakten Begriff
«Lebenskraft» übersetzen läßt. Die schwierige Geburt wird
dadurch erklärt, daß die Purbas der einzelnen Organe durch
die störend / gestörte Lebenskraft.des Uterus gefesselt werden.
Solche Vorstellungen sind uns nicht fremd. Wilhelm Busch hat
anschaulich beschrieben, wie bei Balduin Bählamm die Purba
eines kranken Zahnes alle übrigen Purbas gefangennimmt:*

> Das Zahnweh, subjektiv genommen,
> Ist ohne Zweifel unwillkommen;
> Doch hat's die gute Eigenschaft,
> Daß sich dabei die Lebenskraft,
> Die man nach außen oft verschwendet,
> Auf einen Punkt nach innen wendet,
> Und hier energisch konzentriert.
> Kaum wird der erste Stich verspürt ...
> Und aus ist's mit der Weltgeschichte,
> Vergessen sind die Kursberichte ...
> Denn einzig in der engen Höhle
> Des Backenzahnes weilt die Seele ...

* N. Holmer, H. Wassen, Mu-Igala or the way of Muu. Göteborg
1947.

Der Schamane soll nun die gefangenen Lebenskräfte wieder befreien und die Ordnung im Kosmos der verschiedenen Purbas wiederherstellen. Dann wird auch die Geburt ungestört ablaufen können. Die Kunst des Sängers richtet sich auf eine möglichst anschauliche Beschreibung dessen, was um die Kranke geschieht:

> «Die Hebamme geht in der Hütte umher;
> Die Hebamme sucht Perlen,
> Die Hebamme geht umher,
> Die Hebamme setzt einen Fuß vor den anderen,
> Die Hebamme berührt mit dem einen Fuß den
>   Boden,
> Die Hebamme setzt den anderen Fuß vor,
> Die Hebamme öffnet die Tür ihrer Hütte,
>   die Tür ihrer Hütte knarrt,
> Die Hebamme tritt heraus …»

Die so eingeleitete Behandlung ist auf eine für uns schwer vorstellbare Weise ganzheitlich. Der Heiler, bei den Cuña «nele» genannt, muß zusammen mit seinen Gehilfen «den Weg Muus» gehen. Zunächst modelliert er aus besonderen Hölzern Bilder der Schutz- und Hilfsgeister, der nuchu. Sind sie fertig, müssen sie den Weg Muus finden, der durch die schwere Niederkunft voller Blut ist, bis hinauf zu seinem Haus, dem Uterus. Der dramatische Kampf zwischen den schädlichen und den hilfreichen Geistern nimmt in dem insgesamt 18 Seiten langen Gesang relativ wenig Raum ein (etwa ein Zehntel), während die Vorbereitung, die Ausrüstung der zugleich sozialen, religiösen und ökologischen Expedition in das Körperinnere in allen Einzelheiten beschrieben wird. «Man geht also von der banalen Realität zum Mythos über, vom physischen zum physiologischen Universum, von der Außenwelt zum Körperinnern.

Und der im Körperinneren wirkende Mythos muß die gleiche Lebendigkeit, den gleichen Erlebnischarakter haben, deren Bedingungen der Schamane durch den pathologischen Zustand der Kranken begünstigt und mit Hilfe einer entsprechend obsessiven Technik festlegt.»*

Der eigentliche Heilgesang besteht aus einem raschen Wechsel zwischen poetischen Bildern und körperlichen Empfindungen. Die Frau wird in Kreißlage auf der Hängematte beschrieben. Blut fließt aus ihrer Scheide. Dann treten die Schutzgeister auf – jene der alkoholischen Getränke, der Winde, der Gewässer, der Wälder und «des silbernen Dampfers des weißen Mannes», ein Beweis für die Anpassungsfähigkeit der schamanistischen Poesie. Jeder Geist hat seine magische Ausstattung, farbige Perlen, Jaguarknochen, silberne Halsbänder, Vogelknochen. Diese Schutzgeister wandern nun auf natürlichem Weg, indem sie das Aussehen des Penis annehmen, in den Uterus der Kreißenden, der das Haus Muus ist. Sie dringen ein, «erhellen» den Weg, pflanzen ein gutes Licht in die Kranke. Dann wird der von Schmerzen geplagte Uterus mit Bildern besungen, die den Schmerz zugleich anschaulich machen und mit der Natur verbinden: Da sind Onkel Alligator, der sich krümmt und mit dem Schwanz schlägt, der Tintenfisch, der seine schleimigen Arme ausstreckt und wieder einzieht, da sind schwarze Tiger und verschiedenfarbige Raubtiere mit heraushängender Zunge, flammendem Schwanz, geifernd und schäumend. Die Schutzgeister des Gesangs, die zugleich die Schutzgeister des Medizinmanns sind, dringen in diesen Raum ein. Sie müssen Hindernisse überwinden, Fasern, Hautvorhänge, zu deren Beseitigung der Schamane Verstärkung heraufbeschwört: die Geister der Tiere, die im Holz bohren. Endlich

* C. Lévi-Strauss, Strukturale Anthropologie. Frankfurt (Suhrkamp) 1967, S. 212.

sind sie in den Uterus vorgedrungen, befreien die gefangene Purba und treten den Abstieg an, der nicht weniger gefährlich ist als der Aufstieg. Schließlich ist dies die eigentliche Aufgabe: die Entbindung soll eintreten. Der Gegner, die Purba Muus, ist kein «Feind», sondern ein wichtiger Geist, der lediglich seine Kompetenzen überschritten hat und gewissermaßen das Produkt seiner Schöpfungskraft nicht loslassen will.

Wieder macht der Poet Heerschau, beschreibt seine Helfer und feuert die Truppe an. Zur Verstärkung holt er die «Wegeöffner», Herren der Wühltiere, wie beispielsweise das Gürteltier. Wichtig ist in diesen Schlußstrophen vor allem, daß der Geist Muus, dessen Macht auf so eindrucksvolle Weise beschränkt wurde, nun nicht beleidigt den Körper verläßt und die Kranke preisgibt. Endlich wird genau beschrieben, wie alle Darsteller des dramatischen Vorgangs an ihre Plätze zurückkehren und eine Ruhe hergestellt ist, die von keinem Teil mehr bedroht wird. Lévi-Strauss sieht den Sinn dieses Gesanges darin, daß durch die Wortkunst des Schamanen eine Situation, die der Körper nicht aushält, für den Geist annehmbar gemacht wird. Daß dabei die Mythologie des Schamanen keiner objektiven Wirklichkeit entspricht, ist ohne Belang, weil alle Beteiligten in einem geschlossenen System leben, in dem die Existenz der übernatürlichen Ungeheuer und magischen Tiere nie in Frage gestellt wird. Der Schamane verwandelt die übermäßigen Schmerzen aus einem Fremdkörper in diesem System mit Hilfe des Mythos in einen sinnvollen Teil desselben. Er wiederholt in abgewandelter Form: «Und wenn der Mensch in seiner Qual verstummt, gab mir ein Gott, zu sagen, wie ich leide.»

Warum werden aber unsere Kranken, die sich ihr Leiden mit hormonellen Störungen, Mikroben, Viren erklären, nicht ebenso gesund wie die Patienten der Schamanen?

Lévi-Strauss gibt auf diese Frage eine paradoxe Antwort: Mikroben existieren wirklich, Ungeheuer aber nicht. Die moderne, naturwissenschaftliche Erklärung ist für den Kranken äußerlich und kausal, während die Beziehung zwischen Ungeheuer und Schmerz innerlich ist – eine Beziehung zwischen Symbol und Gegenstand, zwischen dem Bedeutungsvollen (Signifikant) und dem Bedeuteten (Signifikat). Der Schamane ordnet Erfahrungen, die sonst chaotisch bleiben, und löst damit auch eine körperliche Dysfunktion auf.*

Ist es so, daß der Schamane, wie der Psychoanalytiker, Konflikte und Hemmungen auflöst, die vorher unbewußt waren? Wobei der Neurotiker einen individuellen Mythos erfährt, den er durch die Übertragung auf den Psychoanalytiker rekonstruiert, während der Kranke vom Schamanen einen gesellschaftlichen Mythos von außen empfängt, der nicht auf seine Kindheitsgeschichte, sondern auf seine Situation bezogen ist? Der Schamane stellt sich an die Spitze der Hilfsgeister, die das jeweils ökologisch Bedeutungsvolle symbolisieren, dringt in die befallenen Organe ein und befreit die gefangene Teilseele. Der Neurotiker erfährt und bewältigt seinen persönlichen Mythos, indem er sich mit einem wirklich vorhandenen Psychoanalytiker konfrontiert, während die eingeborene Frau in ihrer schweren Geburt Hilfe findet, indem sie sich mit dem Schamanen identifiziert, der den Mythos verkörpert.

Ich halte diese Betrachtungen für fesselnd, obwohl Lévi-Strauss sich in Widersprüche verwickelt, wenn er zum Beispiel eine schwierige Geburt ein «organisches Leiden» nennt. Den vielfältigen Abstufungen zwischen «organisch» und «funktionell» wird sein Schema nicht gerecht. Außerdem macht es sich ein Modell zu einfach, das allen psychoanalytischen wie schamanistischen Kuren unterstellt, daß sie wirk-

* C. Lévi-Strauss, a. a. O., S. 218.

sam sind. Die Unberechenbarkeit der Wirkung ist beiden gemeinsam. Endlich weist Lévi-Strauss nicht darauf hin, daß die ökologische (oder, in einem älteren, weniger belasteten Wort, kosmische) Bezogenheit der Therapie beim Schamanen von entscheidender Bedeutung ist, während der Psychoanalytiker sich innerhalb einer Spezialdisziplin bewegt, die mit zahlreichen anderen akademischen Erklärungen und Modellen konkurriert.

Insgesamt scheint die kurative Bedeutung der schamanistischen Behandlung einem Wettbewerb mit den direkten Eingriffen der naturwissenschaftlichen Medizin nicht standzuhalten. Erst seit diese Medizin ihre eigenen Grenzen entdeckt, läßt sie eine Reflexion zu, welche den Schamanismus wenigstens in einer psychologisch und ethnologisch gebildeten Elite wieder salonfähig macht. Zuñi- und Navajo-Indianer, mit denen ich 1979 sprach, hatten die weiße Medizin in ihr Leben eingebaut: die Kranken wurden ins Hospital gebracht und dort behandelt. Erst nachher führte sie der Medizinmann rituell wieder in den Stamm zurück. Die therapeutische Macht des Schamanen scheint eher darin zu liegen, daß er in einer ganzen Gruppe das ökologische Gleichgewicht erhält, indem er sich für den Kosmos zuständig fühlt. Aber auch diese Auffassung geht wohl bereits zu weit in Richtung auf ein Verständnis, das persönlichen Einfluß unterstellt, wo es sich um die bewahrende Kraft kollektiver Mythen handelt.

Ein poetisches Verständnis der subjektiven Krankheit, das in der magischen Welt dem Schamanen seine Macht verleiht, gehört zu einem leicht störbaren Gleichgewicht. Die poetischen Wirkungen und Zusammenhänge gedeihen dort, wo die unmittelbare Macht über die Dinge gering bleibt und daher wenig begehrenswert. Die schamanistische Kunst ist keine Heilkunst, sondern vor allem eine vorbeugende, aber auch das Leid ordnende und erleichternde Kraft. Indem jede Krankheit eine kosmische Bedeutung gewinnt, sind alle erfaßbaren Bestandteile des ökologischen Zusammenhangs auch mögliche Bedeutungen der Krankheit – Pflanzen und Tiere, Wind und Wetter, der Zyklus der Jahreszeiten, die mythischen Totemahnen, die Verwandten und Nachbarn.

Damit erhält die Krankheit einen Reichtum an möglichen Verbindungen mit anderen Personen, mit der lebendigen und toten Umwelt, der gewiß dazu beiträgt, daß Störungen des familiären Gleichgewichts, nervöse Spannungen, konflikthafte Beziehungen zu anderen Menschen viel früher und gründlicher in das Erleben des Kranken einbezogen werden. Seine Möglichkeiten, aus der Krankheit Ansätze für einen Neubeginn, für Veränderungen in seiner Lebensweise – von der Diät bis zu seinen sexuellen Beziehungen – zu gewinnen, vervielfältigen sich. Gerade weil die naturalistische Reduktion fehlt, bleibt ein weiter Raum für symbolische Zusammenhänge der verschiedensten Art. Damit entstehen Chancen, schon lange vor der manifesten Erkrankung Störungen zu erspüren. Vor allem aber wird durch die Vielfalt der magischen Zusammenhänge auch verhindert, daß sich das psychosomatische Geschehen aus einem akuten in ein chronisches Stadium verfestigt. Heute wird die Krankheit auf einer «nur» subjektiven Ebene oft nicht ernst genommen, ihre Sprache nicht verstanden, da es scheinbar sichere, Abstand und Kontrolle schaffende Hilfen gibt. Medikamente und Operationen, ein auf Apparate und chemische Untersuchungen gestützter Prozeß der diagnostischen Erkenntnis versprechen mehr Sicherheit. Sie führen aber auch dazu, daß der Mensch seine Feinfühligkeit und Phantasie an Maschinen abtritt, die ihm mehr Macht geben, ihn aber auch der Poesie und der Bedeutungsvielfalt berauben. Damit werden die Grenzen dieser Macht hart, oft schier unerträglich. Wie eng der Horizont solcher Diagnosen ist, wird uns heute klarer. Die inneren Gefühle werden in der objektiven Krankheit ebenso ausgespart wie die sozialen Beziehungen oder die individuelle Lebensgeschichte.

Hätte ich nicht so oft die Erfahrung gemacht, daß solche Äußerungen als Plädoyer für eine Rückkehr in die Steinzeit verstanden werden, ich würde meine Leser nicht mit dieser wiederholten Anmerkung ermüden: Ich halte die magische Bewältigung der subjektiven Krankheit nicht für «besser» als die gegenwärtige Situation, in der verschiedene medizinische und psychologische Auffassungen konkurrieren, insgesamt aber die Naturwissenschaft vorherrscht. Aber die Kenntnis dessen, was einmal gewesen sein könnte (denn es wäre anmaßend, zu behaupten, wir hätten von der primitiven Mentalität ein wirkliches Wissen), kann anregen, die poetischen und magischen Möglichkeiten zu beachten und ernst zu nehmen, mit denen das blinde organische Geschehen bedeutungsvoll werden könnte. So erfüllt das Nachdenken über die ausgelöschten und unterdrückten Welten der Magie seinen Zweck, wenn es einen freien Raum schafft, weißes Papier für die Poesie, deren erste Strophe die subjektive Krankheit sein kann, deren letzte aber in unseren Kosmos hineinreicht.

3 Die Ambivalenz der Aufklärung

Psychoanalyse und mit ihr Psychosomatik sind beides: Fortführung der Aufklärung und Aufklärungskritik. Sie setzen damit Bestrebungen fort, die in ihrer Ambivalenz heute durchschaubarer geworden sind, obgleich diese schon immer bestand. Ich meine damit die Tatsache, daß die Befreiung der Menschen aus feudalen Abhängigkeiten, aus Aberglauben und der Enge dörflicher und kleinstädtischer Lebensgemeinschaften Schattenseiten mit sich brachte, die erst spätere Generationen erleiden und erkennen konnten. Freiheit und Gleichheit, die Werte der bürgerlichen Revolution, ließen sich nur scheinbar mit Brüderlichkeit vereinbaren (aus der ohnedies die Frauen herausfielen). Freiwillige Lohnarbeit an Stelle von Sklaverei verlegte die Quelle der Unterdrückung nach innen und setzte konstruktive wie destruktive Kräfte frei. Die industrielle Revolution folgte, die heute das Leben auf diesem Planeten gefährdet.

Die Aufklärungskritik in der Psychoanalyse läßt sich mit dem Begriff der Rationalisierung verbinden. Darunter versteht Freud eine Pseudovernunft, die sich authentisch aufführt, tatsächlich aber die Marionette triebhafter oder Triebhaftigkeit abwehrender, unbewußter Kräfte ist. Damit wird Vernunft als Göttin der bürgerlichen Revolution wirkungsvoller entthront* als durch die Restauration des 19. Jahrhunderts, die den Vernunftkult der Revolutionäre zusammen mit ihrem dekadischen Kalender verwarf und sich den Legitimationskün-

---

* Daß diese Götterdämmerung der bürgerlichen Vernunft nicht abgeschlossen ist, zeigt P. Sloterdijk, Kritik der zynischen Vernunft. Frankfurt (Suhrkamp) 1983.

sten der – christlichen – Hierarchie anvertraute. Aber die Aufdeckung der Rationalisierung bietet keinen Schutz davor, daß die psychoanalytische Theorie selbst zum Steinbruch wird, in dem eifrige Arbeiter Material für neue Rationalisierungen gewinnen. «Ich habe eben ein strenges Über-Ich» oder: «ich weiß schon, es ist psychosomatisch» sind Beispiele für diese neuen Rationalisierungen. Sie werden durch psychoanalytische Deutungen nicht aufgelöst, sondern geschaffen.

Hatte die Psychoanalyse keine Qualitäten als kritische Gesellschaftstheorie in der Gestalt einer Theorie des Subjekts, oder hat sie diese verloren? Manche Marxisten behaupten, sie sei von Anbeginn an nur bürgerlich-individualistisch gewesen und habe kein anderes Schicksal verdient. Kritische Psychoanalytiker hingegen führen eher den Medicozentrismus ins Feld, die Unterwerfung unter die medizinischen Interessen. Verdienst der Psychoanalyse bleibt, daß sie Grenzen der Aufklärung innerhalb unseres Erlebens gezeigt hat, Mängel einer Theorie des Subjekts, die sich nur aus Vernunftgründen speist und den Traum, die Gefühle, die vielgestaltige kindliche Sexualität lediglich als Baumaterial für den Leistungsmenschen bestehen läßt. Die Psychoanalyse als fortbestehender, anarchistischer oder kritischer Impuls ist weitgehend, aber nicht ganz ihrer eigenen Institutionalisierung zum Opfer gefallen.

Der Vergleich zwischen Groddeck und der gegenwärtigen Theoriebildung (vgl. S. 96 ff) zeigt, wie diese Medizinisierung auch innerhalb der Psychosomatik verlaufen kann. Statt zu einer kritischen Aufhebung der naturwissenschaftlichen Medizin droht sie zu ihrer Vervollkommnung zu werden, in der Psychosomatiker die körpergewordenen Krankheiten aus der Dunkelheit heraustreiben wie unbarmherzige Kinder eine fliehende Ratte aus einem Kellerloch. Von einem aufklärenden Wissen, das Machtunterschiede aufheben hilft, ist der Weg zur Unterdrückung durch Wissen oft kurz. Viele Aussagen und

Begriffe emanzipatorischer Theorien wurden und werden in dieser Weise mißbraucht. Es scheint so schwierig wie notwendig, Schutzgedanken in solche Systeme aufzunehmen, die ihren Mißbrauch verhindern und dazu führen, daß Psychoanalyse oder Marxismus zu sinnlosem Gebrabbel werden, sobald versucht wird, mit ihren Sätzen Unterdrückung auszuüben. Die Autoren von Zukunftsromanen haben solche Sperren erfunden, die zum Beispiel das wohlkoordinierte Handeln eines Roboters in eine bizarre Lähmung verwandeln, sobald ihm der Auftrag erteilt wird, einem lebendigen Wesen Gewalt anzutun.

Uns bleibt die Möglichkeit, in einem begrenzten Bereich zu untersuchen, wie solche Entwicklungen verlaufen. In der Psychosomatik können wir einen willkürlichen, aber sinnvollen Anfang mit Thomas Sydenham (1624–1689) setzen, der eine ausführliche Schrift über hysterische Krankheiten verfaßte und in der Tradition der englischen Aufklärung (Thomas Hobbes, John Locke) gegen übernatürliche Erklärungen, wie Hexerei oder Besessenheit, die realistische Beobachtung setzte. Sydenham ging die ersten Schritte auf dem Weg zu einer Verbindung zwischen körperlicher Krankheit und Gefühlsbewegung. In seinen Briefen über Hysterie («Epistolary Dissertation on the Hysterical Affections») beschreibt er Lähmungen, die durch starke Emotionen entstehen können, Krämpfe, die ähnlich aussehen wie Epilepsie, seelisch ausgelöste Herzschmerzen. Er schlug vor, immer zu fragen, wann solche Symptome in der Lebensgeschichte zuerst aufgetreten seien. Sydenhams Zeitgenosse William Harvey (1578–1657), der mit seinen Entdeckungen zum Blutkreislauf die galenische Säftelehre endgültig entkräftete, beschreibt in «Über die Bewegung des Herzens» («Exercitatio de motu cordis et sanguinis», 1628), wie ein kräftiger Mann einem gebrochenen Herzen erlag. «Nachdem er von einem, der mächtiger als er war, Unrecht und Beleidigung einstecken mußte, ohne darüber mit jemand sprechen zu können, (wurde er) so von Haß und Verbitterung und Erregung überwältigt, daß er schließlich in eine seltsame Unruhe verfiel, an einem außerordentlichen Druck und an Schmerzen im Herzen und an der Brust litt und, da sich die Rezepte der allerbesten Ärzte als nutzlos erwiesen, im Lauf weniger Jahre starb.»*

Diese Beschreibung Harveys drückt eine Veränderung aus, die ihren Höhepunkt in den Krankengeschichten Freuds erreicht. Die Medizin übernimmt Funktionen, welche bisher der Poesie eigen waren. Die einmalige Situation, in der ein Mensch an gebrochenem Herzen stirbt, wird zu einem wissenschaftlichen, gesetzmäßigen Geschehen, das – zumindest scheinbar – erklärt, durchschaut und willkürlich verändert werden kann. Die geheime Anmaßung, die sich schon bei Harvey andeutet, liegt in dem Satz: «ohne darüber mit jemand sprechen zu können». Verschwiegenheit gegenüber dem Arzt wird als Quelle des Leidens hingestellt; Todesstrafe bedroht den, der sich entzieht. Damit ist eine Hybris eingeleitet, die in der Psychosomatik steckt wie der Kern in einer Frucht. Wir wissen nicht, ob die psychologische Arbeit im einzelnen Fall hilfreich ist oder nicht. Die Poesie gibt nicht vor, das zu wissen, es vorherzusagen, Macht über die Zukunft zu gewinnen. Die wissenschaftliche Medizin, die in die Subjekte zu deren vorgeblich Bestem eindringt und sie zu unterwerfen sucht, hat kein Bewußtsein für ihre eigene Begrenzung.

Die Anforderungen an die seelische Festigkeit des bürgerlichen Individuums sind sehr hoch. Nur sich selbst verantwortlich soll es auf dem freien Markt seine Arbeitskraft verkaufen oder sein Kapital vermehren. Damit hängt zusammen, daß der Begriff der Neurose so alt ist wie die bürgerliche Revolution.

---

* Zit. n. F. G. Alexander, S. T. Selesnick, Geschichte der Psychiatrie. Konstanz (Diane-Verlag) 1969, S. 132.

Im Zug der rationalen Ordnungsversuche, die zu den großen Nachschlagewerken und zur botanischen Klassifikation durch Linné führten, hat der schottische Arzt William Cullen 1777 diesen Ausdruck geprägt. Er verstand darunter chronische Nervenleiden ohne Fieber und örtliche Symptome (zum Beispiel einen Abszeß). Die Bedeutung, welche der Umgang mit den nervösen Leiden fast sofort nach dem Beginn der Industrialisierung gewann, drückt auch aus, wie stark die Medizin als Beruf an den Ausbeutungsmechanismen dieser Wirtschaftsform beteiligt war. «Geschäftsfähigkeit» wurde zu einem entscheidenden Persönlichkeitsmerkmal. Um dem Konkurrenzkampf der Individuen standzuhalten, wurden berufsmäßige Helfer unentbehrlich. Sie wiederum gewannen ihren Verdienst aus dieser Unentbehrlichkeit. Nur eine leere Hülle von Menschenliebe blieb wie ein Potemkinsches Dorf stehen. Dahinter wirkte der Zwang, Individuen leistungsfähig zu erhalten, zwischen tüchtigen und untüchtigen Menschen zu unterscheiden. Die Ärzte glaubten, einer humanitären Macht zu dienen (und taten es bis heute vielfach subjektiv aufopfernd), die längst von strukturellen Kräften bestimmt war, deren Einfluß undurchschaut blieb.

Die medizinische Zuständigkeit für die Geisteskranken bietet viele, drastische Beispiele. Das Vorgehen der Ärzte war oft grausam; Cullen empfahl Abführmittel und Zugpflaster, Zwangsjacke und kaltes Wasser. Der holländische Arzt Hermann Boerhaave (1668 – 1738) hatte den Drehstuhl erfunden, in dem die Geistesgestörten bis zur Bewußtlosigkeit herumgewirbelt wurden. Von jeweils verschiedenen Ausgangspunkten haben Thomas Szasz, Michel Foucault und Klaus Dörner* den

---

* Th. Szasz, Geisteskrankheit – ein moderner Mythos. Berlin (Ullstein) 1970. – K. Dörner, Bürger und Irre. Frankfurt (Europäische Verlagsanstalt) 1969. – M. Foucault, Wahnsinn und Gesellschaft. Frankfurt (Suhrkamp) 1969.

verborgenen Wahnsinn in diesen Methoden aufgedeckt, die vorgaben, den offenkundigen Wahnsinn zu behandeln. Die Spaltung in gesund und krank erzwang eine grobe, verwertungsorientierte Umgangsweise mit allem Verhalten, das Gewinn und Arbeit behinderte. Einst hatten Poeten den Wahnsinn künstlerisch dargestellt, jetzt wurden sie in einer subtilen Umkehrung selbst pathographisch verarbeitet: Die Nervenärzte konnten sich nicht genug tun, Verbindungslinien zwischen Genie und Irrsinn herzustellen. Berühmte Künstler wurden unter Diagnosen wie manisch-depressives Irresein oder Psychopathie verbucht wie Don Giovannis Frauen in Leporellos Album.

4 Magnetismus und Suggestion

Ein eindrucksvolles Beispiel für die Ausweitung und Überdehnung scheinbar naturwissenschaftlichen Vorgehens in der Behandlung seelischer Störungen bietet das Schicksal von Franz Anton Mesmer (1734–1815). Er begründete die suggestive Psychotherapie, ohne sie beim Namen zu nennen. Er glaubte, ein physikalisches Mittel entdeckt zu haben, das die zahlreichen nervösen Beschwerden seiner Zeitgenossen zu heilen versprach, und hatte ein zwischenmenschliches Rätsel gefunden, das später die medizinische Psychologie unter dem Begriff «Suggestion» zu vereinnahmen suchte. Da die Suggestion oft verwendet wird, um die magischen (poetischen) Qualitäten der Arzt-Patient-Beziehung zu erklären, soll sie uns hier beschäftigen. Ihr Schicksal und ihr neuerliches Aufleben im sogenannten «neurolinguistischen Programmieren» (das ähnliche Assoziationen im 20. Jahrhundert beschwört wie der «tierische Magnetismus» im 18.) sind mit dem Schicksal der Psychotherapie eng verbunden, eine Quelle bisher ungelöster Widersprüche.

Mesmer lebte im ausgehenden 18. Jahrhundert in Wien. Dank einer reichen Heirat führte er das Leben eines Mäzens. Das frühe Mozart-Singspiel «Bastien und Bastienne» wurde in seinem Gartentheater uraufgeführt. Mesmer war Arzt und hatte mit einem astrologischen Thema promoviert: «Über den Einfluß der Planeten» («De planetarum influxu»). Er erklärte die geheimnisvolle Kraft der Gestirne durch einen Uräther, ein Fluidum, das mit den bisherigen Methoden der Physik nicht nachweisbar sei. Magnetische Einflüsse, die sich auch im leeren Raum entfalten können, waren ein Beweis für die Existenz dieses Äthers. Als eine Dame von Mesmers Freund, dem Astronomen Heller, durch einen Magneten von ihren Magenkrämpfen geheilt wurde, wandte sich Mesmer entsprechenden Forschungen zu. Schließlich hatte schon Paracelsus (1493–1541) den Magneten als Mittel gegen Brüche, offene Wunden, Gelb- und Wassersucht gelobt. Mesmer entdeckte zweierlei: Besonders die hartnäckigen «nervösen» Leiden seiner bürgerlichen Klientel sprachen gut auf den Magneten an – und er brauchte keinen Magneten. Seine eigenen Hände genügten. Das unsichtbare, nicht nachweisbare Fluidum mußte also von lebenden Wesen ausgehen. Er nannte es den «animalischen Magnetismus».

Mesmer ist mit seinen praktischen Erfolgen nicht zufrieden. Er sucht nach wissenschaftlicher Anerkennung. 1775 verschickt er seine Thesen an alle wissenschaftlichen Akademien Europas. Darin erklärt er (kaum anders als später Wilhelm Reich) durch den Magnetismus (das Orgon) die wechselseitigen Einflüsse zwischen den Himmelskörpern, zwischen belebten und unbelebten Stoffen. Die Akademien lehnen ab. Sie prüfen die Theorie, die ihnen absurd erscheint; Mesmer stützt sich auf seine Behandlungen, die ihn eindrucksvoll bestätigen. In einer Selbstschilderung beschreibt Mesmer seine Fassungslosigkeit angesichts der gelehrten Zweifel an seiner Entdekkung: «Wenn ich einen an irgendeinem Ort ... festgesessenen Schmerz mit meinem Finger hinführe, wo's mir beliebt; wenn ich ihn nach meinem Gutdünken vom Gehirn in den Magen, vom Magen ins Gehirn treibe, so kann nur die ausgemachteste Narrheit oder eine aufs höchste getriebene Bosheit den Urheber von diesen Gefühlen verkennen. In meinen Augen ist daher ein unleugbarer Grundsatz: Ein jeder Gelehrter muß in einer Stunde ebenso fest von der Wirklichkeit meiner Entdeckung überzeugt sein, als ein Schweizer Bauer, wenn ich ihn viele Monate in der Kur gehabt habe.»*

* Zit. n. St. Zweig, Die Heilung durch den Geist. Frankfurt (Fischer) 1952, S. 76.

Nach einem Skandal in Wien reist der Entdecker nach Paris. Er hofft, die französische Akademie zu überzeugen. Als die Regierung zögert und die Wissenschaftler abwarten, gründet Mesmer eine Aktiengesellschaft, welche die Faszination seiner Entdeckung für die bürgerliche Welt beweist. In wenigen Monaten sind 340000 Livres gezeichnet, in jeder Stadt gibt es eine «harmonische Gesellschaft» mit Mesmer-Anhängern. In Mesmers Salon sammeln sich die reichen Patienten – vornehme Herren, die (so geht das Gerücht) vor allem ihrer Mannesschwäche abhelfen wollen, vornehme Damen auf der Suche nach solchen Herren, Kranke aller Schattierungen, Neugierige. Schon Tage vorher muß ein Platz an dem «Baquet», dem mit magnetisiertem Wasser gefüllten Becken gemietet werden. Kein Wort darf gesprochen werden (denn Schall stört das Fluidum). Dann tritt Mesmer ein, in seidener Robe, einen Stab aus Eisen in der Hand. Mit Würde schreitet er von einem Kranken zum anderen, fragt nach dem Leiden, berührt die schmerzende Stelle oder umkreist die Stirn der Patienten mit seinem Stab. Jeder weiß, daß eine Krise mit heftigen Zuckungen, Krämpfen und ekstatischen Zuständen das Ziel der magnetischen Behandlung ist. Von einer der am Rand des Baquets vereinigten Hände springt der Funke auf die nächste über. Den Kranken bricht Schweiß aus, sie fangen an zu zucken, grell zu lachen, zu schreien, manche tanzen wild, andere wälzen sich am Boden oder schlafen, ein seliges Lächeln auf den Lippen.

Der französische König bittet die Akademie der Wissenschaften um ein Gutachten. Eine Kommission wird ernannt, in der berühmte Gelehrte sitzen: der Astronom Bailly, der Arzt Guillotin, Benjamin Franklin, der Chemiker Lavoisier. Eine Ironie der Geschichte liegt darin, daß zwei der Mitglieder dieser Kommission einige Jahre später durch die von einem dritten (nämlich Guillotin) eingeführte Maschine zur humanen Hinrichtung umkommen werden: Bailly und Lavoisier. Gutachter nehmen an den von Mesmer geleiteten Sitzungen teil. Sie beschreiben, daß dort unzweifelhaft eindrucksvolle Szenen zu beobachten sind. «Nichts ist erstaunlicher als das Schauspiel dieser Konvulsionen. Wenn man sie nicht gesehen hat, kann man sich keinen Begriff davon machen. Man ist jedenfalls überrascht, einerseits über die Ruhe einer Reihe von Kranken und wiederum über die Erregung bei den anderen, über die verschiedenen Zwischenfälle, die sich immer wiederholen, und die Sympathie, die sich zwischen den Kranken bildet; man sieht Kranke, die einander zulächeln, zärtlich miteinander sprechen, und dies mildert ihre Krämpfe. Alle sind dem unterworfen, der sie magnetisiert. Ob sie auch in einer scheinbaren Erschöpfung sind, sein Blick, seine Stimme holen sie sofort heraus.»*

Doch die Mitglieder der Akademie verlassen sich nicht auf solche Eindrücke: Natürliche Ursachen müßten auch auf sie wirken, aber sie haben am Baquet nichts gespürt. Selbst die von Mesmers Gedanken überzeugten Patienten können den animalischen Magnetismus im Blindversuch nicht beweisen: Sie finden eine Tasse mit magnetisiertem Wasser nicht zuverlässig aus einer Reihe gleich aussehender Tassen heraus. Freilich, sobald Mesmer ihnen die Tasse persönlich gibt, setzt die Krise sofort ein. Aber die Akademie sucht keine Erklärung für solche Erscheinungen, sondern prüft eine physikalische Theorie und stellt fest: Nullité du magnétisme. Es gibt den tierischen Magnetismus nicht.

Warum dachte niemand daran, daß es sich bei den Wirkungen Mesmers um den Ausdruck einer Beziehung zwischen ihm und seinen Patienten handelte? Warum suchte er selbst verzweifelt, sich und die Welt von einer physikalischen Kraft

* Zit. n. St. Zweig, a. a. O., S. 77.

65

zu überzeugen? Der Zeitgeist! Aber wie kommt dieser zustande? Lavoisier zum Beispiel, der in der Kommission saß, hat wesentlich dazu beigetragen, daß Erkenntnisse wie die Konstanz der Materie bei der Verbrennung und die Beständigkeit chemischer Elemente in verschiedenen Verbindungen allgemein anerkannt wurden. Das heißt auch, daß sich abstrakte, unsinnliche Prinzipien als mächtiger erwiesen als der sinnliche Eindruck. Wenn ein Scheit Holz verbrennt und nur Asche zurückbleibt, soll sich die Menge der Materie insgesamt nicht verändert haben? Während Lavoisier und seinesgleichen nach Gesetzen suchten, die unabhängig von persönlichen Eindrücken und Gefühlsbeziehungen gelten, wirkte Mesmer in einem Zusammenhang, in dem noch nicht zwischen Gefühl und Verstand getrennt werden konnte. In den schriftlosen Kulturen wird Mesmers Magnetismus «Kraft» genannt. Sie kann ererbt und erworben sein (zum Beispiel durch Träume, Visionen, besonderen Kontakt zu pflanzlichen oder tierischen Schutzgeistern). Alle diese Ausdrücke haben das eigentlich Gemeinte bereits verloren. Poetry is what gets lost in translation. Da alle Beteiligten an diese Kraft glauben (obwohl sie in bezug auf ihr Vorhandensein in einem bestimmten Schamanen durchaus skeptisch sind), kann auch eine Versuchssituation wie die von 1784 in Paris nicht zustande kommen.

Wahrscheinlich ist das übliche ethnologische Verständnis dieser magischen Kräfte, in dem der Begriff der Suggestion nicht selten eine Rolle spielt, in seiner Aussage-«Kraft» sehr begrenzt. Es drückt den Versuch aus, mit einem reduzierten, aufgeklärten Verständnis von Religion und Gefühlsbeziehungen zu erfassen, was in einer Welt geschieht, in der solche Trennungen nicht vorgenommen werden. So ist es zum Beispiel wohl schon ein Mißverständnis, die Kraft eines Medizinmanns in der Art einer Persönlichkeitseigenschaft zu verstehen, die er besitzt wie eine musikalische oder mathematische Begabung. Sie ist eher etwas, was zwischen ihm und den anderen Mitgliedern seiner Gruppe entsteht. Nur von einem Beobachter, der in individuellen Kategorien denkt, wird sie dem Schamanen zugeschrieben. Die Kraft des Medizinmanns ist, ebenso wie die Inspiration des Poeten, nicht etwas, was er beherrscht, sondern was ihn beherrscht: kein willkürliches Geschehen wie die Gedankenbefehle an Muskeln und Sinnesorgane («Laß los! Sieh dorthin!»), sondern ein Ergriffensein, zu dem es gehört, daß das Ergreifende nur bildhaft, metaphorisch, beschrieben und erfaßt werden kann.

Ein solcher Vergleich sagt, daß der Schlaf der Vernunft Ungeheuer gebiert*. Sie sind Masken, Erscheinungsformen einer Macht, welche die Vernunft bisher nicht bezwingen konnte. Alle Versuche, sie zu beherrschen, ließen diese Macht bedrohlicher werden: den Tod. Je weniger Individuum, Persönlichkeit wir sind, desto weniger müssen wir unsere Todesangst bewältigen. Eine gnädige Ökologie des Bewußtseins läßt uns im Strom des Lebens zwischen unseren Eltern und unseren Kindern dahintreiben wie Eisschollen in einem Strom. Können wir Mesmer als einen seiner selbst unbewußten Poeten verstehen, der seine Kraft der Entdeckung einer Metapher – des «animalischen Magnetismus» verdankte? Diese Deutung scheint mir sinnvoller als die herkömmliche, daß er eine «suggestive Persönlichkeit» besaß, die er mit einem falschen, pseudonaturwissenschaftlichen System erklärte.** Natürlich, hätte Mesmer nicht die Begabung des Poeten gehabt, hätte er auch die Meta-

---

* El sueño de la razón produce monstruos – Motto einer Radierung von Francisco de Goya (Capricho Nr. 43, 1797).

** z. B. J. H. Schultz, Psychotherapie – Leben und Werk großer Ärzte. Stuttgart (Thieme) 1952.

pher nicht entdeckt. Aber Mesmers Selbstverständnis mußte ihn in einer Zeit zum Außenseiter machen, in der Wissenschaft und Kunst anfingen, getrennte Wege zu gehen. Einst so selbstverständliche Ereignisse wie poetische Ekstase konnten nur noch mit falschen Pässen in das Land des herrschenden Bewußtseins reisen. Es gab Kräfte, unsichtbar und doch mächtig. Die Metaphern für sie (wie «animalischer Magnetismus») ließen sich für nicht existent oder für falsch erklären. Aber die Kräfte waren damit nicht aus der Welt verschwunden. Im Gegenteil: sie waren stärker und weniger gezähmt denn zuvor, als jeder wußte, daß die Metaphern der Poeten sie zwar nicht erfaßten, ihnen aber doch immer wieder nahekamen – freilich nie berechenbar und zweckmäßig.

Noch deutlicher als im Schicksal Mesmers wird diese Situation in der Entdeckung des «künstlichen Schlafwandelns» und damit der scheinbar erreichten Machbarkeit ekstatischer Erscheinungen. Von Mesmer angeregt, experimentierte Amand-Marie Jacques de Chastenet, der Marquis de Puységur, auf seinem Landgut mit «magnetischen» Kuren an seinen Landpächtern und Hirten.* Die meisten gerieten, wie es Mesmer beschrieben hatte, in einen diffusen ekstatischen Zustand mit Krämpfen und Schweißausbrüchen, die der bereits von Hippokrates geforderten «Krise» als Höhepunkt und Lösung der Krankheit glichen. Einer jedoch schläft friedlich ein. Als der Marquis ihn schüttelt und wecken will, fängt er an, sich wie ein Schlafwandler zu verhalten, spricht in gewählterer Sprache als vorher und gehorcht wie eine Marionette den

---

* Peter Sloterdijk: Der Bambusbaum. Die Entstehung der Psychoanalyse im Jahr 1785, Frankfurt (Suhrkamp) 1985, hat diese Situation beschrieben. Eine Kritik seines «epischen Versuchs zur Philosophie der Psychologie», die Sloterdijks Ansprüche auf die Rolle der «Psychonanten» zerpflückt, gibt Hartmut Böhme in Psyche 40, S. 356, 1986.

Befehlen des Magnetiseurs. Nachdem Puységur erkannt hat, daß es diesen «künstlichen Somnambulismus» gibt, gelingt es ihm bald, viele seiner Besucher in diesen Zustand zu versetzen.

Der natürliche Somnambulismus hat um eben diese Zeit angefangen, die Dichter zu faszinieren. Diese Faszination drückt den Verlust der Ekstase in der Poesie aus – als wollten die Poeten, indem sie sich mit Schlafwandlern beschäftigen, sich für ihre eigene Anpassung an die bürgerlich-individualistische Welt entschuldigen, in der die Geschäftsfähigkeit des einzelnen das höchste seelische Gut ist. An sich ist am Schlafwandel nicht viel zu finden. Nicht wenige Menschen reden im Schlaf. Einige stehen auf, gehen auf Wegen, die sie schon kennen, erledigen Arbeiten. Eine Frau, die ich (aus ganz anderen Gründen) analysierte, berichtete, wie sie morgens manchmal aufwachte, Gesicht und Kopfkissen völlig mit Marmelade verschmiert. Sie hatte sich im Schlafwandel ein Brot aus der Küche geholt und war, ehe sie es aufgegessen hatte, wieder eingeschlafen. Am Morgen fehlt die Erinnerung an die nächtlichen Tätigkeiten. Die oft erwähnte Szene vom Schlafwandler, der – angerufen und aufgeweckt – plötzlich von seinem schwindelnden Weg den Dachfirst entlang abstürzt, trifft sicher ein seltenes Ereignis, mag aber möglich sein. In den Zuständen teilweiser Wachheit ist der Sinn für Gefahr ausgeblendet, ebenso wie im Fall meiner Patientin der Reinlichkeitssinn. Diese Zustände können ihre Anziehungskraft nur in einer Welt gewinnen, in der die Individuen den Verlust spüren, den ihnen die rationale Bemächtigung ihrer selbst gebracht hat. Sie suchen ihn auf eben dem Weg zu beseitigen, der ihre Not bewirkte: durch neue Bemächtigung, neue Macht. Statt zu sehen, daß im Schlafwandeln die menschlichen Fähigkeiten nicht gesteigert, wohl aber die Selbstkritik vermindert sind, griffen die Adepten der künstlichen Somnambulen zu den von ihren Wünschen bewegten Puppen wie die geplagten Juden von Prag nach der legendären

Dienerschaft des Golem. In dem Augenblick, in dem in einer von ihren Vereinzelungszwängen geplagten Gesellschaft die Trance, die poetische Inspiration oder die schamanistische Ekstase wiederentdeckt werden, macht sich auch die irrwitzige Hoffnung breit, man könnte den Tod besiegen, mit dem Geisterreich in Verkehr treten. Der Schamane spricht mit den Geistern und geleitet die Verstorbenen in eine andere Welt. Aber er bewegt sich in einer kollektiven poetischen Wirklichkeit, nicht in einer rationalen Zwecken unterworfenen Welt, in der Magnetiseure und Medien wie siamesische Zwillinge auftreten und behaupten, sie könnten (gegen Geltung und/oder bares Geld) alle Fragen beantworten. Somnambule sollen Bücher mit der nackten Haut lesen können, deren Schrift sie im Wachzustand nicht verstehen. Sie sprechen aramäisch und griechisch, ohne diese Sprachen je gelernt zu haben, sie decken Verbrechen auf und erspüren, bis zum Gürtel in die Erde verrufener Keller vergraben, verborgene Schätze. Sie erkennen unfehlbar Krankheiten und nennen die einzig richtige Medizin.

Solche Versuche, das Verlorene zurückzugewinnen, hat es gegeben, seit die Aufklärung begann. Auch heute gibt es Strömungen hin zu philippinischen Geistheilern oder in Fasten- und Schwitzkurse bei indianischen Medizinmännern. Aber die Geschichte des 19. Jahrhunderts, an dessen Schwelle der künstliche Somnambulismus entdeckt wurde, zeigt eine Richtung. Das Thema der Ekstase, der Inspiration, der unbewußten, im Wachtraum vollzogenen Handlungen wird den Schriftstellern verlorengehen (Kleist hat sich im «Käthchen von Heilbronn» damit beschäftigt, Stifter in der Erzählung «Die drei Schmiede ihres Schicksals» und von Wissenschaftlern – mehr und mehr von Ärzten – weiterverfolgt.

Der Naturphilosoph Gotthilf Heinrich von Schubert (1780–1860), dessen gelesenstes Werk «Geschichte der Seele» mit dem Nachtrag über «Die Krankheiten und Störungen der menschlichen Seele» 1830 bis 1845 erschien, versprach sich vom «magnetischen Hellsehen» noch Auskunft über den «Geist des Instinkts, der den Vogel über das Meer führt in ein Land, das er nie sah, des Instinkts, der das Insekt zu prophetischem Wirken für die Brut treibt, die noch nicht geboren ist». Der Somnambule kann die Rätsel der Natur lösen; er spricht das sonst Unbewußte aus. Aber während Schuberts Ahnungen vergessen wurden (die von Breuer und Freud entdeckte «kathartische» Methode griff sie wieder auf, ohne sie zu erinnern), gelang es dem schottischen Chirurgen James Braid (1795–1860), die «magnetischen» Erscheinungen in das Reich der Neurophysiologie heimzuholen, in dem sie ein wissenschaftsgläubiges Jahrhundert am liebsten sah.

Braid begründete die Hypnoseforschung (der Begriff kommt von ihm). Keine Rede von einem Fluidum, einer Kraft, von etwas, was zwischen dem Magnetiseur und dem Medium hin und her geht. Tricks, um die Augenmuskeln einseitig zu ermüden, damit einen Zustand partieller Ermüdung herbeizuführen, in dem die Betroffenen für Anleitungen der verschiedensten Art besonders empfänglich sind. Braid berichtet, wie er einen jungen Mann in sein Arbeitszimmer kommen läßt, ihn bittet, sich auf einen Stuhl zu setzen und unbeirrt eine Flasche anzusehen. Nach drei Minuten fallen ihm die Augen zu. Braid fordert nun seine Ehefrau auf, die behauptet, sie ließe sich nicht so leicht einschläfern. Sie muß eine Porzellanschale ansehen, nach zweieinhalb Minuten schließt sie die Augen. Sie wird geweckt, als sie vom Stuhl zu fallen droht. Der Diener wird geholt. Er soll einen Löffel in einem Glas ansehen, aus dem angeblich ein Funke hervorspringen wird: nach drei Minuten schläft auch er.*

* J. Braid, Neurhypnology, or The Rationale of Nervous Sleep Considered in Relation with Animal Magnetism. London / Edinburgh (J. Churchill) 1843.

Der Marquis de Puységur hatte einen Baum magnetisiert, der von nun an eine ähnliche Macht ausübte wie der Magnetiseur selbst. Aber wirkte der Baum – oder der Glaube an ihn? Heute ist uns scheinbar klar, daß es der Glaube ist. Die Entdeckung solcher Macht des Glaubens, der Einbildungskraft, der Suggestion drückt einen gesellschaftlichen Umbruch aus. Es gibt von nun an eine abgegrenzte, willkürlich gesteuerte Suggestion und einen Hypnotiseur, der sie ausübt. Allzu glücklich, daß endlich eine zufriedenstellende Erklärung gefunden ist, sollten wir nicht sein. Der Phantasie ging es wie den Königen im Zeitalter der konstitutionellen Monarchie. Sie gaben sich mit dem Verlust der absoluten Macht zufrieden, um in einem Schonraum, von Bürokraten gegängelt, weiterhin so tun zu können, als seien sie Könige wie von alters her.

Wenn heute versucht wird, die Magie der Schamanen mit Hilfe dieses im 19. Jahrhundert gebildeten Suggestionsbegriffes zu erklären, so ist das ähnlich sinnvoll, wie die persischen Gottkönige von einst mit Hilfe des Verhaltens von Prinz Charles und Lady Di zu verstehen. Bereits 1819 hatte der Abbé de Faria, ein portugiesischer Geistlicher, der in Paris lebte, die hellseherischen Fähigkeiten der «magnetisierten» Somnambulen durch eine verbale Einwirkung auf deren Einbildungskraft erklärt («De la cause du sommeil lucide», Paris 1819). Aber daß sich solche verbalen, «moralischen» Einwirkungen auf Kranke auch therapeutisch verwerten lassen, entdeckte der Landarzt Ambroise Augustin Liébault. Damit wurde, nicht weniger als durch Braids neurologische Erklärung, der Magnetismus von seinem Beigeschmack der Jahrmarktsschaustellungen befreit.* Populär wurde die Schule von Nancy (bei der auch

* Liébaults Werk «Du sommeil et des états analogues au point de vue de l'action du moral sur le physique», Nancy 1866, heißt zu deutsch: «Über den Schlaf und verwandte Zustände, unter

Freud das Hypnotisieren erlernte) durch den Psychiater Bernheim, der die Suggestionstheorie leichtfaßlich darstellte. «Unter Suggestion versteht man einen Vorgang, bei welchem ein Erfolg dadurch eintritt, daß man die Übersetzung von dem Eintritt des Erfolges einer Person einpflanzt. Wenn man einem jungen Mädchen recht lebhaft versichert, daß es erröte, so errötet es sehr leicht; wenn man jemand versichert, daß er bald eine Schluckbewegung machen werde, so tritt diese ein etc. Viele Heilungen, auch solche an wundertätigen Quellen wie in Lourdes, kommen dadurch zustande, daß der Betreffende die Überzeugung von dem Eintritt der Heilung hat ... Man ist zu der Überzeugung gekommen, daß auch viele Heilungen, die man früher auf chemische oder physikalische Mittel zurückführte, in Wirklichkeit nur der Suggestion ihre Entstehung verdanken ... Die Empfänglichkeit für Suggestionen, die Suggestibilität, die auch während des normalen Lebens besteht, ist besonders in der Hypnose gesteigert...» So wird 1897 zusammengefaßt, was als gesichertes Wissen zu gelten hat.* Die Suggestion dient der Entzauberung der Welt – magische Heilungen werden gänzlich, chemisch-physikalische zum Teil mit ihr erklärt.

Der Suggestionsbegriff drückt aus, daß sich eine ätzende Lauge in die zwischenmenschlichen Beziehungen hineinfrißt und schließlich nur noch ein Skelett übrigläßt. Die Fähigkeit zum hilfreichen Glauben wird zum Gegenstand geschickter ärztlicher Einwirkung. Die Wunder von einst sind (wie selbstverständlich schleicht sich das «nur» ein) Suggestion. Der Hexenglauben – Autosuggestion, Suggestion unter der Folter.

dem Gesichtspunkt der Wirkung der Moral auf die Natur betrachtet».
   * Meyers Konversations-Lexikon, 5. Aufl., Bd. 16, Leipzig 1897.

Verweltlicht und ihrer poetischen Beziehungen beraubt, zur Technik, ja zum Trick verkommen, drückt diese Suggestionstheorie auch aus, daß die Poesie verarmt ist und sich eine Spaltung zwischen der hohen Literatur und den Bedürfnissen des Volkes auftut, die zu Homers und Shakespeares Zeiten noch nicht bestand. Gleichzeitig bahnt sie der intensiven, jedoch oberflächlichen Ausbeutung menschlicher Einbildungskraft den Weg, den die Werbung für die verschiedensten Waren mit immer größerem Aufwand treibt. Die Verfasser von Schundromanen und die Texter der Werbefirmen treten das Erbe der alten Dichter an. Es geht nicht mehr um die inspirierende Macht *zwischen* Menschen, sondern um manipulierenden Einfluß *auf* Menschen. Es geht nicht mehr um die wirkliche Kraft des Arztes, sondern um sein Geschick, den Hypnotisierten glauben zu machen, daß er diese Kraft hat. Eine der zahlreichen Spaltungen zwischen Person und Fertigkeit wird vollzogen, die für eine technisch bestimmte Welt so wichtig sind. Die Menschen wollen sich weismachen, daß ihre Fertigkeiten so neutral sind wie ihre Maschinen. Beide werden von der alles entscheidenden, merkwürdigerweise aber mehr und mehr verkümmernden «moralischen» Fertigkeit gelenkt.

Wenn ich so polemisch spreche, heißt das nicht, daß ich an der Redlichkeit Liébaults und seiner Nachfolger zweifle. Unstreitig glaubt Bernheim, Wesentliches entdeckt zu haben; er merkt nicht, wieviel selbstversteckte Ostereier seine Suggestionssuche findet. Letztlich erinnert er seine Mitmenschen und Mitärzte daran, wie wenig sie in ihrem allzu vernünftig, allzu skelettiert gewordenen Leben noch an mitreißenden Gefühlen, positiven Vorstellungen haben. «Wenn heftige Gemütsbewegungen, ein starker religiöser Glaube an alles Andere, was der Phantasie einen Eindruck macht, im Stande ist, funktionelle Störungen rückgängig zu machen und Heilungen zu erzielen, so muß man doch sagen, daß die Therapie unserer Tage diesen Fingerzeig der Beobachtung nur in geringem Maße verwertet», sagt Bernheim.* Aber er geht mit diesem Problem so um wie die Hypnotiseure mit den Leiden und Störungen ihrer Patienten: Statt herauszufinden, wo ihre Quellen liegen, versuchen sie vor allem, Folgeerscheinungen zu bekämpfen. So wenig, wie sich Émile Coué, der Autor der berühmten Formel «Es geht mir von Tag zu Tag, Stunde um Stunde, immer besser und besser», darum kümmerte, warum seine Patienten sich mit negativen Vorstellungen quälten, so wenig fragt sich Bernheim, warum die Heilkunst seiner Zeit so wenig mit heftigen Gemütsbewegungen und starkem religiösem Glauben anzufangen weiß. Der Arzt ersetzt die negativen Autosuggestionen seiner Patienten durch geschickt angebrachte, gesundmachende Suggestionen. Es ist, als würde er das Wohnzimmer eines unter dem Eindruck des Baumsterbens leidenden Menschen mit einer prächtigen Fototapete schmücken, die einen grünen Wald darstellt.

Man sollte meinen, die Argumente gegen dieses Vorgehen müßten nicht immer neu gefunden werden, seit Freud seine kritische Position gegen die Hypnose begründete. Aber die Praxis der Psychotherapie ist nur scheinbar wissenschaftlich bestimmt. Tatsächlich läßt sie sich weit besser mit der Kunstszene vergleichen, wo die Schöpfung eines Meisterwerks keineswegs dafür sorgen kann, daß von nun an kein Autor mehr ein schlechteres Drama als «Hamlet» oder einen schlechteren Roman als «Buddenbrooks» schreibt.

Die jüngste Mode der Suggestion nennt sich nicht mehr animalischer Magnetismus, sondern Neuro-Linguistisches Programmieren und gibt sich als praktische Magie. Gründer ist der

* Zit. n. J. H. Schultz, Psychotherapie. Stuttgart (Thieme) 1952, S. 33.

1980 verstorbene Milton H. Erickson. Die Wunderheilungen strahlen wie immer; die auf ihre Manipulationskünste stolzen Therapeuten haben nicht mehr bezahlte Lauscher im Wartezimmer, sondern Videoanlagen eingerichtet. Trance, von der unermüdlich betont wird, wie echt und tief sie ist, wird zum Schlußverkaufartikel, den reisende Lehrer hundertfach in dreitägigen Massenkursen einem gläubigen Publikum anbieten.* «Egal, ob Sie Autos verkaufen, Psychotherapie machen oder mit irgendwelchen Entscheidungsgremien zu tun haben: Wenn sie die Hypnose anwenden, werden Sie von den Leuten intensivere Reaktionen bekommen als gewöhnlich.»** Wie für Mesmer das magnetische Fluidum alles durchdringt und beherrscht, so ist hier am Ende alles Hypnose. Eine gesellschaftliche Realität gibt es nur als Baumaterial für individuelle Wirklichkeiten, in denen nicht neurolinguistisch programmierte Personen vorwiegend unglücklich sind. Selbstinduzierte Trance, hypnotische Realität*** und «Lebenslüge» im Sinn von Ibsen sind gar nicht mehr zu unterscheiden. Aber wo Ibsen Tragik und Widerspruch aufdeckt, gibt es vorwiegend Plattheiten und Patentrezepte.

Tatsächlich heißt ein Buch aus dem Kreis der neurolinguisti-

* John Grinder u. Richard Bandler, TRANCE-Formation. Neuro-Linguistic Programming™ (Trade Mark). Deutscher Titel: Therapie in Trance. Stuttgart (Klett) 1984.
** Grinder / Bandler, a. a. O., S. 17.
*** «Die meisten hypnotischen Realitäten, die die Menschen sich aufgebaut haben und in denen sie die meiste Zeit leben – sie nennen das ihren Wachzustand –, sind nicht gerade sinnvoll. Das meine ich wörtlich. Die Mehrheit der Menschen, die ich überall in der Welt kennengelernt habe, haben sich eine hypnotische Realität aufgebaut, die, wenn man das Gute gegen das Schlechte und alle Freude gegen den Schmerz abwägt, ihnen nicht besonders guttut.» – Zitat aus Grinder / Bandler, a. a. O., S. 291.

schen Programmierer: «And they lived happily ever after: A book about achieving happy endings in coupling» (Leslie Cameron-Bandler, Meta Publications 1978). Märchen werden wahr, und wenn sie nicht gestorben sind, dann leben sie heute noch.

Die Fähigkeit, Menschen mit Worten zu bezaubern, sie zu fesseln, ihr Innerstes zu treffen, wird heute mit einem Ausdruck aus der Computerwelt versehen und als Psychotherapiemethode verkauft. Seit es Magie gibt, gibt es auch ihren Verfall in Zweckrationalität und Machtgier. Tolkien hat das in seiner Trilogie vom «Herrn der Ringe» an den Gestalten von Gandalf und Saruman gezeigt. Wer seine magische Kraft einsetzt, um andere zu unterwerfen, verliert ihren Kern, während er den äußeren Glanz steigert. Sarumans Stimme ist eine glänzende Beschreibung von hypnotisierender Sprachmagie.

Wer dieser Stimme zuhörte, ohne besonders auf sie zu achten, konnte selten die Worte berichten, die er gehört hatte, und wenn er es tat, war er erstaunt, denn wenig Macht blieb in ihnen. Meist erinnerte er sich nur daran, daß es eine Freude war, die Stimme zu hören, denn alles, was sie sagte, schien weise und vernünftig, und in denen, die ihr zuhörten, entstand der Wunsch, durch rasche Zustimmung selbst weise zu erscheinen. Wenn dann andere sprachen, erschien es rauh und ungebildet im Vergleich; und wenn sie gar der Stimme widersprachen, dann stieg Wut in jenen auf, die unter dem Zauber standen. Einige waren nur so lange bezaubert, wie die Stimme zu ihnen sprach, und wenn sie dann zu einem anderen sprach, lächelten sie, wie Männer, die den Trick eines Gauklers durchschauen, auf den andere noch mit offenem Mund gaffen. Für viele genügte der Klang der Stimme allein, um sie in Bann zu halten. Aber für die, welche sie ganz gewann, dauerte der Zauber an, auch wenn sie weit fort gingen, und immer noch hörten sie diese sanfte Stimme flüstern und sie bedrängen. Keiner blieb unbewegt, keiner konnte ihre Vorschläge und Befehle abweisen ohne eine Anstrengung von Geist und Willen, solange ihr Meister sie beherrschte.*

Saruman steht für Gier nach Wissen und Macht – er hat nur «Sinn für Metall und für Räder, und er kümmert sich nicht um wachsende Dinge, außer wo sie ihm augenblicklich nützen». Die neurolinguistischen Programmierer scheinen ihm zu gleichen, wie alle Psychotherapeuten, die sich nur fragen, wie sie ihre Techniken verbessern können, und nicht vorher klären, wozu sie diese Techniken verwenden. Das heißt auch, daß sie sich nicht mit so banalen Antworten zufrieden geben, wie sie Bandler und Grinder parat haben: die Menschen glücklicher machen. Damit kann der Mafiaboß auch seinen Heroinhandel und General Motors seine Autofabriken rechtfertigen. Die Antwort sollte in einen Bereich vordringen, den ich hier ökologisch nenne (nicht weil dieses vieldeutige Wort dafür besonders brauchbar ist, sondern weil ich kein besseres finde).

Nur weil sich die Psychotherapie ihren Bezug zur Poesie durch ihre Anlehnung an das naturwissenschaftliche Beispiel selbst ausgetrieben hat, können solche Ersatzbildungen gedeihen wie Computerspiele in den öden Zementlandschaften des modernen Städtebaus. Die kritische Blüte der Psychotherapie, wie sie etwa Freuds Studien über Hysterie, seine Traumdeutung und seine Krankengeschichten ausdrücken, hat auf dem Weg zu ihrer medizinischen und damit gesellschaftlichen Anerkennung die Chance versäumt, eine selbstbewußte, poetische Praxis zu schaffen. Die Psychosomatik, bald mißachtet, bald gierig nach der Macht der Organmedizin schnappend, hat die Folgen spüren müssen und trägt bis heute schwer an ihnen.

* J. R. R. Tolkien, The Lord of the Rings II. London (Unwin) 1974, S. 228 (Übers. W. S.).

Daß sich Schriftsteller und Dichter von Freud inspirieren ließen, mehr als seine wissenschaftlichen Anhänger, war ein verheißungsvoller Schritt, der inzwischen steckengeblieben ist, ja zurückgenommen wurde.

Heute entdecken Hypnosetherapeuten im Land von Herman Melville und Mark Twain die poetische Metapher oder den Humor als «Therapiemethoden».* Immerhin gibt es auch einen Science-Fiction-Autor, der im Gegenzug versucht hat, uns auszumalen, was geschieht, wenn der neue Super-Computer des Pentagon anfängt, die Politiker zu hypnotisieren**, die ihn aufsuchen wie die Weisen von einst Saruman, den ersten im Rat der Zauberer. Hier könnte man sicher mit mehr Sinn von neurolinguistischem Programmieren sprechen als in den Kursen von Bandler und Grinder, in denen alle hypnotisieren lernen, weil sowieso jede Kommunikation Hypnose ist.

In der frühen Literatur über Hypnose finden sich alle Erfolgsmeldungen, die auch die neurolinguistischen Programmierer verzeichnen. Verschüttete Erinnerungen werden lebendig, die Macht der Vorstellung über den Körper steigert sich so, daß durch Ein-Bildung Brandblasen auf der unversehrten Haut entstehen. Von daher greifen die Hypnotiseure nach den Wundmalen der Heiligen und nach den Wunderheilungen der Gläubigen. Einer aus dem untrennbaren Paar Grinder/Bandler ist tatsächlich zu einem religiösen Treffen gegangen, hat den Teilnehmern etwas von einem Bekehrungserlebnis und unmit-

---

* Vgl. David Gordon, Therapeutic Metaphors: Helping Others Through the Looking Glass. Cupertino (Meta Publications) 1978. – Frank Farelly, Jeff Brandsma, Provocative Therapy. Cupertino (Meta Publications) 1978.
** Martin Caidin, The God Machine. 1968. Deutsch unter dem Titel: Der große Computer. München (Heyne) 1969.

telbarer Verbindung mit Gott vorgelogen und tatsächlich durch Handauflegen «heilen» können.*

Zynischer kann man kaum zeigen, wie der Zweck die Mittel heiligt. Wo immer klar wird, daß dem nicht so ist, daß es nicht genügt, sein Schäfchen aufs trockene zu bringen (schließlich hat der neurolinguistische Programmierer die Geheilten doch *glücklicher* gemacht!), können wir uns einer ökologischen Auffassung annähern. Sie gebietet den Versuch, die vielen zersplitterten Zweckmäßigkeiten zusammenzufassen und zu sehen, ob sie von den Bedürfnissen einer lebendigen Ganzheit her gerechtfertigt sind. Erst dann können Rechtfertigungen untergraben werden, wonach der Bau von Atomkraftwerken die Stromkunden und der Bau von Atomraketen die Sicherheitsbedürftigen glücklicher macht. In der Psychosomatik heißt das (wie in der ganzen Medizin), die Macht den Betroffenen zurückzugeben. Ich unterstelle hier keineswegs, daß alle neurolinguistischen Programmierer dazu nicht bereit sind. Selbst Grinder / Bandler beteuern an anderen Stellen, daß sie keine Macht ausüben wollen, sondern nur die Macht des Hypnotisierten über sich selbst verstärken. Aber wer eine so kurzsichtige, von den eigenen Manipulationsfertigkeiten kritiklos faszinierte Haltung demonstriert, kann seinen heimlichen Lehrplan nicht durch Bekenntnisse aufheben.

Jedenfalls möchte ich die Behauptung zurückweisen, daß auf diesem Weg die Struktur der Magie entdeckt werden kann.**

---

* «Ich erzählte ihnen, ich hätte ein aufwühlendes Erlebnis gehabt, bei dem Gott mich zu einem Heiler gemacht habe, durch diese meine Hände. Ich überzeugte die Menschen, die da versammelt waren, und einige wurden von mir geheilt.» Grinder / Bandler, a. a. O., S. 235.

** R. Bandler, J. Grinder, Struktur der Magie. Bd. I: Metasprache und Kommunikation, 1981; Bd. II: Kommunikation und Veränderung. Paderborn (Junferman) 1982.

Was kopiert wird, ist ein Verfallsstadium der Magie, in dem sie bereits technisch angewendet und individuellen Zwecken unterstellt wird – jene Praxis, in der Wachsfiguren mit Nadeln gepikt werden. Die schamanistische Magie drückt eine kollektive Übereinstimmung aus, deren Ziel die Erhaltung des Lebens ist. Wenn sie ein Bewußtsein ihrer selbst hätte, stark genug, sie vor der Preisgabe dieser ganzheitlichen Orientierung zu schützen, wäre sie eine begehrenswerte Lebensform. Sie hat dieses Bewußtsein nicht. Darum kann uns das Heimweh nach den schriftlosen Kulturen keine Orientierung, sondern nur Anstöße vermitteln. Trance und Ekstase gehören in einen künstlerischen Kontext, nicht in einen wissenschaftlichen. Genauer gesagt: sie heben diese Trennung auf. Wenn die Trance nicht den Heiler wie den Geheilten ergreift, sondern berechnend von einem distanzierten Programmierer einem bereitwilligen oder auch nicht bereitwilligen Opfer aufgepfropft wird, drückt dies einen Verlust an ganzheitlicher Orientierung aus, der die gesamte Geschichte der Suggestion begleitet.

Die anfeuernden Reden, welche antike Feldherrn vor der Schlacht hielten, die Predigten Savonarolas haben die Wortmagie ausgenützt, aber in den Dienst individuellen oder kollektiven Machtgewinns gestellt. Daß im ausgehenden 18. und im 19. Jahrhundert die Hypnose unter ihren verschiedenen Namen (Magnetismus, Suggestion, neurolinguistisches Programmieren) von Ärzten (und später von Psychologen) entdeckt und angewendet wird, zeigt, wie Teile der feudalistisch-staatlichen und religiös-kirchlichen Macht auf die medizinische Profession übergingen. Die um sich greifenden funktionellen Leiden – die Domäne der suggestiven Behandlungen – drücken einen unbewußten Protest gegen die emotionale Verarmung und den Leistungsdruck aus. Folgerichtig war die Suggestion auch eine vorwiegend von bürgerlichen Ärzten an Patienten der Unterschicht angewandte Methode, wie Bernheim zwar nicht öffentlich, aber im Gespräch zugestand. (So berichtet Freud, der ihn in Nancy aufsuchte). Von dieser Situation führt eine nicht unterbrochene Entwicklung zur suggestiven «kleinen Psychotherapie» wie dem autogenen Training und schließlich zum neurolinguistischen Programmieren. «Das ist natürlich nichts für Akademiker, die eine Psychoanalyse wollen. Aber bei den Unterschicht-Patienten komme ich damit viel schneller zu Ergebnissen», erläuterte mir kürzlich ein Arzt in einer Balint-Gruppe sein Interesse am neurolinguistischen Programmieren.

Dokumentation:

Geschichtliches zur subjektiven Krankheit

1. Der Trancetanz der Buschmänner*

Die in der südafrikanischen Kalaharisteppe lebenden Buschmänner gehören zu den letzten lebenden Jägerkulturen. Weil ihr Lebensraum zum großen Teil für eine landwirtschaftliche Nutzung nicht geeignet ist (zumindest in Zeiten geringen Bevölkerungsdrucks), konnten sie bis in die jüngste Zeit hinein weitgehend so leben wie vor zehntausend Jahren. Beschrieben wird in dem Text ihr wichtigstes Ritual, ein allgemeiner «Medizintanz», in dem die Verbindung von weltlichem Vergnügen und sakralem Ereignis, die für solche Kulturen charakteristisch ist, noch deutlich hervortritt: Ihnen ist alles heilig und daher auch alles profan.

Die Verfasserin ist keine Berufs-Ethnologin, sondern die Tochter eines Forscher-Ehepaars, die ihre Eltern auf ihren Expeditionen begleitete.

Wenn die Buschmänner ihre Medizin-(Zauber-)Tänze tanzen, beginnt der Zauber im Körper der Medizinmänner zu wirken. Der Zauber wird zur Wirksamkeit erwärmt, indem sich durch die Anstrengung des Tanzens der Körper des Schamanen erwärmt und auch durch die Hitze des Feuers, um das der Schamane herumtanzt. Der Zauber reinigt vom Bösen und heilt eine Krankheit, die bei den Gikwe unter dem Namen «Sternkrankheit» bekannt ist, eine geheimnisvolle magische Krank-

* Aus: Elisabeth Marshall Thomas, The Harmless People. New York (A. Knopf) 1959. Deutsch von Hermann Stiehl unter dem Titel: Meine Freunde, die Buschmänner. Berlin (Ullstein) 1962, S. 121 f.

83

heit ohne spezifische Symptome, die zusammen mit dem Bösen durch die Totengeister herbeigeführt wird. Man kann feststellen, daß mächtige heilende «Medizin» am Werk ist während eines solchen Tanzes, weil die Medizinmänner in Trance fallen, erschauern, kreischen und die Augen verdrehen, ins Feuer stürzen oder sich das Gesicht mit glühenden Kohlen waschen, ohne sich zu verbrennen. Und wenn sie einen anderen mit ihren feuerwarmen Händen reiben, um ihn zu heilen, sind ihre Hände heiß und trocken und flattern wie Falter. Dann entweicht die Sternkrankheit aus dem Berührten, geht in den Körper des Medizinmannes über und wird in die Luft hinausgeschrien, auf die Totengeister zurückgeschleudert, die sie gebracht haben.

In der Kalahari sind viele Arten von Medizin bekannt, und bei den Gikwe, den Kung und anderen Buschmannvölkern besitzt jede Gruppe eine gewisse Anzahl davon. Einige Gruppen kennen zum Beispiel die Giraffen-, Regen- und Oryx-Medizin, andere etwa die Honigdachs-, Feuer- und Oryx-Medizin. Ukwanes Horde hatte die Sonnen-, Tauben- und Oryx-Medizin. Fast jede Gruppe hat die Oryx-Medizin, denn im magischen Bereich sind die Oryxantilopen sehr wichtige Tiere, offenbar wegen der schwarzen Medizinzeichnungen auf ihrem Gesicht.

Die Medizinlieder sind Lieder ohne Worte; sie werden den Kung- wie den Gikwe-Buschmännern vom großen Gott gegeben, der einem Schlafenden seine Boten schickt, die Totengeister. Diese lehren den Schläfer das Medizinlied im Traum, und wenn der Betreffende erwacht, lehrt er es die anderen Mitglieder seiner Gruppe.

Bei den Tanzveranstaltungen singen die Frauen die Medizinlieder, und die Männer tanzen und benutzen die Medizin, um andere zu heilen. Fast alle Männer werden in den letzten Jahren ihres zweiten Lebensjahrzehnts zu Medizinmännern gemacht, nachdem sie in das Mannestum eingeführt worden sind und ihre erste Antilope geschossen haben. Sie werden von den älteren Medizinmännern in diesen Stand erhoben. Aber obwohl jeder Buschmann ein Medizinmann werden kann, machen nur bestimmte unter ihnen die Erfahrung, daß sie starke Heilkräfte besitzen, und das sind dann diejenigen, die den Beruf praktizieren, die bei Tänzen in Trance fallen und ihre Horde vom Bösen heilen. Ukwane hatte zu ihnen gehört. Keiner der von ihm Behandelten sei gestorben, sagte er, aber als er älter wurde, schienen ihn die Heilkräfte zu verlassen, so daß er jetzt nicht mehr praktizierte. In seiner Horde entwickelte sich Gai zu einem starken Heiler.

Natürlich ist ein Medizintanz eine große Angelegenheit, denn er findet gewöhnlich nachts statt und dauert bis in den Morgen hinein. Jeder nimmt daran teil, jeder Junge, der gehen kann, darf mittanzen, jedes junge Mädchen kann im Verein der Frauen mitsingen, und sogar die Frauen dürfen tanzen, wenn ihnen danach zumute ist. Man spricht, ißt und raucht zwischen den Tänzen oder legt sich für eine Weile schlafen, so daß alles in allem die Tänze zugleich gesellschaftliches Ereignis und wichtige Heilzeremonie sind und zwanglose Ritualien genannt werden könnten, denn alle amüsieren sich köstlich dabei.

Der Heiterkeit und Ungezwungenheit eines Tanzes liegt jedoch tiefgehende Magie zugrunde, die von allen sehr ernst genommen wird, denn mittels dieser Magie schützen sich die Buschmänner vor den dunklen Kräften, die in ihnen selbst und in ihrem Lande wohnen, und nur auf diese Weise können sie ihr Leben vor dem Übel der Zwietracht, vor Durst und Hunger, Krankheit und Tod bewahren. In ihren Tänzen trotzen die Buschmänner dem großen Gott persönlich sowie seinen ominösen Boten, den Totengeistern.

Zum Tanz setzen sich die Frauen im Kreis auf den Boden, ihre schlafenden Babys auf dem Rücken tragend, und singen mehrstimmig mit Fistelstimmen die Medizinlieder, klatschen in abgehacktem Stakkatorhythmus in die Hände, kontrapunktisch zum Rhythmus ihrer Stimmen. Hinter ihnen tanzen in einer Reihe die Männer, langsam im Kreis sich drehend, mit kurzen, stampfenden Schritten, die wiederum kontrapunktisch sowohl zum Rhythmus des Gesangs wie zu dem des Klatschens ausgeführt werden. Ab und zu singen auch die Männer mit ihren tieferen Stimmen, und ihre Tanzrasseln – trockene, auf Sehnenfäden gereihte und um die Beine geschlungene Kokons – steuern ein helles Klappern bei, das ähnlich dem Geräusch geschüttelter Kürbisflaschen und rhythmisch sehr exakt klingt, weil die Beine genau im Takt auftreten. Ein Buschmanntanz ist ein unendlich kompliziertes Zusammenspiel von Stimmen und Rhythmus, ein Orchester von Körpern, das eine äußerst vielfältige und präzise Musik macht.

Diese Perfektion wird mit großer Sorgfalt und Mühe erreicht, denn die Buschmänner lernen die Lieder und Tänze als Kinder und vervollkommnen sich in Geschick und Taktgefühl ihr ganzes Leben lang. Sogar die Tanzrasseln werden sorgsam gepflegt, man hängt sie an Baumäste, damit sie trocken bleiben und ihren hellen Klang bewahren, und auf ihre Herstellung verwendet man große Mühe. Gais Rasselpaar, das an einem seine Behausung beschattenden Ast im Wind baumelte, wies etwa sechzig Kokons an jeder einzelnen Rassel auf, und in jedem Kokon – man hatte ihm vorsichtig die Puppe entnommen und ihn wieder verschlossen – waren zehn bis zwanzig Bruchstücke von Straußeneierschalen, alle genau gleich groß und rund gearbeitet. Ein Paar Rasseln soll natürlich ein Leben und länger halten, und ich bin überzeugt, daß Gais Rasseln älter waren als er selbst.

Am Tag vor unserer Abreise faßten Ukwanes Horde und die Besucher aus Okwa den Entschluß, einen Tanz zu veranstalten, da sie einmal alle zusammen und daher genügend Leute waren. Vielleicht konnte die schlechte Jahreszeit abgewendet oder die Spannung der Eifersuchtsgefühle gemindert werden, die zwischen beiden Gruppen bestand. Tänze werden gewöhnlich nachts veranstaltet, aber diesmal, um uns entgegenzukommen, waren sie bereit, tagsüber zu tanzen, damit wir alles filmen konnten. Wir fanden eine für die Aufnahmen günstige Stelle, halfen eine größere Menge Holz sammeln, denn ein Feuer mußte sein, ganz gleich, wie heiß der Tag war, und unter all diesen Vorbereitungen wurden die sechs Jungen immer erregter; sie probierten Tanzrasseln an, tanzten in engen Kreisen umeinander und zerrten die Erwachsenen am Ellenbogen, damit sie bald anfingen.

Einige der Frauen wollten singen, andere fühlten sich zu müde dazu, oder es war ihnen zu heiß, aber die Männer gingen zu ihnen und munterten sie alle auf. Ein Tanz ist für die Frauen ein langes, heißes Geschäft, da das Vergnügen des Tanzens zumeist den Männern vorbehalten ist. Schließlich gingen Twikwe und Dasina zu der bezeichneten Stelle, setzten sich nebeneinander ans Feuer, allen den Rücken zukehrend, sangen ein paar Takte und begannen sich dann zu unterhalten, sangen abermals ein Stückchen, bis Tsetchwe zu ihnen kam, sich zu ihnen setzte und ernsthaft zu singen begann. Sie wirkten alle drei so klein im Gras und machten einen solchen Lärm – denn um die anderen Frauen anzulocken, schrien sie das Lied aus voller Kehle hinaus –, daß sie drei Frösche oder drei Zikaden hätten sein können, die schwer festzustellen sind in der Landschaft, aber ein ohrenbetäubendes Konzert veranstalten.

Endlich stießen noch einige weitere Frauen zu den Sängerinnen, der Gesang schwoll an und breitete sich zur Vielstimmigkeit aus. Daraufhin gesellten sich die Männer hinzu; sie tanzten zu zweien und dreien dem Kreis entgegen, summten das Lied in der Kehle und stützten sich auf lange Stäbe; der trockene, laute Stakkatorhythmus der Rasseln ging ihrem Kommen voraus.

Die Männer näherten sich aus verschiedenen Richtungen, und sie standen so groß da und tanzten so kräftig – die Halsmuskeln traten ihnen heraus –, daß ihre Ankunft dem Herannahen von Antilopenbullen glich; sie strahlten vor Kraft und Anspannung, sie waren so geschmeidig, so männlich. Sie kamen zusammen zwischen den Bäumen hervor und stellten sich ohne die geringste Taktänderung im Tanzzirkel auf, langsam sich drehend, einer nach dem anderen, und der Tanz begann.

Die Luft war heiß, die Sonne brannte sengend, das Feuer schickte eine zitternde Hitzewelle nach den Tänzern aus, und während sie sich fast unmerklich immer schneller und schneller bewegten, warf Gai plötzlich mit einem durchdringenden Schrei die Arme in die Luft und stürzte zu Boden. Er fiel steif hin, sein Kopf krachte auf die Erde. Auf dem Boden wand er sich und stöhnte, und Ukwane zog ihn an den Armen aus dem Tanzkreis heraus.

Gai befand sich in tiefer Trance. Ukwane war Gais Körper behilflich, denn Gais Geist war enteilt.

Wie die Buschmänner sagen, kann der Geist, wenn die Medizin in einem Medizinmann durch einen Tanz angeregt und durch das Feuer und die Hitze des Körpers des Betreffenden erwärmt wird, den Mann verlassen und, weil dann nichts mehr da ist, was ihn aufrecht hält, bewirken, daß der Körper hinfällt. Der Geist fliegt sodann aufs Veld hinaus, wo er das Böse sucht, das die Gruppe beunruhigt. Einige Medizinmänner haben auf diese Weise die Totengeister gesehen, andere den großen Gott. Bei einem anderen Tanz, dem wir einmal beiwohnten, eilte der Geist eines Mannes aufs Veld hinaus, wo er auf einen Trupp Löwen stieß, der die Horde durch seine ständige Anwesenheit und sein lautes Gebrüll bei Nacht beunruhigt hatte. Der Geist des Mannes sprach mit den Löwen und befahl ihnen zu gehen;

und die Löwen verzogen sich auch und störten die Horde fortan nicht mehr.

Wenn der Geist zurückkehrt, kommt der Medizinmann wieder zu sich, wie das bei Gai nun der Fall war. Er stand auf und rannte ins Veld hinaus, wobei er immer schneller lief. Weit draußen im Veld schrie er auf, ein Schrei des Trotzes, der Herausforderung, dann wandte er sich um und rannte zum Tanzfeuer zurück. Er raste durch den Tanz hindurch wie der Wind durch trockenes Laub; die anderen duckten sich zur Seite, wichen vor seinen Füßen zurück und fanden sich dann wieder zusammen, als er vorüber war. Gai schrie abermals auf, wandte sich um, rannte zurück, von neuem das Feuer angehend wie ein Bulle; diesmal packte ihn Ukwane an den Armen, und obwohl Gai weiterstürzte, hängte sich Ukwane an ihn und schleifte mit seinem ganzen Gewicht hinter ihm her, bis schließlich Gai der Länge nach in das Tanzfeuer fiel und sein Haar in Flammen aufging.

Ukwane riß ihn fort und schlug die Flammen aus, und Gai – offenen Mundes und wilden Blicks, Funken sprühten ihm noch vom Kopf gleich Sternen – kämpfte gegen Ukwanes Hände an. Schließlich machte er sich frei.

Gleich darauf neigte er sich langsam über das Feuer und wusch sich die Hände in den Flammen, dann ging er auf eine der Frauen im Kreis der Sängerinnen zu, legte ihr die eine Hand auf die Brust, die andere auf den Rücken, erschauerte und stöhnte, während er das Böse aus ihr herauszog, richtete sich dann plötzlich auf und schrie das Böse in die Luft hinaus. Auf diese Weise heilte Gai alle Buschmänner, immer gefolgt von Ukwane, der jetzt seinen Arm hielt, um ihn zu stützen. Bald war Gai abermals erschöpft zusammengebrochen und wurde an den Knöcheln zu einer Stelle gezerrt, wo Schatten war.

2. Jacopo da Pontormo: Tagebuch aus der Zeit, als er den Chor von San Lorenzo malte (Florenz 1554) *

Jacopo da Pontormo (1494–1557) war ein Maler der florentinischen Spätrenaissance, dessen Tagebuch sich über weite Strekken vorwiegend mit seinen Mahlzeiten und seiner Verdauung beschäftigt. Ob es deshalb sinnvoll ist, ihn einen Hypochonder zu nennen (wie es G. R. Hocke, a. a. O., S. 311 tut)? Essen bedeutete in einer Zeit der Hungersnöte sicher mehr als im Westeuropa der Gegenwart. Die Themen der von Pontormo gemalten (später von Bronzino vollendeten, heute verlorenen) Chorfresken der Kirche San Lorenzo waren: Weltentstehung, Weltende, Jüngstes Gericht. Die Tagebuchstelle zeigt, wie sich der alternde Maler sorgfältig selbst beobachtet und versucht, aus seinem Wissen über Jahreszeit, Mondphasen und Diät Schlüsse auf seine Gesundheit zu ziehen. Er bezieht sich zwar sehr stark auf die eigene Person, reflektiert aber diese Bezogenheit nicht wie spätere Tagebuchschreiber, sondern drückt sie unmittelbar aus. Wichtigste Inhalte seines Lebens sind Arbeit und Nahrungsaufnahme, mit wem er gegessen hat und was es kostete. (Freud hat die Neigung Leonardo da Vincis, solche Kosten aufzuzeichnen, in seiner Studie über den Maler untersucht.) Ein aufmerksamer Leser wird laut Hocke «in diesem so trockenen Diarium ein tragisches Lebensgefühl und ein starkes Schicksalsbewußtsein wahrnehmen. In seiner Mischung von gerippehafter Starrheit und innerer Aufgewühltheit erinnert es an zeitgenössische Drahtplastiken.» **

---

* Zit. n. G. R. Hocke, Das europäische Tagebuch. Wiesbaden (Limes) 1963. Originalausgabe von Emilio Cecchi, Diario di Jacopo da Pontormo. Florenz 1956.
** Hocke, a. a. O., S. 312.

Montag zu Abend Schweinszunge.

Dienstag Abendessen im Hause Daniello mit den Herren Luca Martini und Varchi.

Dienstag zu Abend zwei Eier, einen Endiviensalat, 14 Unzen Brot, trockene Feigen und Trauben.

Donnerstag abend Hammelfleisch, und an diesem Abend erfolgte die Trennung.

Am 13., Freitag, aß ich abends allein, und ich begann, mich ganz auf mich selbst zu stellen. Battista schloß mich in meinem Zimmer ein.

Am Samstag aß ich mit Bronzino und mit Herrn Luca einen Fisch.

Am Sonntag, dem 22., aß ich mit Bronzino. Und vorher, am 20., Fast-Freitag, hellte sich das Wetter bei gutem Wind auf. Es klärte sich, und es dauerte ganze acht Tage. Vorher hatte es einen Monat lang fast ständig geregnet. Mit starken Güssen, und die Wände wurden viel feuchter, als ich mich je erinnere. Daher entstanden schlimme, niederschmetternde Erkältungen. Daher, wenn Du Dich in Deiner gewohnten Arbeit gestört findest, mit Kleidern, mit Koitus und zuviel Essen, kannst Du Dich – bei gutem Wetter – in wenigen Tagen schwächen, ja Dir sogar sehr schaden. Deswegen muß man im Juni, Juli und August bis Mitte September vorsichtig sein; vor Schweißausbrüchen muß man sich hüten, vor allem vor dem Wind. Und wenn Du gearbeitet hast, mußt Du mit dem Essen und Trinken aufpassen, da es so heiß ist. Von Mitte September bis zum Herbst werden die Tage zwar kürzer, aber auch feuchter. Deswegen mußt Du die viele Feuchtigkeit, die Du im Sommer getrunken hast, durch Fasten, langes Wachen und Arbeiten ausgleichen. So bereitest Du Dich darauf vor, daß die Kälte des Winters Dir nicht schadet. Und hüte Dich vor Fleisch, vor allem vor Schweinefleisch. Von Januarmitte ab überhaupt keins mehr essen, denn es erzeugt Fieber; es ist übel. Lebe also in jeder Weise

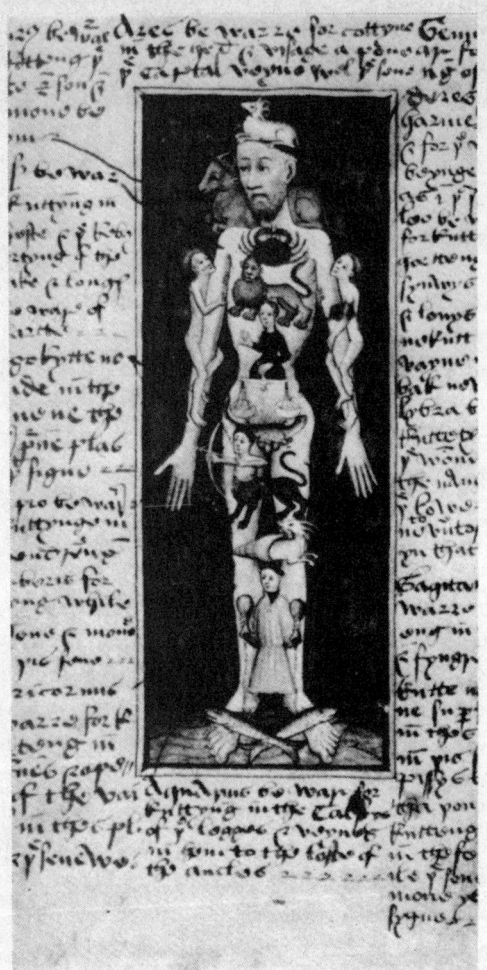

Der Mensch im Kosmos: Angelpunkt der Welt ist der König, doch
was für ihn gilt, gilt im Prinzip für jeden Menschen. Diese mittelalter-
liche Buchmalerei zeigt, welchen Einfluß die kosmischen Tierkreis-
zeichen auf die Körperteile des Menschen ausüben. (Oxford, Bod-
leian Library, MS Ashmole 370, fol. 28 v.)

mäßig, denn die Säfte und die Erkältungen brechen im Februar aus, im März und im April, weil im Winter die Kälte sie einfriert. Und beachte, daß – je nach dem Stande des Mondes – auf Kälte Feuchtigkeit folgen kann, die alles Erfrorene auflöst; so sind viele üble Krankheiten entstanden, wie etwa Rheuma und andere schlimme Übel. Und alles das geschieht so, wenn man bei solcher Kälte zuviel gegessen und getrunken hat; die Kälte nämlich macht alles an sich erträglich und bekömmlich, doch wird bei milderem Wetter und bei Feuchtigkeit alles wieder erhitzt, so daß es sich ausdehnt und anschwillt. Also hüte Dich, wie ich es schon vorher sagte, vor Erkältungen, die dann innerhalb weniger Tage tödlich sein können. Wenn Du also im Winter zuviel Säfte hast, so halte Dich an obenerwähnte Regel. Erinnere Dich vor allem an den Vollmond im März bis zum Ende des fünften Zehntels, denn jeder zunehmende Mond ist schädlich, wenn einer zu angefüllt ist. Man muß also vorher aufpassen.

Erinnere Dich ferner an den 5. November 1555, denn das scheint mir nötig. Denn wenn ich Magenstörungen habe, Kopfschmerzen oder Ziehen in den Seiten, in den Beinen, Armen und Zähnen, so sollte ich es nicht wie früher machen. Ich sollte mich dann sofort mit Essen einschränken, nüchtern bleiben und mich nach den Jahreszeiten richten. Also die angeordneten Fastenzeiten beachten! Ich weiß nämlich, daß ich es sonst zu bereuen haben werde.

Häufig genug geschieht es, daß ich mich mit Essen zu voll und zu angeschwollen fühle. Dann muß man aufpassen, denn es handelt sich um überflüssige Gesundheit.

In jenem März 1555 also ging der Mond Ende März auf und blieb bis zum 21. April. Während dieser ganzen Mondzeit entstanden Krankheiten und Pestilenzen. Sie töteten viele maßvolle und gute Menschen, die vielleicht überhaupt keine Unordnung kannten. Allen zapfte man Blut ab. Ich glaube, all dies geschah ihnen, weil es im Januar nicht kalt war, wohl aber während dieser Mondphase im März. Man fühlte, wie eine dumpfe, giftige Kälte gegen die Luft kämpfte, die von der Jahreszeit der schon längeren Tage inzwischen erwärmt worden war. Es war, als hörte man das Feuer im Wasser zischen, und ich war sehr verängstigt. Es ist daher vorteilhaft, gut vorbereitet zu sein, bevor der Märzmond aufgeht, daß man also nüchtern bleibt, nicht überanstrengt ist und daß man sich vor Schweißausbruch hütet. Man soll sich nicht beunruhigen, wenn alles nach einigen Tagen vorbei ist und wenn man nicht recht weiß, wie es einem zumute ist und wohin alles treibt; vor allem wenn man sich nach längerer Übelkeit plötzlich wieder wohl fühlt. So erging es mir heute, an diesem 22. April, am ersten Tage des Neumonds. Mehr noch: niemals habe ich mich so wohl gefühlt. Alles muß sich aus einer Kälte ergeben haben, die sich noch nicht gelegt hatte; sie dauerte bis zum 21. an. Aber heute, wie gesagt, habe ich mich erwärmt, und ich fühle mich wohl, weil das Wetter jetzt der Jahreszeit entspricht.

Dagolo, der Rote, starb am Tage vor Ostern.

Am 24. aß ich bei Bronzino mit Luca Martini und mit allen aus dem Hause Daniello.

Am Ostersonntag aß ich mittags und abends ebenfalls dort.

Am 26. gingen wir nach San Francesco und kehrten zum Abendessen zurück; anwesend waren Alessandra mit Frau Lucretia; wir blieben alle bis sechs Uhr abends.

Heute, am 27., gingen Bronzino und ich nach Monte Oliveto. Den ganzen Morgen verbrachten wir mit Giovanni Battista Strozzi. Wir kehrten spät heim. Ich hatte nichts gegessen und nahm erst zu Hause etwas zu mir.

Am 28. gingen wir nach San Miniato hinauf. Wir aßen im Gasthaus. Wir gaben pro Kopf zwanzig Soldi aus. Abends aß ich nichts.

Heute, am 29., Sonntag morgen, gingen wir bis nach

San Domenico; wir kehrten so spät zurück, daß ich zum Essen keine Lust mehr hatte. Bei Daniellos blieb ich also nüchtern.

Montag aß ich abends zu Hause.

Dienstag aß ich abends zu Hause.

5 Der unzähmbare Georg Groddeck

Jede geschichtliche Darstellung verkürzt und verfälscht. Wenn sie sich in den Quellen vergräbt, gerät sie in Gefahr, den Wald vor lauter Bäumen nicht mehr zu sehen. Verliert sie aber den Kontakt zu den Quellen, dann bleibt nur mehr die Silhouette eines Waldes übrig. Keiner spürt mehr, wie er sich anfühlte, wie er roch, wie die Wipfel sangen und Äste knarrend aneinanderrieben. Ich will hier die Geschichte der subjektiven Krankheit an Hand einer Gestalt weiterverfolgen, deren Betrachtung für die Entwicklung der Psychosomatik wesentlich ist: Georg Groddeck (1866–1934), Arzt, Schriftsteller und «wilder Analytiker» in Baden-Baden.

Diese Untersuchung stößt an die Grenzen, die ich eben angedeutet habe. Groddeck hat ein reiches Leben gehabt. Allein seine komplizierte Beziehung zu Sigmund Freud wäre ein eigenes Buch wert. In Groddecks trotzigem Beharren auf seiner höchst subjektiven Sicht der Krankheit drückt sich eine Chance aus, die der Psychosomatik später wieder verlorenging und die sie bis heute nicht zurückgewonnen hat.

1899, als Freud eben die «Traumdeutung» vollendet hatte, gründete Groddeck zusammen mit seiner Schwester Lina das Sanatorium Groddeck in der Villa Marienhöhe, Baden-Baden. Dort arbeitete er bis zu seinem Tod mit jeweils 10 bis 20 Patienten, die er mit Massagen, Diät und vor allem mit einem intensiven Verständnis behandelte, das weit über die dosierte Zuwendung der üblichen psychoanalytischen Behandlung hinausging. Als Schriftsteller hatte Groddeck nur geringen Erfolg, er war aber ein ausgezeichneter, überzeugender Redner. 1909 wurde Groddeck kommunalpolitisch aktiv. Er hielt Vorträge in einem Volksbildungsverein, wurde Gründungsmit-

glied des Baden-Badener Konsumvereins und einer gemein-
nützigen Baugesellschaft. 1917 sucht Groddeck Anschluß bei
Freud. Die anfänglich intensive Korrespondenz schläft aber
wieder ein. Freud bleibt reserviert und kommt trotz der
Freundschaftsbekenntnisse Groddecks nicht zu Besuch nach
Baden-Baden. Der Konflikt dreht sich vor allem darum, ob
Groddeck in der psychoanalytischen Gemeinde aufgeht oder
auf seiner persönlichen Beziehung zu Freud besteht. Am
18. Dezember 1924 schreibt er an Freud:

> «Als ich hörte, daß Sie nicht nach Salzburg kommen würden, habe
> ich das Interesse an diesem Kongreß verloren und den Vortrag, den
> ich halten wollte, ungeschrieben ad acta gelegt, ein Zeichen, daß
> ich mich auf Sie als Hörer eingestellt hatte; wie ich denn immer
> mehr dahinterkomme, daß ich wohl Sie liebe, aber nicht die selt-
> same Atmosphäre von vielen auseinanderstrebenden Kongreßlö-
> wen. Befreundet bin ich nur mit Ferenczi, und der ist so nett, mich
> hier aufzusuchen. Im übrigen gehe ich meinen stillen Weg der Pra-
> xis weiter und verehre Freud aus der Ferne.»[*]

> «Es tut mir leid, daß Sie eine Mauer zwischen sich und den anderen
> Löwen in der Kongreßmenagerie aufführen wollen», antwortet
> Freud.[**] «Es ist schwer, Psychoanalyse als Vereinzelter zu trei-
> ben. Es ist ein exquisit geselliges Unternehmen. Es wäre doch viel
> schöner, wir brüllten oder heulten alle miteinander im Chor und
> im Takt, anstatt daß jeder in seinem Winkel vor sich hin murrt ...»

1925 besucht Groddeck Freud in der Wiener Berggasse. Der
«hochverehrte Herr Professor» (so Groddecks Anrede, Freud
antwortet mit «Lieber Doktor») ist nach einer Kieferopera-
tion und Zahnschmerzen noch nicht wiederhergestellt. Ich

---

[*] G. Groddeck, Der Mensch und sein Es. Wiesbaden (Limes)
1970, S. 74.
[**] A. a. O., S. 76.

habe keinen Hinweis gefunden, wie das Treffen verlief. Aber der bisher rege Briefwechsel wird seitdem lückenhaft, als hätten die beiden Männer sich Illusionen übereinander gemacht. Der Ton wird nicht herzlicher, sondern im Gegenteil förmlich. Wenige Briefe und zwei Jahre später faßt Groddeck die Situation so:

> «Die Tatsache, daß nicht einer unter den Mitgliedern der Vereinigung gewagt hat, meiner Anregung zu folgen – Deutsch und der Amerikaner*, wie er heißt, weiß ich nicht mehr, zählen ernsthaft nicht mit –, beruht nicht darauf, daß mein Weg falsch ist, es gibt außerhalb der Vereinigung Menschen genug, die sich mühsam am corpus vile des Kranken klarzumachen suchen, was Freud gemeint hat, und die sich nicht mehr im Bannkreis der Neurosen fesseln lassen. Ich kann mich des Gedankens nicht erwehren, daß dieses auffallende Verhalten der Vereinigung in der Angst vor Ihrer Mißbilligung wurzelt. Man weiß, wie Sie über das Buch vom Es denken, man weiß aber nicht, oder man tut wenigstens so, als ob man es nicht wüßte, wie Sie über die Verwendung der Psychoanalyse im Organischen denken. Ich bin eitel genug, aus Ihrem jahrelangen Schweigen über meine Tätigkeit eine Folgerung zu ziehen, die etwa so lautet: Der Groddeck hat eine brauchbare Idee, aber wie er sie vorbringt, kann ich – Freud – nicht billigen; er muß und wird sich alleine weiterhelfen. Das ist ehrend für mich, aber es schmerzte lange und tief.»**

Was war es, was Freud nach seiner anfänglichen Zustimmung mißbilligte? Er hat auf diese Vorwürfe nicht geantwortet. Aus anderen Äußerungen wissen wir, daß Groddeck mit seinem Verdacht nicht unrecht hatte. 1932 schrieb Freud an Viktor von Weizsäcker:

---

* Die beiden Ausnahmen sind Felix Deutsch (1884–1964) und Smith E. Jelliffe (1864–1945).
** Brief vom 9.9.1927, zit. n. a. a. O., S. 84.

«Von solchen Untersuchungen (gemeint ist die Psychoanalyse eines Organkranken, Anm. d. Ref.) mußte ich die Analytiker aus erziehlichen Gründen fernhalten, denn Innervationen, Gefäßerweiterungen, Nervenbahnen wären zu gefährliche Versuchungen für sie gewesen, sie hatten zu lernen, sich auf psychologische Denkweisen zu beschränken. Dem Internisten können wir für die Erweiterung unserer Einsicht dankbar sein.»[*]

Groddeck mußte gewissermaßen als Symbol des undisziplinierten Psychosomatikers über die Klinge springen, der öffentlichen Anerkennung und Seriosität zuliebe. Freuds Bemerkung zu Oskar Pfister, daß Groddeck «gewiß zu vier Fünfteln recht habe mit seiner Überzeugung, daß organische Krankheiten auf das Es zurückgeführt werden könnten, und … mit dem restlichen Fünftel habe er vielleicht auch noch recht»[**], führte nicht zu einer öffentlichen Stellungnahme für den Mann, der bei dem ersten psychoanalytischen Kongreß, an dem er teilnahm, sich mit den Worten vorgestellt hatte: «Ich bin ein wilder Analytiker!»[***]

[*] V. v. Weizsäcker. Stuttgart (Thieme) 1947, S. 6.
[**] R. W. Clark, Sigmund Freud. Frankfurt (Fischer) 1981, S. 490.
[***] 1920, auf dem Psychoanalytischen Kongreß in Den Haag. Im selben Jahr wurde Groddeck in die Internationale Psychoanalytische Vereinigung aufgenommen.

6   Über wilde und zahme Analytiker

Martin Grotjahn faßte Groddecks Auftreten in der psychoanalytischen Öffentlichkeit so zusammen:

> «Einer seiner Beiträge wurde dazu ausersehen, auf dem Psychoanalytischen Kongreß ... verlesen zu werden. Anstatt ihn vorzulesen, stürzte Groddeck sich in seiner provozierenden, masochistischen Art mit dem Satz ‹Ich bin ein wilder Analytiker!› in einen spontan gehaltenen, freien Vortrag. Einige der Anwesenden haben überliefert, daß er zunächst sein Bettnässen analysiert habe und dann zu freien Assoziationen übergegangen sei. Die Leute waren über seinen ersten Auftritt schockiert.»*

Groddeck wußte, was ein wilder Analytiker ist. Die entsprechende Arbeit Freuds war 1910 im «Zentralblatt für Psychoanalyse» erschienen («Über ‹wilde› Psychoanalyse», Ges. W. VIII, S. 118f). Die Entschuldigung der Unwissenheit, die manche Biographen anwenden, läßt sich nicht aufrechterhalten. Groddeck *wollte* ein wilder Analytiker neben den vielen zahmen Freud-Anhängern sein. Er wollte gerade dafür geliebt werden. Das erste ist ihm gelungen, das zweite nicht. Aber die Betrachtung dieser Situation ermöglicht ein genaueres Verständnis der unbefriedigenden Entwicklung der Psychosomatik. Sie hängt eng mit der Preisgabe der «Laienanalyse», der von Freud geforderten, von den Bürokraten der psychoanaly-

* M. Grotjahn, Die Sprache des Symbols. Frankfurt (Fischer-TB), zit. n. O. Jägersberg, Georg Groddeck. Bühl-Moos (Elster-Verlag) 1984, S. 14.

tischen Bewegung bekämpften «legalen» Form der «wilden Analyse» zusammen.

Freud leitet seine Arbeit über die «wilde Analyse» mit einer Szene ein, die zeigt, daß die Analyse populär geworden ist. Ein junger Arzt, in der Wiener psychoanalytischen Gemeinde unbekannt, hat einer frisch geschiedenen Dame, die über Angstzustände klagt, einen Rat gegeben. Sie solle den Sexualverkehr mit ihrem Manne wieder aufnehmen, sich einen Liebhaber suchen oder sich selbst befriedigen. Begleitet von einer Freundin kommt diese Dame zu Freud und beklagt sich, ihre Angst sei seither noch schlimmer geworden. Sie wolle aus moralischen Gründen die vorgeschlagenen Lösungen nicht annehmen. «Die Freundin, eine noch ältere, verkümmert und ungesund aussehende Frau, beschwor mich dann, der Patientin zu versichern, daß sich der Arzt geirrt habe. Es könne doch nicht so sein, denn sie selbst sei seit langen Jahren Witwe und doch anständig geblieben, ohne an Angst zu leiden.»*

Die Psychoanalyse schafft eine Möglichkeit, Fruchtbarkeit und Unfruchtbarkeit solcher Äußerungen aus dem subjektiv-künstlerischen Bereich des «ärztlichen Taktes» herauszuholen, sagt Freud. Sie kann den Fehler des wilden Analytikers genau beschreiben. Einmal verwendet er einen «populären» Begriff der Sexualität, während die Analytiker «das Wort Sexualität in demselben umfassenden Sinn» gebrauchen «wie die deutsche Sprache das Wort ‹lieben›. Wir wissen auch längst, daß seelische Unbefriedigung mit allen ihren Folgen bestehen kann, wo es an normalem Sexualverkehr nicht mangelt, und halten uns als Therapeuten immer vor, daß von den unbefriedigten Sexualstrebungen, deren Ersatzbefriedigung in der Form ner-

* S. Freud, Über «wilde» Psychoanalyse, Ges. W. VIII, S. 118. Das Zitat ist ein gutes Beispiel für den Stil Freuds als Erzähler.

vöser Symptome wir bekämpfen, oft nur ein geringes Maß durch den Koitus oder andere Sexualakte abzuführen ist.»*

Der unberufene Ratgeber hat nicht nur diesen Gesichtspunkt vernachlässigt, sondern auch einen zweiten: Die Angst entspricht dem Konflikt zwischen der strengen Sexualablehnung und einer eben durch sie übergroß gewordenen Libido. Der Arzt rät, als seien diese Gegenkräfte zu vernachlässigen, als wisse die Patientin nicht selbst, daß sie onanieren oder einen Liebhaber nehmen könne. Sein Rat ist nicht psychoanalytisch – wie er vorgibt, indem er Freud und die Psychoanalyse als Autorität zitiert –, sondern im Gegenteil soll er der Patientin und dem Arzt die Psychoanalyse ersparen. Aber das Wissen bleibt ohnmächtig, solange nicht die Bindung an den Arzt so groß ist, daß die Widerstände überwunden werden können. Ratschläge haben «ebensoviel Einfluß auf die nervösen Leidenssymptome wie die Verteilung von Menukarten zur Zeit einer Hungersnot auf den Hunger»**.

Die Psychoanalyse ersetzt durch bestimmte technische Vorschriften die Forderung des unfaßbaren «ärztlichen Takts», sagt Freud weiter. Leider kann sie «heute noch nicht aus Büchern» gelernt werden, sondern nur von denen, die sie bereits beherrschen. Dieses «noch nicht» ist interessant. Hat Freud an diese Möglichkeit geglaubt? Ein solcher Gesichtspunkt wäre fesselnd, obwohl ihn die historische Entwicklung anders entschieden hat. Solange das Studium von Freuds Arbeiten ausreichte, sich analytisch zu betätigen, war er einerseits der Mittelpunkt und Alleinherrscher der «Bewegung», andrerseits mußte sie ihm in die angedeuteten «wilden» Formen hinein entgleiten. So war die Vereinsgründung nicht zu entbehren – «es ist weder mir noch meinen Freunden und Mitarbeitern an-

* A. a. O., S. 121.
** A. a. O., S. 123.

genehm, in solcher Weise den Anspruch auf die Ausübung einer ärztlichen Technik zu monopolisieren. Aber angesichts der Gefahren, die die vorherzusehende Übung einer ‹wilden› Psychoanalyse für die Kranken und für die Sache der Psychoanalyse mit sich bringt, blieb uns nichts anderes übrig. Wir haben im Frühjahr 1910 einen internationalen psychoanalytischen Verein gegründet, dessen Mitglieder sich durch Namensveröffentlichung zu ihm bekennen ...»*

Anschließend macht Freud deutlich, daß die wilden Analytiker die «Sache der Psychoanalyse» mehr schädigen als die Kranken. Er hat oft erlebt, daß auch ungeschicktes Vorgehen dem Kranken nützt, selbst wenn sich sein Zustand zunächst verschlechtert. Er schimpft auf den Arzt, aber entschließt sich doch zu einem Schritt, der ihn der Heilung näherbringt. «Für den Fall der Dame, deren Anklage gegen den Arzt wir gehört haben, möchte ich meinen, der wilde Psychoanalytiker habe doch mehr für seine Patientin getan als irgendeine hochangesehen Autorität, die ihr erzählt hätte, daß sie an einer ‹vasomotorischen Neurose› leide.»**

Diese Bemerkung ist wichtig, weil sie die ambivalente Position Freuds unterstreicht. Er wollte zwar die wilde Analyse nicht. Aber er lehnte eine herkömmlich «medizinische» Umgangsform noch mehr ab. Die Entwicklung der psychoanalytischen Bewegung hat den zwischen Groddeck und einer etablierten, in die bürgerliche Gesellschaft integrierten Organisation schwankenden Freud in *eine* Richtung gezwungen. Freud hätte Groddeck gerne als Gegengewicht gegen die bereits damals sehr spürbaren Tendenzen gewonnen, die Psychoanalyse zu bürokratisieren, eine systematische Ausbildung, Kandidatenauslese, Kontrollanalysen usw. einzuführen. Am meisten

* A. a. O., S. 126.
** A. a. O., S. 125.

wollte Freud vermeiden, daß die Psychoanalyse im Lehrbuch der psychiatrischen Therapien zwischen Hypnose und Psychopharmaka abgelegt würde – und gerade das ist weitgehend geschehen.*

Diese Entwicklung scheint zwangsläufig. Es kann keine organisierte Selbstkritik des bürgerlichen Systems geben, sie wäre ein Widerspruch in sich. Eine radikale Kritik muß entweder auf chaotische und anarchische Persönlichkeiten beschränkt bleiben (wie es Groddeck auf seine Weise war), oder sie wird durch die öffentliche Anerkennung und die wirtschaftlichen Zwänge, die mit dieser einhergehen, gelähmt und vereinnahmt. Es ist dabei lehrreich, daß Freud in dem für eine bürgerliche, professionelle Organisation so wichtigen Punkt der Zulassung zum Beruf – eben der Frage der «Laienanalyse», d. h. der Tätigkeit «begabter Nichtärzte», überstimmt wurde. Sein Versuch, Groddeck als Vertreter einer Gegenposition zu gewinnen, scheiterte. Dieser war zwar persönlich für die Laienanalyse und gegen die Normierung und Verschulung der Psychoanalyse.** Aber er konnte, weil er es ablehnte, sich solchen Zwängen zu unterwerfen, keine Machtposition aufbauen und sich damit letzten Endes nicht durchsetzen. In einer bürokratisch beherrschten Welt muß der Wilde scheitern, einzeln und unfähig zur Berechnung seiner Macht. Hat er deshalb unrecht? Oder steht er der Subjektivität des Kranken nicht sogar

* Vgl. M. Lohmann (Hg.), Das Unbehagen in der Psychoanalyse. Frankfurt (Qumran) 1983.

** «Ich denke, auf dem Kongreß hat man Sie vermißt. Ihr Warnen vor der Überschätzung ärztlicher Standesinteressen hätte gute Wirkung getan. Immerhin hat es damit geendet, daß die engherzige Forderung der Amerikaner abgewiesen wurde und die Laienanalyse wenigstens eine Empfehlung fand», schreibt Freud am 7. September 1927. Zit. n. Groddeck, Der Mensch ... Wiesbaden (Limes) 1971, S. 83.

näher, weil auch der Kranke in der Leistungsgesellschaft vereinzelt und ohnmächtig ist? Freud hat Groddeck gut verstanden. «Ich bin selber ein Ketzer», schreibt er 1920, kurz nach dem anstößigen Vortrag, «der sich noch nicht zum Fanatiker umgewandelt hat. Fanatiker, Leute, die imstande sind, ihre eigene Beschränktheit feierlich ernst zu nehmen, vertrage ich nicht.»*

Diese Äußerung hängt wohl mit Reaktionen anderer Psychoanalytiker auf Groddecks Vortrag im Haag und auf seinen spöttischen Roman «Der Seelensucher» zusammen, den Freud im Psychoanalytischen Verlag unterbrachte, nachdem ihn zwanzig andere Verlage abgelehnt hatten. Groddeck war überzeugt, daß derart «wilde Analysen», die sich über wissenschaftliche und sonstige Anstandsregeln hinwegsetzen, nicht nur den Patienten mehr nützen als der übliche Medizinbetrieb, sondern auch den Geist der Sache treffen. Diese «Sache» war aber für die Mehrheit der Psychoanalytiker die Anerkennung als Wissenschaft und als psychotherapeutische «Technik». Eine solche Versachlichung mußte die Gefahr mit sich bringen, daß die Analyse als «Spezialdisziplin» eingeschränkt und kaltgestellt wurde. Bürokratisch verfaßte Naturen gingen mit ihr ähnlich um wie ein Bibliothekar mit den Büchern des Genies. Psychoanalytiker übernahmen die Macht, die in einer Art freiwilliger Kastration alles Anstößige zu beseitigen bereit waren, um ihr geschütztes Plätzchen zu bekommen. Das Dunkle, Poetische, die großartig unbestimmten Begriffe der Metapsychologie, die Symbolik wurden drangegeben für das Linsengericht der Anerkennung durch Fakultäten, Krankenkassen oder Ärztekammern. Die Kritik der bürgerlichen Moral wurde preisgegeben gegen das Angebot, funktionsfähigere Sublimierungen herzustellen, d. h. eine «bessere» Moral zu bieten.

* Zit. n. Groddeck, Der Mensch ... A. a. O., S. 36.

Groddeck wußte nicht oder wollte nicht wissen, daß «‹wilder Analytiker› die Bezeichnung für jene völlig unqualifizierten Psychoanalytiker war, die oft die freie Liebe befürworteten und bereits die Sache in Verruf brachten», faßt ein Historiker die Szene in Den Haag zusammen. Er «machte sich an diesem Tag einige Freunde und mehrere Feinde»*. Hier wird bereits klar, welche Assoziationen zusammengehören: «wilde Analytiker», «freie Liebe», «Sache in Verruf». Die Analyse darf die Liebe versachlichen, aber nicht befreien. Maßvoller, politischer und rhetorisch sehr geschickt («brauche mich nicht eigens zu distanzieren») ist Ernest Jones' Rundschreiben nach dem Erscheinen des «Seelensuchers»:

«Die Psychoanalyse hat so viele Attraktionen für den volkstümlichen Unterhalter, daß es mir besser erscheint, wenn wir offiziellen Vertreter die achtbaren und wissenschaftlichen Aspekte betonen, eben jene, die unsere Gegner unserer Arbeit absprechen wollen. Andererseits brauche ich mich nicht eigens von den extremen Kritiken des Buchs im puritanischen Stil zu distanzieren. Pfister schrieb diese Woche an Barbara Low, drückte seine höchste Empörung über die Obszönität des Buches etc. aus und sagte, seine Veröffentlichung sei der schwerste Schlag, der die Psychoanalyse seit Jahren getroffen habe! Die Schweizer Vereinigung hat sogar eine Sondersitzung einberufen, um das Buch zu verurteilen, was man dann auch einstimmig und mit maßlosen Ausdrücken tat.»**

Nach jedem der beiden Weltkriege erwachten die Zivilisationen wie aus einem bösen Traum. Nachdem die alten Ideen in Politik, Moral, im Umgang mit Krankheit und Erziehung so katastrophale Ergebnisse geliefert hatten, bekamen neue Ge-

* R. W. Clark, Sigmund Freud. Frankfurt (Fischer) 1981, S. 454.
** E. Jones, 11.2.1921, Institute of Psychoanalysis, London. Zit. n. Clark, a. a. O., S. 455.

danken Vorschußlorbeeren. Vor allem in den USA war Freud ein Symbol für süßere Früchte, als die bisher puritanische Gesellschaftsform bot. Rechtfertigungen von freiem Sex wurden nicht durch Prüfung seiner Aussagen, sondern durch name dropping hergestellt. Während einst die Verdrängung als Selbstbeherrschung gepriesen wurde, so geriet sie jetzt in Verruf. Aber dahinter stand keine wirkliche Freiheit, sondern das Gespenst einer noch tiefer gehenden Kommerzialisierung, eines Taylorismus der Intimität. Die Nachfrage weckte das Angebot. Kaum war es Mode geworden, «to be psyched»*, schossen auch die wilden Analytiker aus dem Boden wie Pilze nach einem Gewitterregen, «praktisch unbehindert durch irgendwelche Bestimmungen und Vorschriften und angelockt durch die Möglichkeit, hohe Honorare dafür einzustreichen, daß man ein paar komplizierte Wörter murmelte»**.

So wurde die Psychoanalyse populär. Freud wurde zu Sensationsprozessen eingeladen (wie jenem gegen die beiden Mörder Leopold und Loeb, die, «nur» um einen perfekten Mord zu begehen, einen Freund umbrachten***). Er wurde Gegenstand der Literaturkritik, der Satire, aber auch einer ernsthaften Aufmerksamkeit. Zahlreiche junge Ärzte kamen nach Wien und wurden in (damals nur einige Monate dauernden) Lehranalysen ausgebildet. Sie hatten Interesse, diese Investition abzusichern, indem sie «wilde» Konkurrenten ausschlossen. Die etablierten Professionen versuchten, die Entwicklung wieder in den Griff zu bekommen. Geistliche predigten von den bedau-

---

* sich analysieren zu lassen
** R. W. Clark, Sigmund Freud. A. a. O., S. 460.
*** Alfred Hitchcock hat den Fall zur Vorlage für «Ein Cocktail für eine Leiche» genommen. Freud lehnte ab. Während der Verhandlung waren zehn Psychiater anwesend.

ernswerten Opfern, die von quacksalbernden Psychoanalytikern halb wahnsinnig gemacht würden. Der Arzt, der erst nach zehnjähriger Ausbildung den Körper behandeln darf, wurde dem Analytiker gegenübergestellt, der ein Schild aufhängt und fünfundzwanzig Dollar pro Stunde verlangt, nachdem er zehn Tage lang Freud und Jung gelesen hat. Stephen Wise, Rabbi der Freien Synagoge in New York, urteilte ähnlich: «Es ist tief zu beklagen, daß ein so schwerer Mißbrauch der Psychoanalyse durch Betrüger und Scharlatane getrieben wird, die niemand mehr verachtet als die wissenschaftlich ausgebildeten Ärzte. Man muß wahrhaft bedauern, daß ein Instrument von höchstem potentiellem Wert für die Menschheit von Personen, die die Psychoanalyse nur vom Hörensagen und nicht durch Studium kennen, zu einem Vorwand für verbale Vulgarität und vorsätzliche Obszönität herabgewürdigt wird.»* Pfister hätte seine Freude gehabt; Groddeck hätte wieder einmal auf der Seite der Verlierer gestanden. Der Tatbestand «vorsätzlicher Obszönität» ist von Groddeck nicht nur im «Seelensucher» erfüllt. 1918 gründete er eine eigene Zeitschrift dafür.

> «Mit der Herausgabe dieser Blätter bezwecke ich, dem Menschen Gelegenheit zu geben, seine Qual unbehindert, ohne Scham und Scheu hinauszuschreien. Der einzige Ort, wo man so schreien kann, scheint mir die Hölle zu sein; deshalb nenne ich diese Zeitschrift ‹Satanarium›. Zwischen dem Schrei der gequälten Kreatur klingt das Lachen der Teufel. Aller Art von Teufelei sei darum hier Platz gewährt.
>
> Jenseits von Gut und Böse zu stehen scheint mir begehrenswert. Das hat man im Himmel oder in der Hölle. Den Himmel kann ich mir nur als Wohnstätte ganz Zufriedener denken. Damit verbindet sich aber für mich eine Vorstellung von Langeweile ... Das Satanarium ist das Reich der Lüge. Der Herausgeber hat die Ansicht, daß nur Lügen wahr sind. Er öffnet hiermit jeder Phantasie

* Zit. n. Clark, a. a. O., S. 465.

Tür und Tor und bittet die Leser, in diese Zeitung Wahrheiten hinein zu lesen und nicht etwa in ihr Lesenswertes oder gar Belehrendes, Förderndes, Bildendes zu suchen. Denn über der Pforte des Satanariums steht: Laßt alle Logik schwinden. Dein Selbst lacht über dein Ich und seine losen Sprünge …»*

Es ist eine tragische Tatsache, daß kreative und wegen ihrer anarchistischen Neigungen dem Unbewußten besonders nahe Menschen wie Groddeck durch die Bürokratisierung der Psychoanalyse ebenso ausgegrenzt wurden wie jene wilden Analytiker, die in Londoner Zeitungen annoncierten:

«Wollen Sie 1000 Pfund jährlich als Analytiker verdienen? Wir können Ihnen zeigen wie. Nehmen Sie bei uns acht Lektionen, die wir Ihnen per Post zum Preis von vier Guineen pro Kurs zusenden.»**

Doch sollen auch die Versuche erwähnt werden, Groddeck wenn schon nicht zu integrieren, so doch zu würdigen. Einer davon stammt von Ernst Simmel, der hinter seinen dicken Brillengläsern lächelte, als Groddeck in Den Haag bemerkte, bei visuell stark veranlagten Menschen mache das Es die Augen kurzsichtig, wenn die Wachzensur der verdrängten Komplexe nicht ausreiche; helfe das nicht, zerstöre es sogar durch Blutungen die Netzhaut.*** Auch Simmel greift in seinem Aufsatz zu Groddecks 60. Geburtstag auf den «wilden Analytiker» zurück, hebt ihn aber von den gewöhnlichen wilden Analytikern ab, die «ohne Ausbildung, aber auch ohne einen Hauch von dem Geist der Psychoanalyse erfaßt zu haben, sich als Thera-

* Zit. n. O. Jägersberg, a. a. O., S. 13 f.
** Zit. n. Clark, a. a. O., S. 469.
*** C. M. u. S. Grossman, The Wild Analyst. London (Barrie) 1965, S. 97.

peuten an seelisch kranke Menschen heranwagen»*. Wild sei Groddeck in dem Entschluß, Kranken, selbst sonst Unheilbaren zu helfen und sich nicht hinter einer scheinbar exakten Diagnostik zu verstecken. Wild sei er, weil er so entschlossen für die Wahrheit und gegen einen «ärztlichen Narzißmus» kämpfe, welche den Arzt und nicht den Kranken in den Mittelpunkt des Heilplanes stellt. Diese Wildheit, so Simmel weiter, ist nur verzeihlich, weil Groddeck ein Künstler ist, kein Wissenschaftler. «Während wir anderen als Psychoanalytiker emsig bemüht sind und bemüht sein müssen, alles, was durch Freud in der Psychoanalyse geschaffen wurde und immer neu geschaffen wird, zu lernen und in unserer ‹Schule›, d. h. unseren Vereinigungen, zu diskutieren, zu klären und wieder zu lehren – während wir für unser therapeutisches Handeln ‹Richtlinien› haben und geben müssen –, darf Groddeck darauf verzichten, weil das, was er selbst in großem Ausmaß an körperlich Kranken leistet, bisher ohne Beispiel ist. – ....Und sind zwar seine Bücher auch im herkömmlichen Sinne sicher nicht ‹wissenschaftlich›, so hat Freud dennoch recht, wenn er im ‹Ich und Es› sagt, daß Groddeck ‹vergeblich beteuert – er habe mit der gestrengen, hohen Wissenschaft nichts zu tun›. In Wirklichkeit ist er wichtiger für sie, als er es selbst wahrhaben will.»**

Gerade dieser Versöhnungsversuch läßt den Verlust von Persönlichkeiten wie der Groddecks (oder auch Freuds) besonders schmerzlich empfinden. Simmel hat noch geglaubt, daß der Fortschritt, die wissenschaftliche Entwicklung uns bessere Psychoanalytiker und engagiertere Ganzheitsmediziner bescheren würde. «Groddeck hat ... eine Fülle intuitiven Wissens niedergelegt. An uns, als einer ‹Schule›, muß es sein, dieses

* E. Simmel, zit. n. Groddeck, Der Mensch und sein Es. Wiesbaden (Limes) 1971, S. 409.
** Simmel, zit. n. Groddeck, a. a. O., S. 410.

Wissen systematisch zu erarbeiten und damit jene ärztliche Generation vorbereiten zu helfen, die Groddeck von einer neuen, mittels der Psychoanalyse geschaffenen Gesamtheilkunde erwartet.»*

Diese Gesamtheilkunde ist nicht nur nicht entstanden, sondern wir haben uns weiter von ihr entfernt. Es ist ein Ausdruck dieser Situation, wenn die Beschäftigung mit Freud, Wilhelm Reich oder Groddeck lockender erscheint als die «aktuelle Forschung». Die Mythen der frühen Jahre Freuds werden immer wieder neu formuliert** – ein Regressionsphänomen, die Flucht aus einer unbefriedigenden Gegenwart zu den frühen Fixierungen der analytischen Libido. Welcher Therapeut, wenn er selbst krank wäre, würde nicht lieber in Groddecks kleines Sanatorium gehen*** als in eine mit Röntgen, Computertomograph und Labor ausgerüstete «psychosomatische Klinik» unserer Tage? Ich selbst neige zu diesem abscheulichen Zweifel an unserem Fortschritt zur Ganzheitsmedizin. Und ich finde, wir sollten aufhören, diese Verluste gegen Gewinne aufzurechnen, ja sie in Gewinne umzulügen.

* Simmel, zit. n. Groddeck, a. a. O., S. 410.
** Zuletzt in der Masson-Kontroverse, deren Hintergründe Janet Malcolm (In The Freud Archives, New York [A. A. Knopf] 1984) anschaulich beschrieben hat.
*** Die rhetorische Frage, ob nicht jedem aus unserer Zunft Freud der liebste Lehranalytiker gewesen wäre, stelle ich lieber nur in einer Fußnote. Er war auch ein wilder Analytiker im positiven Sinn.

7 Die Selbstaufhebung von Professionalität: eine Quadratur des Kreises?

> Daß der Kanke gesund wird, ist nie ein Verdienst des Arztes, es ist seine Schuld, die Schuld seiner Torheit und Unwahrhaftigkeit, wenn der Kranke nicht gesund wird; der Arzt aber hat immer die Gelegenheit, in und durch die Behandlung, die er vom Kranken kostenlos empfängt, zu genesen …
>
> Georg Groddeck*

> Meine Bücher sind alle albernes Zeug, höchstens brauchbar für jemanden, der wissen will, wie krampfhaft ich versucht habe, wider meine eigene Natur zu leben.
>
> Georg Groddeck**

Immer wieder finden sich in Groddecks Aufsätzen Hinweise darauf, wie er sich an den Widersprüchen der menschlichen und vor allem der ärztlichen Existenz wundgerieben hat. Freier Wille und Allmacht des Es – wie das versöhnen? Medizinische Berufstätigkeit und gleichzeitig leidenschaftlicher Einsatz für jeden individuellen Kranken – wie das zusammenbringen?

---

* G. Groddeck, Verdrängen und heilen. Aufsätze zur Psychoanalyse und psychosomatischen Medizin. München (Kindler) 1974, S. 100.

** G. Groddeck, Der Mensch und sein Es. Wiesbaden (Limes) 1971, S. 103. Das Zitat stammt aus einem Brief an seine spätere zweite Frau vom 8. 7. 1916.

Formale Qualifikation, schriftstellerischer, wissenschaftlicher Ehrgeiz und sicheres Bewußtsein, daß Gefühl und Liebe weit wichtigere Mächte sind – wie beidem gerecht werden? «Das Spezialistentum hat man gezüchtet, diesen Krebsschaden der modernen Medizin. In wüstem Chaos drängen sich beim jungen Arzt die Kenntnisse durcheinander, hindern ihn, beengen ihn. Ratlos steht er dem Kranken gegenüber ... Nur wer den Menschen beurteilen kann, wer dem Kranken helfen will, ist wirklicher Arzt, niemals aber der, welcher Krankheiten erkennt ... Nicht die ungünstigen wirtschaftlichen Verhältnisse, nicht der Mangel an Kollegialität, nicht das Pfuschertum führen das Sinken des ärztlichen Standes herbei ... Die Engherzigkeit der Ärzte ist es, die Verkrüppelung ihres Verstandes, die sie Phantome bekämpfen läßt, Krankheiten, die es nicht gibt ... Fort mit den Lehrplänen und Kollegien ... fort mit den Experimenten und Laboratorien. Der Mediziner gehört in den Krankensaal und nicht in die chemische Küche ... Nicht auf dem Seziersaal laßt den jungen Menschen seine Tätigkeit beginnen ... Auf dem Krankensaal muß er erst sehen, wozu ihm die Kenntnisse gut sind. Zeigt ihm am Menschen, wie weh es tut, wenn ein Bein gebrochen ist, zeigt ihm, wie schwer es ist, das zerschmetterte Glied zu heilen, und dann schickt ihn hin und laßt ihn an der Leiche lernen, wie der Knochen gestaltet ist, den das Leben zerbrach, wie die zerfetzten Muskeln, Nerven und Adern verlaufen ...»*

Die Vorstellung Groddecks, daß der Beginn des Medizinstudiums «an der Leiche» nicht nur ein naturwissenschaftliches Programm ist, sondern auch in einem «heimlichen Lehrplan» gegen eigene und fremde Gefühle abhärtet, Distanz schafft,

* Zit. n. Groddeck, a. a. O., S. 103 f. Es handelt sich um einen offenen Brief an einen Professor der Medizin in Berlin, anläßlich des Umbaus der Charité.

versachlichte Handlungsweisen vorbereitet, ist von anderen Psychosomatikern (wie Alexander Mitscherlich) später wieder aufgegriffen worden. Die Radikalität seiner Reformpläne – statt Universität ein «handwerkliches» Lernen der ärztlichen Kunst (nicht Wissenschaft!) am Krankenbett – hat freilich niemand aufgegriffen, obwohl sie zur Zeit der Multiple-choice-Prüfungen und des ausufernden Spezialistentums sicher nicht weniger sinnvoll sind als damals. Für Groddeck war die Gestaltung der persönlichen Beziehung die entscheidende Aufgabe in der Therapie. Daher ist es auch verfehlt (obwohl bei den Schul-Psychosomatikern sehr beliebt), einige der extremen Aussagen Groddecks zu zitieren und ihn damit zu disqualifizieren. Als Beispiel für diese verständnislose «wissenschaftliche» Umgangsform kann Wolfgang Wesiaks «Einführung in die psychosomatische Medizin» dienen. Er ordnet Groddeck einer «spekulativen Phase» der Psychosomatik zu, «in der auch alle organischen Erkrankungen unverbindlich und mit wenig Kritik als symbolische Ausdrucksformen eines mythologisierten und hypostasierten allmächtigen Es gedeutet wurden.»

> «Der Herzfehler pflegt von Liebe und ihren Verdrängungen, von Liebesschuld zu erzählen, das Magenleiden berichtet von dem tiefsten der Seele, denn den Sitz der Seele hat das Es in den Bauch verlegt, der Gebärmutterkrebs spricht von Sünden wider Mutterpflicht und von bereuter Wollust, die Syphilis von allzustrenger Geschlechtsmoral des Es ... Das Es entscheidet darüber ... ob beim Fallen der Knochen zerbrochen wird oder nicht.»*

---

* G. Groddeck, Psychosomatische Forschung als Erforschung des Es. In: Psyche Bd. 4, S. 842, 1951, zit. n. W. Wesiak, Einführung in die psychosomatische Medizin, in W. Loch (Hg.), Die Krankheitslehre der Psychoanalyse. Stuttgart (Hirzel) 1971, S. 235 f.

«Unverbindliche Phantasterei», kommentiert Wesiak: ein «Denkmodell», nämlich das der hysterischen Konversion, das nur für einen sehr begrenzten Bereich gilt, wird «kritiklos auf alle Lebensbereiche übertragen», der Begriff des Es so erweitert und überdehnt, «daß er eigentlich mit dem des Lebens schlechthin übereinstimmt.»[*]

Schulwissenschaftler haben mit Groddeck nicht viel anfangen können. Seine Freunde sind die Künstler und seine Patienten:

> «Er ist der einzige Mensch meiner Bekanntschaft, bei dem ich immer wieder an Lao-Tse denken mußte: Sein Nicht-Tun war in geradezu zauberhaftem Grad schöpferisch. Er stand auf dem Standpunkt, daß der Arzt gar nichts weiß, gar nichts kann, möglichst wenig tun soll: Er habe nur durch sein Dasein die eigene Heilkraft des Patienten herauszufordern … So heilte Groddeck bei mir in weniger als einer Woche eine rückfällige Venenentzündung, an welcher ich nach dem Urteil anderer Ärzte lange Jahre, wenn nicht zeitlebens, hätte weiterkranken müssen.»[**]

Michael Pichler, Gewerkschaftsvertreter und mit Groddeck durch dessen Interesse für die Baden-Badener Lokalpolitik bekannt, konnte im Februar 1911 eine Einladung nicht wahrnehmen, weil er an einer Netzhautblutung erkrankt war und das Bett hüten sollte. Groddeck besuchte ihn sofort und sorgte dafür, daß Pichler und seine hochschwangere Frau (die dieser nicht allein lassen wollte) für sechs Wochen in der Marienhöhe aufgenommen und behandelt wurden. Äußerungen über den Zusammenhang von Kurzsichtigkeit, Netzhautblutung und Nicht-sehen-Wollen des «Es» sind nach dem Bericht von

[*] Wesiak, a. a. O., S. 249.
[**] Hermann Graf Keyserling, Nachruf für Georg Groddeck, zit. n. G. Groddeck, Das Buch vom Es. Frankfurt (Fischer-TB) 1978, S. 283.

Pichler entweder nicht gefallen, oder sie waren in eine so persönliche, intime Beziehung eingebettet, daß sie nicht erschreckten. Erschreckt war Pichler nur durch eine prognostische Äußerung des damals sehr angesehenen Augenarztes Hofrat Dr. von Hoffmann, der ihm vor einigen Jahren nach einer schweren Blutung gesagt hatte: «Die Sache ist schlimm, nach den Netzhautblutungen wird sich die Netzhaut ablösen – in zehn Jahren werden Sie blind sein.» Groddeck hingegen sagte dazu nur: «Der Augenarzt von Hoffmann ist ein Esel, statt daß er bei Ihnen den ganzen Menschen behandelt hätte, sah er nur die kranken Augen ... glauben Sie mir, Sie werden nicht erblinden und werden ganz gesund werden.»*

Groddecks verschwommene, mystische Theorie hat «funktioniert» – getreu Lewins Motto: «Es gibt nichts Praktischeres als eine gute Theorie.» Aber sie hat nur für ihn funktioniert, sie war nicht geeignet, eine «Schule» zu bilden. «Manche seiner Entdeckungen mögen selbst heutzutage phantastisch scheinen, doch ich bin sicher, daß sie sich als richtig erweisen werden. Seinen Büchern eignet die magische Gewißheit ihrer Poesie – die letzten Endes die Gabe des Sehens ist ... Ihm war der ganze Horror des Dichters vor Schülern eigen, vor Essays und Zeitungen und Exegesen ... vor all dem unfruchtbaren Staub, der um einen schöpferischen Menschen und einen neuen Gedanken aufgewirbelt wird. Er wollte nicht zum Archimandriten oder Bonzen gemacht werden ...», sagt Lawrence Durrell**.

* M. Pichler, Georg Groddeck als Sozialreformer und Mensch, zit. n. Groddeck, Der Mensch und sein Es. Wiesbaden (Limes) 1971, S. 418.
** L. Durrell, Vorwort zu G. Groddeck, Das Buch vom Es, a. a. O., S. 17.

«Er hat seinen weißen Kittel als Farce betrachtet und das Ich des Kranken als Farce. Zwischen den beiden Demaskierungen ist ihm der revolutionäre Blick gelungen, der kindhafte, kindliche erste, auf die Phänomene, die es schon seit jeher gibt ... In einer so mittelalterlichen Zeit ist es angenehm, sich mit einem der ersten Aufklärer beschäftigen zu können. Man wird, ohne viel zu wissen, ein Mitverschwörer, weil man weiß, daß man nichts weiß, und früher oder später gezwungen wird, sich ein paar Gedanken darüber zu machen ... In einer bürokratisierten Medizin ist das nicht mehr vorstellbar ... Die Revolution hat wieder einmal ihre Kinder gefressen. In dem Moment, wo man anfing, zum ersten Mal etwas zu kapieren, nach Jahrhunderten von Aberglauben und Düsternis, also Unwissenschaftlichkeit, ist auch diese Wissenschaft, die jeden von uns betrifft, dazu verdammt, zu kapitulieren. Mit Krankenzetteln, Abrechnungen, Zehnminutenordination.»*

Es ist kein Zufall, daß gerade Dichterinnen wie Ingeborg Bachmann und Schriftsteller wie Durrell und Henry Miller Groddeck am meisten schätzten. Wissenschaftler, für die Sprache ein totes, technisches Mittel ist, um ihre Gedanken für andere Wissenschaftler zu konservieren und mitzuteilen, haben meist kein Organ für den lebendigen Charakter der Sprache. Groddeck hatte ein Gefühl dafür, das er ausdrücken, aber nicht reflektieren konnte.

Für viele gebildete Menschen hat die Sprache zu irgendeiner Zeit ihres Lebens eine große Kraft, die sie später, meist durch die berufliche Routine, wieder verliert. So schreiben sehr viele Schüler Gedichte, aber nur ganz wenige Menschen behalten diese schöpferische Neigung. Sie werden «Dichter»**, was

* Ingeborg Bachmann, Entwurf einer Kritik über Groddeck, 1967, zit. n. O. Jägersberg, Georg Groddeck. Moos (Elster-Verlag) 1984, S. 86.
** Auch viele Dichter verlieren ihre poetische Kraft nach einigen

man kaum einen Beruf für einen lebenden Menschen nennen kann – eher ein Wort in dem Nachruf für einen Toten. In unserer Gesellschaft ist jemand, der diese Kraft der Sprache kennt und sie mehr oder weniger bewußt handhabt, ein Einzelgänger, eine Ausnahmeerscheinung. Wir haben keinen kulturell vorgegebenen Platz mehr für ihn, wie es in anderen Kulturen der Fall war, in denen es «Medizingesänge» gab, die sorgfältig überliefert wurden und deren heilende Kraft ihren Platz in Ritualen hatte, welche das ganze Leben bestimmten. «Dichter» ist im Gegensatz zum Arzt, zum Rechtsanwalt oder zum Pfarrer keine «Profession», deren Eingangsvoraussetzungen man an Hochschulen erwirbt. Aber der Schamane, der Medizinmann, der früher die Aufgaben dieser Professionen zusammenfaßte, war ein Dichter.

Robert Graves hat die einzigartige Stellung des Dichters in den alten Kulturen Europas beschrieben.* Sein Wort band und löste. Wenn zwei Ritter kämpften, war er der Schiedsrichter. Wenn er beleidigt wurde, sang er ein Lied, das dem Feind Aussatz, Pest und Wahnsinn brachte. Im alten Irland saß der Meister-Dichter oder Ollave neben dem König und hatte das Vorrecht (das außer ihm nur die Königin besaß), sechs verschiedene Farben in seinem Gewand zu tragen.** Sollte die bittere Ironie, mit der Graves die Wandlung der Sprachkunst beschreibt, auch auf die Lehre einer ganzheitlichen Heilkunde anwendbar sein?

Jahren – Graves erklärt das u. a. damit, daß ihre Muse zu einer Hausfrau wird und folgerichtig den Poeten domestiziert. R. Graves, The White Goddess. London (Faber) 1961, S. 449.

  * R. Graves, a. a. O.
  ** Graves, a. a. O., S. 22.

«Sie (die Poesie, W. S.) war eine Warnung an den Menschen, daß er in Harmonie mit der Familie lebendiger Geschöpfe leben muß, unter die er geboren ist, indem er den Wünschen der Herrin des Hauses gehorcht. Heute ist sie eine Mahnung, daß er die Warnung mißachtet und die Harmonie durch eigensüchtige Experimente in Philosophie, Wissenschaft und Industrie zerstört hat. So bringt er Ruin über sich und seine Familie. Die Gegenwart wird von einer Zivilisation bestimmt, in der die ersten Wahrzeichen der Sprachkunst entehrt sind, in der Schlange, Löwe und Adler zum Zirkuszelt gehören; Stier, Lachs und Eber in die Konservenfabrik; Rennpferd und Windhund in die Wettagentur und der heilige Hain in die Sägemühle. In der man den Mond als ausgebrannten Satelliten der Erde verachtet und Frauen als Arbeitskraftreserve statistisch erfaßt. In der Geld fast alles kaufen kann außer der Wahrheit und nahezu jedermann außer den wahrheitsbesessenen Dichter.»*

Der ursprüngliche Wortsinn von griechisch poietes, lateinisch poëta war «Macher». Wer das Wort gestaltete, erschuf die Dinge. Heute verstehen wir unter einem «Macher» jemanden, der «wirklich» etwas macht, nicht nur «Worte macht». Die erfolgreichen Macher haben ihre Ghostwriter, deren einträgliche Tätigkeit sich nicht nur darin (aber allein darin erfreulich) von der brotlosen Kunst der Dichtung unterscheidet. Dieser Verlust an Wertschätzung des Ausdrucks von Gefühlen durch Worte (verglichen mit dem Verkauf von Waren durch Worte – die Tätigkeit des Redenschreibers in politischen Diensten ist ja nicht viel anders einzuordnen) hängt eng mit dem Verlust der Krankheit als subjektivem Erlebnis zusammen. Parallel dazu geht auch das Gesundheitsgefühl verloren. Die vor allem von französischen Analytikern betonten «Defekte der Phantasietätigkeit» bei den psychosomatisch Kranken sind ein Versuch, Sündenböcke für eine Entwicklung zu finden, die allgemein

---

* Graves, a. a. O., S. 14 (Übers. W. S.).

dazu führt, Ausdruckswerte durch Anpassungsmechanismen zu ersetzen.*

Die kühnste Definition der Dichtkunst stammt von Robert Frost: «What gets lost in translation». Was in der Übersetzung verlorengeht, war in naturwissenschaftlichen Texten (die inzwischen der Computerübersetzung zugänglich geworden sind) von Anfang an nicht vorhanden. In Groddecks Umgang mit den Kranken war es zentral bedeutsam. Eine andere Definition der Dichtung, kaum weniger kühn, kommt aus der Feder des klassischen Dichters: «Und wenn der Mensch in seiner Qual verstummt / Gab mir ein Gott**, zu sagen, wie ich leide.»

Bei Groddeck war der Kranke jemand, der es aufgegeben hatte, sich auszudrücken, der stumm geworden war und resigniert nur mehr durch seine Symptome sprach. Er versuchte, zusammen mit dem Kranken die Ursache für diese Resignation zu finden. Dabei arbeitete er mit der Sprache, wie es der Dichter tut, der ebenfalls Bilder findet, die einen Sachverhalt lebendig machen, weil sie ihn mit der Ganzheit des Lebens verbinden. Dabei werden Wörter vieldeutig, sie erfassen nicht nur konkrete Tatbestände, sondern auch verborgene Erlebnisse. Sie gehen durch die Welten hindurch wie die Trommel des Schamanen, die ebenfalls in der diesseitigen Welt und im Geisterreich existiert. Die psychoanalytische Symboldeutung ist nur ein schwacher Abglanz dieser ursprünglichen, ganzheitlichen Bedeutung der Sprache. Groddeck verwendet sie viel-

---

* P. Marty, M. DeUzan, La pensée opératoire. Revue française de Psychoanalyse, No. spécial 27, 1963. Über den Einfluß dieser Verarmungen auf die «Zweierbeziehung» vgl. W. Schmidbauer, Die Angst vor Nähe. Reinbek (Rowohlt) 1985.

** Für Graves wäre das selbstverständlich nicht ein Gott, sondern *die* Göttin.

leicht am radikalsten von allen seinen Zeitgenossen. Er hat damit auch am ehesten Zugang zu der Einsicht, daß der umfassende Sinn erst in der Gefühlsbeziehung zwischen dem Dichter und seinen Zuhörern entsteht, in dem magischen Dreieck der Poesie. Gegenständlicher und übertragener Wortsinn, Wortentstehung, Lautähnlichkeit, Wortspiel und Sprichwort sind allesamt Möglichkeiten, dem in seiner Qual verstummten Menschen die Sprache zurückzugeben.

«Wenn ein Mensch in seiner Qual verstummt, gibt ihm der Arzt, zu sagen, was er leidet?» Groddeck verbindet mit dem Schamanen, was distanzierte Beobachter seinen «Masochismus» nennen.* Auch der Schamane übernimmt in vielen Ritualen die Rolle des Kranken. Er erlebt die Kur am eigenen Leib, vollzieht die Schmerzen nach, übersetzt sie in die allen Beteiligten geläufige symbolische Sprache: die Seele des Kranken ist irgendwo im Geisterreich festgehalten worden; ein Feind hat ihm einen Kaktusdorn in den Leib geschossen; böse Geister halten das Kind im Mutterleib fest. Weder Groddeck noch die Schamanen sind masochistisch. Sie tun etwas, was das technische Verständnis einer professionell erlernten «Methode» übersteigt, was aber für den Kranken hilfreich ist. Daß gerade der psychosomatisch Kranke solche Hilfe braucht, zeigt nichts deutlicher als die Tatsache, daß die üblich-«methodisch» vorgehenden Therapeuten seine «Unergiebigkeit» beklagen: die somatisch orientierten Ärzte, daß er entweder «nichts hat» (d. h. keinen «organischen» Befund) oder aber nicht angemessen auf die körperliche Behandlung reagiert. Die Psychotherapeuten hingegen beklagen seinen Phantasiemangel und seine Einschränkung auf jenes zweckrationale Denken, dessen alleinseligmachenden Charakter unsere Wirtschafts-

* z. B. Martin Grotjahn in seinem Bericht über den Haager Kongreß, vgl. S. 100.

und Politikmanager unermüdlich betonen. Groddeck dagegen:

> «Ein guter Wachtraum gehört zum leichten Einschlafen, er ist nicht nur das billigste, sondern auch das sicherste Schlafmittel, wie ich mir denn nichts Dümmeres denken kann als das Schelten auf Träumereien und die Angst davor. Nach dem, was ich weiß, leistet der Mensch nur dann etwas, wenn er sich seiner Phantasie unbedenklich hingibt, sie frei walten läßt und ihr Gespinst nicht mit dem grauen Staub vernünftigen Denkens beschwert. Man gebe dem träumenden Dichten freien Raum, so wird es das Denken dort, wo gedacht werden muß, nicht stören.»*

Weil Groddeck kein üblicher Wissenschaftler, Arzt, Dichter ist, sondern ein zu spät geborener Schamane, geraten ihm die Rollen durcheinander, da er keine spielt, sondern er selbst zu bleiben sucht. Er ist ein besessener Arzt und hilft, wo es nur geht, ohne Rücksicht auf seine Kräfte. Selbst Freud hat er eingeladen, sein Karzinom in der Marienhöhe behandeln zu lassen. Er kann den inspirierten Dichter nicht verstummen lassen und hat Mühe, von einem wissenschaftlichen Kongreßpublikum ernst genommen zu werden. Er schützt sich mit Ironie, mit ständiger Selbstkritik und bleibt doch ungeheuer verletzlich. Am wohlsten fühlt er sich, wenn er alles anders und doch ganz richtig machen kann. So mit einem Patienten, der sich für schwer herzkrank hält, allen Genußmitteln abschwört, nicht mehr schlafen kann und keinen Schritt mehr tut, weil er fürchtet, der Herzschlag treffe ihn:

> «Zunächst habe ich sehr ernsthaft und eindringlich mit ihm gesprochen ...» (aber es ist nicht wichtig, zu erwähnen, was gesagt

* G. Groddeck, Lebenserinnerungen, in: Der Mensch und sein Es. A.a.O., S. 282.

wurde; wichtig ist die bildhafte Szene – W. S.) «Dann sind wir zur Kur übergegangen: wir haben ihm, der sich selber eine strenge Herzdiät verschrieben hatte, bei einem netten Abendessen zu dritt den schwersten Pfälzerwein unseres Kellers vorgesetzt, und dann kam ein Kaffee, in dem der Löffel fast aufrecht stehen konnte, und dazu uraltes Schwarzwälder Kirschwasser und Havannazigarren. Und als wir voll der süßen Gaben waren, haben wir ihn zu Bett geschickt, und er hat herrlich geschlafen …»*

Solche Kuren machten Groddeck ebensoviel Spaß wie seinem Lehrer Schweninger, der seit 1881 Leibarzt des Reichskanzlers Bismarck war und diesen an eine üppige Tafel gewöhnten Patienten (den seine Ärzte als krebskrank aufgegeben hatten) durch eine von ihm persönlich überwachte Diät aus Salzheringen und Brunnenwasser heilte. Auch hier hätten es statt der später berühmt gewordenen Bismarckheringe (die damals das Armeleuteessen schlechthin waren) wohl auch andere Diätumstellungen getan. Wichtig war, daß Schweninger das Vertrauen des berühmten Patienten gewann und eine Diät durchsetzte, die ein Symbol für einen radikalen Neubeginn war. So wurde der totgesagte Kanzler wieder lebendig. Schweninger und Groddeck wandten ähnliche paradoxe Verfahren oft an – Engländer mußten bis abends fasten, Deutsche statt ihres Milchkaffees morgens ein Steak und Käse essen, die Kranken sollten zu den ungewöhnlichsten Zeiten schlafen oder arbeiten, Muskeln und Nerven gebrauchen, die sie nie geübt hatten.

Dieses Konzept setzt voraus, daß *wirklich* der Kranke, nicht die Krankheit behandelt wird (und nicht nur ein Lippenbekenntnis zu diesem Vorgehen gemacht). Daß heißt, daß die Regelhaftigkeit verlorengeht, welche das Wesen der herkömmlichen Professionen ausmacht und in der Medizin durch die na-

---

* Groddeck, Lebenserinnerungen, a. a. O., S. 322 f.

turwissenschaftliche Ideologie verstärkt wird. Groddeck besteht darauf, daß jeder Arzt an sich selbst den Neubeginn erfährt, den er dann seinen Kranken vermitteln soll. Die Heilung hat eine künstlerische, keine wissenschaftliche Grundlage. Er beschreibt, wie er ebenfalls Salzheringe als Diät verordnete, solange er Schweninger nicht verstand, weil er ihn wörtlich nahm. Um wirklich selbständig zu werden, war es notwendig, eine eigene Initiation zu vollziehen. Auch das ist schamanistisch, ist künstlerisch: die persönliche Vision, die der Heiler von keinem anderen erfahren kann und die erst seine Lehrzeit abschließt. Groddecks Kritik an der formalisierten medizinischen Ausbildung haben wir bereits zitiert. Sie ist keine irrationalistische Wissenschaftskritik, sondern eine Aufforderung, den *Vorrang* der Kunst vor der wissenschaftlichen Spezialisierung und Reduktion wiederherzustellen. Noch zwei Gesichtspunkte ergänzen die Vermutung, daß Groddeck deshalb keine Nachfolger unter den Ärzten fand, weil er persönlich dafür war, die Professionalität aufzulösen: seine Kritik an der Überschätzung der Medizin und seine Ablehnung einer formalisierten psychoanalytischen Ausbildung.

Wenn heute wachsende Arztzahlen dadurch Arbeit und Brot finden, daß die Behandlungsbedürftigkeit der Kranken ständig wächst, ist Groddecks Überzeugung so unzeitgemäß wie eh und je, daß mindestens drei Viertel aller Krankheiten von selbst heilen und darin durch Behandlung allenfalls gestört werden können. Als Gewährsmann zitiert Groddeck neben Schweninger den Chirurgen Nußbaum, der sagte: «Die meisten Wunden heilen von selbst, auch wenn Sie sie mit Kuhdreck verbinden, eine gewisse Zahl heilt aber nur, wenn sie mit peinlicher Sauberkeit behandelt werden.»* Weitere 15 Prozent der

* G. Groddeck, Verdrängen und heilen. München (Kindler) 1974, S. 96.

Krankheiten bessern sich überhaupt nicht, gleichgültig welche Behandlung man anwendet. Es bleiben also 10 Prozent, bei denen die ärztliche Behandlung wirklich eine Rolle spielt. Entsprechend gering schätzt Groddeck die Bedeutung der ärztlichen Approbation – sie ist kein Beweis für ärztliche Tauglichkeit, ihr Fehlen kein Gegenbeweis.

«Der Arzt, der behandeln will, wirklich behandeln will, muß kindlich sein; je mehr er Kind ist, um so besser wird ihm sein Werk gelingen ... Ich möchte wünschen, daß unter meinen Zuhörern viele aus eigener Überzeugung meine Meinung von der Überlegenheit des Kindseins dem Erwachsensein gegenüber teilen. Um aber allen verständlich zu sein, kann ich die Formel wählen, daß die Hilfsmittel der Behandlung die gesamte Persönlichkeit des Arztes sind, wohlgemerkt die gesamte Persönlichkeit, wie sie eben nur beim Kinde zu finden ist oder in den Zeiten, in denen man wieder Kind ist. Solche Zeiten kehren täglich bei jedem Menschen wieder, aber wir kennen sie nicht, weil wir uns selbst so wenig kennen.»*

Die Schamanen müssen sich in Trance versetzen, durch den Schlag der Trommel, den Tanz oder durch berauschende Pflanzen. Groddeck sagt: kindlich. Er meint einen ähnlichen Zustand, in dem die Gebrochenheit des reflektierenden Alltagsbewußtseins verwandelt ist. Das Kind kann seine Träume, Rollenspiele, die Inhalte seiner inneren Welt für wahr halten. Kindlich sein, aus dieser Kindlichkeit heraus handeln – das ist die Aufhebung von Professionalität *und* die wahre ärztliche Kunst. Kleists Phantasie vom verlorenen Paradies, das auf dem Umweg um die ganze Erde herum wieder erreicht werden kann, paßt zu dieser Vorstellung.

Groddeck hat vermutet, daß die Psychoanalyse eine methodische Möglichkeit bietet, diese Kindlichkeit wiederzuerlan-

* Groddeck, Verdrängen und heilen. A. a. O., 1974, S. 105.

gen. Aber er hatte auch seine Zweifel. Sicher, der Arzt, der an der Psychoanalyse vorbeigeht, der sie gar ablehnt, hat sich des besten Hilfsmittels beraubt. Er ist wie einer, der Blutungen grundsätzlich durch heißes Öl behandeln will. Jetzt kann jeder den Weg gehen, «der bis zu Freud nur den Kindern und den kindlich phantasiebegabten Erwachsenen gangbar war»* – aber Groddeck setzt auch hinzu, daß «nicht jeder weit auf dem Wege kommt»**.

Groddeck zweifelte daran, daß die Lücken, welche eine akademisch-naturwissenschaftlich verblendete Medizin in der Persönlichkeit des Arztes aufreißt, durch eine psychoanalytische Belehrung geschlossen werden können. Zwar hielt er die Analyse für sehr nützlich, für das Beste, was es gab. Aber er war sich des Widerspruchs bewußt, der durch die akademische Perfektionierung der Analyse entstand. Das zeigt seine Diskussion mit Sandor Ferenczi über die Frage der analytischen Ausbildung, vor allem über den Sinn der Lehranalyse.

Groddeck und Ferenczi waren befreundet. Sie besuchten sich gegenseitig und «behandelten» jeder den anderen auf seine Weise. Ferenczi wollte Groddeck überzeugen, eine «richtige» Analyse zu machen. Bei einer Selbstanalyse werde man vom Unbewußten gerade an den wichtigsten Punkten irregeführt: Zuviel Kraft sei nötig, um die kritische Distanz zu behalten, die «Siedehitze der Übertragung» fehle, die verbesserte Wiederholung der seinerzeitigen Erziehung sei nur in einer Zweipersonensituation möglich.***

«Nach meiner Ansicht», erwidert Groddeck, «ist der Hauptanalysator das Leben selbst, und was wir Ärzte dabei

---

* A. a. O., S. 106.
** A. a. O., S. 106.
*** Brief von S. Ferenczi vom 11.10.1922, zit. n. Groddeck, Der Mensch und sein Es. Wiesbaden (Limes) 1971, S. 447.

tun, ist meist eine armselige Selbstüberhebung. Wir sind willenlose Instrumente, deren sich das Leben, zu irgendwelchen nie zu enträtselnden Zwecken, bedient. ... Nun sehe ich aber nicht ein, warum mich das Leben nicht ebenso gut als Instrument zu meiner Analyse wie zu der eines anderen gebrauchen sollte ... Mir kommt es so vor, als ob die Wissenschaft in dem Moment aufhört, in dem sie in eine Regel verwandelt, ein Gesetz wird. Der Prozeß des Gesetzemachens ist nach meiner Meinung in unserem Spezialfach schon so weit fortgeschritten, daß wesentliche Dinge nicht mehr von den überzeugten Analytikern entdeckt werden können, sondern nur von den Zweiflern, zu denen ich Freud, Dich und mich rechne. Freud ist durch seinen unseligen Glauben an die absolute Notwendigkeit des Taufens, der Namengebung gehemmt, macht es aber wett durch sein Genie. Du hast davon auch genug, aber bist auf die Anerkennung eingestellt und bemerkst nicht, daß der große Hut des Erwachsenen, der dessen verdummtes Haupt umgibt, damit nur ja nichts hineinkommt oder herausgeht, für uns Kinder ein Spiel ist.»*

Das Kind, den Erwachsenen überlegen und doch ohnmächtig ihnen gegenüber: so sieht Groddeck seine Situation, die des Künstlers in einer von Bürokraten beherrschten Welt. Und dieses Kind weigert sich, die Segnungen der Erziehung zu begreifen. Der Satz Ferenczis, die Analyse sei eine Wiederholung der seinerzeitigen Erziehung, findet Groddecks schärfste Kritik: Er sei ein «böser Satz ... Ja, darauf läuft es leider hinaus, aber wir machen das nicht, weil es gut ist, sondern weil wir eitel

---

* Groddeck an Ferenczi, 12.11.1922, zit. n. Groddeck, Der Mensch und sein Es, a. a. O., S. 116. Es ist der einzige Brief an Ferenczi, von dem Groddeck eine Kopie anfertigte, der Rest der Korrespondenz ist verloren.

sind, und wir stiften oft Unheil mit unserem Erziehen.»* Vor allem für die selbsternannten Lehranalytiker aus der ersten Generation der psychoanalytischen Bewegung hat Groddeck nur Spott übrig – da sind sie selber allesamt nach ihren eigenen Ausbildungsmaßstäben nicht ausgebildet, nicht analysiert, aber sie betonen, daß jeder Aspirant von ihnen lernen muß, was sie selber nicht verstanden haben.**

* Groddeck an Ferenczi, a. a. O., S. 116.
** A. a. O., S. 117.

8 Radikale Symbolik

> Denn das unbewußte Es, nicht der bewußte Verstand
> schafft die Krankheiten. Sie kommen nicht von au-
> ßen als Feinde, sondern sind zweckmäßige Schöp-
> fungen unseres Mikrokosmos, unseres Es, genauso
> zweckmäßig wie der Aufbau der Nase und des Au-
> ges, die ja auch vom Es geschaffen werden.
>
> Georg Groddeck*

Groddeck war, mehr als Freud und unvergleichlich ausgepräg-
ter als unsere modernen Psychosomatiker, ein praktischer
Arzt. Um ein Urteil über seine Gesichtspunkte zu gewinnen,
scheint es mir daher sinnvoll, von einem praktischen Beispiel
auszugehen und an ihm Groddecks Einsichten und Widersprüche zu veranschaulichen. So wäre wohl auch sein eigenes
Vorgehen gewesen. Eine Voraussetzung dafür ist, daß wir
Groddecks Fallgeschichte glauben. Es gibt Zeugnisse von Zeitgenossen, daß Erfolge wie der beschriebene für ihn keine Sel-
tenheit waren.**

Eine Frau mittleren Alters kommt zu Groddeck. Seit 18 Jahren
leidet sie an chronischen Gelenkentzündungen. Zur Zeit des Be-
handlungsbeginns sind Handgelenke, Finger und Ellbogengelenke
fast gebrauchsunfähig. Die Kranke muß gefüttert werden. Beide
Beine sind völlig steif. Wegen der Kinnbacken-Gelenkserkran-
kung kann die Patientin nicht kauen. Sie kann den Kopf nicht dre-

---

* G. Groddeck, Das Buch vom Es. Frankfurt (Fischer-TB) 1979,
S. 39.
** Vgl. O. Jägersberg, Georg Groddeck. Bühl-Moos (Elster-Ver-
lag) 1984.

hen und die Arme nur bis Schulterhöhe heben. «Sie war, wie sie in einer Anwandlung von Galgenhumor sagte, unfähig, wenn etwa der Kaiser angeritten käme, Hurra zu rufen und ihm zuzuwinken, wie sie es als Kind getan hatte.» *

Nach der Behandlung kann die Kranke wieder gehen, alleine essen, sie arbeitet mit dem Spaten im Garten, biegt die Beine, kann die Schenkel spreizen, den Kopf drehen und beugen. –

Was ist geschehen? Groddeck hat mit der Kranken auf seine Weise psychoanalytisch gearbeitet, nach ihren Einfällen gefragt, Geschichten aus seinem eigenen Leben dazugebracht, sie in seine Abendvorträge über das Es gebeten, die er immer in der Marienhöhe hielt. Er ist auf den «Familienroman» der Kranken gekommen, das heißt auf ihre in der Kleinkindzeit entstandene Vorstellung, sie sei nicht das Kind ihrer wirklichen Eltern, sondern von kaiserlicher Abstammung und nur untergeschoben. Bei dieser Arthrosis-deformans-Kranken stützte sich dieser unbewußte Familienroman auf zwei Namen – den ihres Vaters Friedrich Wilhelm und ihren eigenen, Augusta. Der Gedankengang der Patientin war: «Ich stamme ab von Friedrich Wilhelm, dem damaligen Kronprinzen, späteren Kaiser Friedrich, bin eigentlich ein Knabe, Thronerbe und nunmehr rechtmäßiger Kaiser mit Namen Wilhelm. Man hat mich gleich nach der Geburt entführt und an meiner Stelle ein Hexenkind in die königliche Wiege gelegt, das herangewachsen die Kaiserkrone als Wilhelm II. an sich riß, widerrechtlich und zu meinem Schaden. Mich selbst hat man hinter einer Hecke ausgesetzt und, um mir jede Hoffnung zu nehmen, durch Abschneiden der Geschlechtsteile zum Mädchen gemacht. Als einziges Zeichen meiner Würde gab man mir den Namen Augusta, die Erhabene.» **

Groddeck deutet sämtliche körperlichen Symptome der Patientin unmittelbar als Folge dieser Phantasie oder genauer: dessen, was das Es aus ihr macht. Aber, versichert er gleichzeitig: solche Phantasie ist nicht ungewöhnlich, ist jedem Kind eigen, das aus dem Paradies des Säuglingsalters vertrieben, den Ansprüchen der

* Groddeck 1979, a.a.O., S. 149.
** Groddeck, a.a.O., S. 150f.

130

Erziehung zum Opfer fällt. Wir alle «finden unsere Eltern zuzeiten gar nicht wert, solch vorzügliches Kind zu haben. Sie werden von uns, die wir trotz In-die-Hosen-Machens und kindlicher Schwäche die Illusion unserer Bedeutung aufrechterhalten wollen, zu Stiefeltern, Eseln und Hexen degradiert, während wir uns selbst als gequälte Prinzen vorkommen.» *

Deshalb ist es auch nicht ganz klar, weshalb nun gerade bei der Kranken solche Phantasien so ungeheuerliche Folgen haben sollen. «Das Es dieses Menschen», sagt Groddeck, «ist überzeugt oder vielmehr will sich überzeugen, daß es das Es eines rechtmäßigen Kaisers ist. Der Träger der Krone schaut nicht nach rechts und nach links, er urteilt ohne Seitenblicke, er beugt sein Haupt vor keiner Macht der Erde. ‹Also›, befiehlt das Es den Säften und Kräften des von ihm gebannten Menschen, ‹stellt mir den Kopf fest, mauert seine Wirbel ein. Schließt ihm die Kinnbacken, daß er nicht Hurra schreien kann; er hat es schon einmal getan, dem Usurpator, dem untergeschobenen Hexenkind zugejubelt und zugewinkt. Lähmt ihm die Schultern, damit er nie wieder mit erhobenem Arm dem falschen Kaiser huldigen kann; die Beine müssen steif werden, nie darf dieser erhabene Kaiser vor irgendwem knien. Die Schenkel preßt zusammen, so daß niemals ein Mann zwischen ihnen liegen kann … Noch ist kein Grund vorhanden, anzunehmen, daß das tückisch geraubte Mannesabzeichen nicht wieder wachsen könnte, daß dieser Kaiser nicht wirklich Mann werden könnte. Zeigt dem Entmannten, ihr Säfte und Kräfte, daß es möglich ist, schlaffe Glieder steif werden zu lassen, bringt ihm den Begriff der Erektion, des Steifwerdens, dadurch bei, daß ihr die Beine verhindert, sich zu biegen, zu erschlaffen, lehrt ihn, im Symbol zu zeigen, daß er ein Mann ist.»**

Dem modernen Leser mag es mit dieser Beschreibung einer Groddeckschen Heilung nicht viel anders gehen als mit den Berichten über die Heilerfolge von Schamanen, die Ethnolo-

* Groddeck, a. a. O., S. 150.
** Groddeck, a. a. O., S. 152.

gen und Parapsychologen zusammengetragen haben.* Die
Theorie wirkt unglaublich, läßt zahllose Lücken offen, scheint
wie von einem Kind erträumt: Das Es, Dämon und Homunku-
lus, schickt sich an, in einem Menschenkörper zu zaubern. Der
Arzt, der diesen Poltergeist erkennt, kann ihn durch seine be-
schwörenden Gesänge vertreiben.

Was ist so verwirrend? Die beschriebenen Phänomene wohl
nicht. Der «Familienroman», die kindliche Phantasie, von ed-
ler Abkunft zu sein, reich und begnadet, aber durch ein un-
wirtliches Geschick Stief- und Rabeneltern ausgeliefert, ist
nichts Verrücktes. Er läßt sich beobachten, Kinderpsycholo-
gen haben ihn beschrieben, aufmerksame Eltern Hinweise auf
ihn gefunden, zahlreiche Patienten ihren Analytikern davon
erzählt. Versteifte, arthritisch veränderte Gelenke sind ebenfalls nur allzu gut bekannt. Sie machen bis heute die Ärzte hilflos, obwohl Goldinjektionen (von deren Wirkungsmechanis-
mus man wenig weiß) und Cortisonpräparate heute vielleicht
den Zeitpunkt hinauszögern, zu dem eine solche Patientin an
aller ärztlichen Hilfe verzweifelt und sich eine so ungewöhn-
liche Kur gefallen läßt wie die Groddecks.

Die Verwirrung entsteht durch die Verknüpfung so getrenn-
ter Welten wie der des erkrankten Gelenks, das sein arthroti-
sches Eigenleben führt, das objektiv ist, beobachtbar, im Röntgenbild verändert, mit einer kindlichen Phantasie. Sie wird
dadurch noch vergrößert, daß Groddeck zunächst ganz sicher
auftritt und diesen Zusammenhang als Ursache-Wirkung-Ver-
bindung hinstellt, um dann diese Sicherheit wieder zurückzunehmen und aufzulösen. Sprunghaft und unberechenbar wie
die paranormalen Erscheinungen, wie Spuk und Poltergeist, ist
auch das Es. «Sie müssen nicht glauben», sagt Groddeck in den

* Viel Literatur dazu bei E. Gruber, Trance-Formation. Basel
(Sphinx-Verlag) 1982.

«Briefen an eine Freundin», «daß ich dieses Königsmärchen so glatt in der Seele meiner Klientin fand, wie ich es dargestellt habe. Es war in tausend Fetzen zerrissen, die in den Fingern, der Nase, den Eingeweiden und dem Unterleib verborgen waren. Wir haben sie gemeinsam zusammengeflickt, haben vieles mit Absicht, noch mehr aus Dummheit nicht gefunden oder fortgelassen. Ja, ich muß am Schlusse noch eingestehen, daß ich alles Dunkle – und gerade das ist das Wesentliche – beiseite geschoben habe. Denn – aber Sie müssen wieder vergessen, was ich jetzt sage – letzten Endes ist alles, was man vom Es zu wissen glaubt, nur bedingt richtig, nur richtig in dem Moment, wo das Es in Wort, Gebärde, Symptom sich äußert. Schon in der nächsten Minute ist die Wahrheit fort und nicht mehr zu finden, weder im Himmel noch auf Erden, noch zwischen Himmel und Erde.» *

Groddecks Wissen unterscheidet sich vom «naturwissenschaftlichen» Wissen in unserem vertrauten Sinn dadurch, daß es nur am richtigen Ort und zur richtigen Zeit «stimmt». Was nun der richtige Ort, was die richtige Zeit sind, das läßt sich nicht bestimmen, nicht voraussagen, sondern nur intuitiv erspüren. Daraus läßt sich schließen, daß solche Aussagen dann verwirren, wenn sie in die Strukturen einer schriftbesitzenden Kultur geraten – besonders dann, wenn die vorherrschende Macht innerhalb dieser Kultur das technisch-naturwissenschaftliche Denken ist (nicht in einer nur denkbaren, freien Form, sondern in der realen, den Zwecken der Warenherstellung unterworfenen Form, die auch unseren Umgang mit Krankheiten bestimmt).

Indem Groddeck die scheinbare Gesetzmäßigkeit aufstellt, daß jegliche Gelenkversteifung tatsächlich mit dem Kastrationskomplex zusammenhängt, begibt er sich in das Gebiet der

* G. Groddeck, Das Buch vom Es, a. a. O., S. 152 f.

physikalisch-chemischen Kausalität. Hier kann seine Entdeckung nur «verrückt» wirken. Wäre er der Schamane einer schriftlosen Kultur, dann hätte er einen sozialen Zusammenhang, in dem er seine Gedanken ohne einen Dauerkonflikt unterbringen kann. Es ginge nur um den Einzelfall, den einzelnen Kranken, zur rechten Zeit, am rechten Ort, und das Es wäre die vielfältige, den Kosmos erfüllende Macht des mythischen Systems, dessen vielfältige und widersprüchliche Überlieferungen die Philologen schon immer verwirrt haben. Andrerseits erfüllen gerade diese Widersprüche die Bedürfnisse der Menschen am besten, die in diesem System gelebt haben.

Die erlösende Wahrheit, das Es in einem Wort, einer Gebärde, einem Traum, einem körperlichen oder seelischen Symptom zu entdecken, kann nicht objektiviert werden. Die modernen Erklärungen von Heilerfolgen wie denen Groddecks oder der Schamanen laufen auf «Suggestion» oder «paranormale, psychokinetische Fähigkeiten» hinaus. Beide Erklärungen versuchen, das Unbegreifliche, Dunkle hinauszuinterpretieren. Es darf keinen Zusammenhang zwischen der poetischen Kraft einer Deutung und ihrer Wirkung geben – entweder ist es «nur Suggestion», ein irrationaler Glaube des Patienten an den Arzt, der überhaupt nichts mit den Inhalten zu tun hat, die dieser vermittelt. Oder es ist «paranormal», womit eine Dunkelheit durch eine andere ersetzt ist.

Wie aber kann eine Hilfe aussehen, die subjektive Krankheit als Botschaft zu entziffern? Der *verallgemeinerte* Gebrauch von Deutungen wie jenen Groddecks, die Umsetzung seiner Symbolspiele in ein psychosomatisches Lexikon der «Organsprache» ist keine Hilfe. Sie führt nur dazu, daß jeder Besitzer dieses Lexikons in der inneren Welt der Kranken soviel Schaden anrichtet wie ein Dynamitfischer im Meer. Die Beziehung zwischen dem Arzt und dem Kranken sollte so aussehen, daß die psychologischen Gesichtspunkte so wertfrei sind wie die organischen. Groddeck erreicht das, indem er grundsätzlich *alle* Krankheiten als Inszenierung des Es auffaßt. Es gibt keinen Unterschied zwischen den «echten», organischen und den psychosomatischen Krankheiten. Außerdem erklärt er das Es für übermächtig in beiden: im Kranken wie im Arzt. Wenn das vom Es vorgeschobene Ich, weil es dem Es gefällt, die Botschaft der Krankheit entziffern und damit sich selbst vorspielen kann, es habe dem Kranken geholfen – warum nicht? Dem Wissenden jedenfalls ist klar, daß nicht sein Ich, nicht seine bewußte Absicht dem Ich des Kranken helfen konnte – sondern ein Zwiegespräch im Dunkel, eine Botschaft von Es zu Es hat die Heilung ermöglicht, indem sie den stets vorhandenen, aber manchmal geknebelten Genesungswillen befreite. Wie der Schamane nur deshalb etwas im Geisterreich ausrichten kann, weil ihn seine eigenen Schutzgeister, die Tiere, Pflanzen, Steine oder Götter seiner Visionen begleiten, so kann auch der Arzt nur etwas ausrichten durch sein Es, das ihn lebt.

Das heißt auch, daß Groddeck von Anfang an Freuds Ziel einer Psychoanalyse – «wo Es war, soll Ich werden» – als absurde Vorstellung ablehnt, wenngleich er es dem verehrten «Professor» gegenüber nicht offen sagt. Groddeck hält das Ich überhaupt für eine aufgeblasene Größenvorstellung, einen Privatwahn, der uns vom Es eingeflüstert wird, den Ausdruck einer geistigen Verarmung, welche die ursprünglich auch dem Kind gegebene «Objektivität», die es zum Teil der Natur machte, auflöst und es verarmen läßt. «Welcher Erwachsene könnte sich solcher Objektivität rühmen … Mit anderen Worten: Jede Es-Einheit kann, wenn sie Lust dazu hat, sich selbst weismachen, sie sei eine Individualität, eine Person, ein Ich.» [*]

Dadurch entsteht ein Pandämonium der Organe und Körperteile, von denen jedes mit einem eigenen Ich ausgerüstet

[*] Groddeck, a. a. O., S. 254

wird, dem freilich erst die Berührung durch das Wort des Heilers Leben verleiht, wie dem Lehmkloß der göttliche Atem. Da gibt es das Ich der Lippe, die nicht küssen will, während das Ich des Menschen den Kuß begehrt und daher sich wundmacht und entstellt, den Penis, der mit denselben Herpes-Bläschen gegen den vom Gesamt-Ich ersehnten Beischlaf protestiert, die Gebärmutter, die eine Schwangerschaft versagt, sosehr sie vom Gesamt-Ich der Frau gewünscht wird. Wenn es gelingt, dieses Bewußtsein der Lippe, des Penis, der Gebärmutter zum Willen des Gesamt-Ichs zu überreden, dann verschwinden die Krankheitssymptome.

«Das alles ist ziemlich verwickelt», gibt Groddeck zu. «Denn wenn Sie sich vorstellen, wie die Es-Einheiten und -Gesamtheiten gegen- und miteinander wirken und wie sie sich bald hier, bald da, jetzt so und jetzt anders zusammenschließen und trennen, wie sie bald vom Gesamt-Ich Gebrauch machen, um etwas bewußt werden zu lassen und zugleich dieses oder jenes ins Unbewußte zu verdrängen, wie sie einiges dem Gesamtbewußtsein zuführen, anderes wieder bloß dem der Teil-Ichs, wie sie wieder anderes in Kammern einschließen, aus denen es mit Hilfe der Erinnerung und Überlegung herausgeholt und dem Gesamtbewußtsein zugeführt werden kann, während der weitaus größte Teil des Lebens, Denkens, Empfindens, Wahrnehmens, Wollens, Handelns in unerforschbaren Tiefen vor sich geht, wenn Sie das alles bedenken, werden Sie eine leichte Ahnung davon bekommen, wie anmaßend es ist, irgend etwas verstehen zu wollen.» *

Groddeck ringt mit einem Problem, das später in der Psychosomatik ausgegrenzt wird: Wie hängen Sprache und Leben zusammen? Sprachgeschaffen, ist das reflektierende Bewußtsein dem Leben entfremdet. Groddecks Es-Begriff sucht

* Groddeck, a. a. O., S. 254

diese Entfremdung wieder rückgängig zu machen, aber er verhaspelt sich in unlösbaren Widersprüchen, die Groddeck nur noch ironisch brechen kann, indem er versichert, man dürfe ihm gar nicht ernsthaft zuhören. Groddeck sucht ständig, den menschlichen Organismus besser zu verstehen, und behauptet gleichzeitig, daß dieses Verständnis unerreichbar und überflüssig ist. Wenn es dem Es beliebt, bleibt die ausgefeilteste Deutung, die aufwendigste medizinische Technik wirkungslos. Wenn es dem Es beliebt, haben der Pfuscher und der Arzt Erfolg. Wieder hebt sich das Wissen selbst auf. Auch Groddeck sucht das Paradies der Kleistschen Marionette. Die Suche führt ihn zu dichterischen Inspirationen und kosmischen Visionen.

Als er zuerst entdeckt, daß die körperlichen Krankheiten etwas «bedeuten», kommt ein Rausch über ihn, «wie ich ihn nie vorher noch nachher erlebt habe. Das Symbol war das erste, was ich von aller analytischen Weisheit lernte, und es hat mich nicht wieder losgelassen. Ein langer, langer Weg von vierzehn Jahren liegt hinter mir, und wenn ich ihn zu überschauen suche, ist er voll von seltsamen Funden der Symbolik, verwirrend voll, herrlich bunt und schillernd vom Wechsel der Farben. Die Gewalt, mit der mich diese Einsicht in die Symbole umänderte, muß ungeheuer gewesen sein, denn sie trieb mich schon in den ersten Wochen meiner Lehrzeit dazu, in der organischen Veränderung des menschlichen Äußeren, in dem, was man physische organische Krankheit nennt, das Symbol zu suchen. Daß das psychische Leben ein fortdauerndes Symbolisieren sei, war mir so selbstverständlich, daß ich ungeduldig die sich aufdrängenden Massen neuer, für mich neuer Gedanken und Gefühle wegdrängte und in toller Hast die Wirkung des Symbolzeigens in Organerkrankungen verfolgte. Und diese Wirkungen waren für mich Zauberwirkungen … Ich hatte eine zwanzigjährige ärztliche Tätigkeit hinter mir, die sich – ein Erbteil Schweningers – nur mit chronischen, aufgegebenen Fällen beschäftigte.

Ich wußte genau, was auf meinem früheren Wege zu erreichen war, und ich schrieb das ‹Mehr›, das nun entstand, ohne weiteres meiner Belehrung über die Symbole zu, die ich wie einen Sturmwind über die Kranken dahinbrausen ließ.» *

Die subjektive Begeisterung Groddecks ist keine Nebensache, wie das gesteigerte Selbstgefühl jedes Wissenschaftlers, der eine Entdeckung macht. Sie gehört zu der Entdeckung selbst. Groddeck hat seine persönliche Vision, seine Sprache, seine Form gefunden. Seine Theorie hat vor allem die Aufgabe, einen freien Raum für diese immer neue, zwischenmenschliche Entdeckung des Es in der Krankheit zu schaffen. Seine Überzeugung, daß jede körperliche Krankheit eine Sprache ist, die sich unter günstigen Umständen entziffern läßt, schafft Vorbedingungen für sein praktisches Vorgehen. Aber die einzelnen Übersetzungen ergeben kein Wörterbuch. Das Wertvolle an Groddecks Einsichten geht in dieser Regelhaftigkeit verloren, wie das Entscheidende an einer Dichtung in der Übersetzung verlorengeht.

Es gibt nur wissenschaftliche, keine poetischen Wörterbücher. Dichtung entzieht sich den lexikalischen Bedeutungen. Die Diskussion innerhalb der Psychosomatik, ob es eine «Organsprache» oder einen «Organdialekt» gebe, krankt daran, daß hier Wissenschaftler über ein poetisches Thema diskutieren, ohne zu wissen, daß sie es tun. So verwickeln sie sich in heillose Widersprüche, aus denen sie schließlich mit der armseligsten Lösung hervorgehen, die denkbar ist – weil nur sie einen wissenschaftlichen Konsens ermöglicht (vgl. S. 156 ff). Ich finde diese Armseligkeit nicht gut, aber erheblich besser als eine bürokratische Durchsetzung poetischer Prinzipien. Die nämlich ist faschistisch. Hitler und Mussolini waren beide gescheiterte Künstler, die ihren Mangel an Ausdruckskraft durch

* G. Groddeck, a. a. O., S. 243 f.

eine Karriere in einem machthungrigen Parteiapparat zu kompensieren suchten.

Groddeck ist dieser faschistische Gebrauch der Psychosomatik fremd. Er glaubte nicht daran, daß sich durch Zwang, Gewalt – auch die sachliche Gewalt von Operation und Medikament – positive Veränderungen erreichen lassen. Das entfremdete ihn einer auf Klarheit und Zweckmäßigkeit eingestellten Umwelt, selbst innerhalb der eigenen «Subkultur», der Psychoanalytischen Bewegung. Seine Begabung zu kühnen Deutungen und seine Fähigkeit, Kranken zu einem neuen Anfang zu verhelfen, ließ ihn immer wieder die Grenzen des gelehrten Wissens betonen. – So blieb er zeitlebens ein unbequemer Stachel in einer Wissenschaft wie der Psychoanalyse, die ohnedies in Methode und Theorie aus dem Rahmen der überlieferten Medizin herausfiel. Während die anderen Analytiker danach trachteten, ihr Spezialwissen zu vervollkommnen, blieb Groddeck ein Generalist. Er betonte, wie wenig ärztliches oder psychotherapeutisches Handeln sich auf sicheres Wissen stützt. Während die psychoanalytische Krankheitslehre vorgibt, in der Beschreibung des unbewußten Anteils des Ichs metapsychologisch weitergekommen zu sein, sieht Groddeck, der heute vor allem als Autor spekulativer Deutungen zitiert wird, überall unerschlossene Geheimnisse und theoretischen Aberglauben, der sich als Wissen ausgibt:

«Es ist nicht richtig, daß Erkrankungen durch Verdrängung entstehen; es muß schon noch etwas anderes dazukommen, damit die Verdrängung zum Erkranken verwendet werden kann. Was dieses andere ist, weiß niemand. Hie und da blitzt ein Lichtlein auf, aber ehe man sich dessen versieht, ist es erloschen, und man kann froh sein, wenn es nicht ein Irrlicht war, das in den Sumpf leitet. Es ist eben das Unbekannte, und es nützt nichts, ihm allerlei Namen zu geben wie Konstitution oder Vererbung oder Prädisposition: All solche Worte erwecken die Idee, es sei ein bekannter Inhalt darin, wenn man aber näher zusieht, sind es taube Früchte, deren Schale zu knacken es sich nicht lohnt. Das Geheimnis, das Es leitet alles, auch die Verdrängungen, und benutzt sie heute zu dem Zweck und morgen zu jenem und gelegentlich, oft, sehr oft sogar, um den Menschen erkranken zu lassen.» *

Auch die Behandlungserfolge deutet Groddeck anders als die analytische Gemeinde. Er lehnt es ab, zwischen symptomatisch-zudeckend und analytisch-aufdeckend-kausal zu unterscheiden. Wo grundsätzlich eine Ganzheit behandelt wird, die nur aus sich selbst gemäß ihrer individuellen Verarbeitung von Medikament, Operation, Deutung, Gefühlsbeziehung gesund werden kann, sind solche Trennungen töricht. Groddeck hält es «für eine Spielerei, wenn ein Arzt sich mit kausaler Behandlung abgibt, und für eine Anmaßung, wenn er glaubt, er könne einem Menschen dadurch dauernd helfen, für alle Zukunft oder auch nur für kurze Jahre, daß er ihn ‹durchanalysiert›» **.

Das ist ein wesentlicher Gesichtspunkt, weil er die übliche Pseudo-Klarheit, was nun «symptomatisch» und was «kausal» sei, als Fiktion entlarvt. Wer zum Beispiel eine Blinddarmentzündung mit Schmerzmitteln behandelt, gilt als Pfuscher, da er symptomatisch mit einem Leiden umgeht, das kausal durch einen chirurgischen Eingriff beseitigt werden kann. Aber tatsächlich wissen wir viel zuwenig, um diese Unterscheidung treffen zu können. Viele Blinddarmentzündungen (Schweningers Grundsatz von den 95 Prozent aller Krankheiten, die keinen Arzt brauchen, dürfte auch hier anzuwenden sein) heilen spontan. Einige lassen sich wohl auch psychotherapeutisch beeinflussen. Nur in ganz wenigen Fällen läßt sich – um in Groddecks Sprache zu reden – ein besonders hartnäckiges Es nur durch das Skalpell des Chirurgen beeindrucken. Der Chirurg,

* Groddeck, a. a. O., S. 276.
** Groddeck, a. a. O., S. 280.

der Psychoanalytiker, der Praktiker, der Kamillentee und kalte Umschläge oder Pfefferminztee und eine Wärmflasche verordnet – sie alle behandeln symptomatisch. Nur eine blinde Überschätzung der Technik kann darauf bestehen, dann eine «ernstzunehmende, da kausale» Behandlung zu erkennen, wenn nachher der entzündete (oder auch nicht entzündete) Appendix im Einmachglas vorgewiesen wird.

Ähnlich kritisch muß die Bedeutung der Diagnose gesehen werden. Groddeck hält sie für eine in den meisten Fällen bedeutungslose Tändelei, die freilich vom Publikum hoch geachtet wird. Bei den 95 Prozent aller Krankheiten, die kein ärztliches Eingreifen brauchen, ist sie sicherlich überflüssig. Beim Rest ist sie notwendig, aber nicht in dem physikalisch-chemischen Sinn, der ihr üblicherweise gegeben wird. «Eine annähernd richtige Diagnose kann heutigen Tages bei den fünf Prozent untersuchungswürdiger Objekte nur unter Verwendung der psychoanalytischen Methode gestellt werden; so wie es jetzt auf den Universitäten getrieben wird, ist es eine Schande. Die Universitäten sind samt und sonders dreißig Jahre hinter der Wissenschaft zurück …»*

Groddeck hat das «Es» der Krankheit mit einer Palette von Sprachformen beschrieben, die von Spaß und Ironie über Roman und Krankengeschichte bis zum religiösen Bekenntnis reichen. Mir scheint, daß ohne diesen auch in der zwischenmenschlichen Auseinandersetzung «ganzheitlichen» Ansatz die Rede von der Behandlung des ganzen Menschen inhaltsleer bleiben muß. Die Naturwissenschaft erfaßt nicht den ganzen Menschen. Eine Psychoanalyse, die sich in den Betrieb der Naturwissenschaften einfügt, muß ebenfalls diese Chance verlieren. Groddeck hat in der Analyse noch eine Quelle religiöser Begeisterung gesehen; ihre medizinische Anwendung sei dem-

* Groddeck, a.a.O., S. 281.

gegenüber eher ein weniger wichtiges Arbeitsfeld. «Sie ist ...
der gangbare und unbedingt zu begehende Weg zur Erforschung des Menschen und damit zur Erholung der Welt, und
sie ist der gangbare Weg für jeden, um den Haß zu verlernen
und die Liebe zu erlernen. Sie ist trotz ihres Ursprungs identisch mit dem Verfahren dessen, der sich des Menschen Sohn
nannte, vielleicht sogar wegen ihres Ursprungs.» * Das Haupt-
ziel der Psychoanalyse ist also nichts Geringeres als die «Erlösung des Menschen», hierzu ist es auch nötig, Verdrängtes bewußt zu machen. Die medizinische Anwendung ist viel enger:
sie soll dazu dienen, die Widerstände des Kranken gegen die
Genesung, gegen sich selbst, gegen seine Mitmenschen zu beseitigen. Dann können die natürlichen Heilungstendenzen gegen die Widerstände die Oberhand gewinnen. «Ärztliche Behandlung ist Widerstandsbehandlung. Verwendet man dabei
die Psychoanalyse, was oft im Interesse des Kranken, immer
im Interesse des Arztes liegt, da er nur auf diesem Wege zur
Zeit bis zur Höhe des erreichbaren Wissens und Könnens ge-
langen kann, so geschieht es nicht, um Verdrängungen zu lösen, dem Bewußtsein zugänglich zu machen, sondern nur, um
die bestimmten Arten des verdrängten Materials, die die Genesung verhindern, aus der Enge, in der sie sich befinden, zu erlö-
sen.» **

Der Medizin ist die Vorstellung von der «Erlösung» und Be-
kehrung, von der lebensgeschichtlichen Umkehr durch die
Krankheit, oder besser: durch die subjektive Verarbeitung einer
in der Krankheit enthaltenen Botschaft verlorengegangen. Solche Erlebnisse werden an das Publikum von Sektierern verwie-

---

* Groddeck. a. a. O., S. 278. Gemeint ist der «jüdische» Ursprung
– Groddeck ist ein Antipode von C. G. Jung, der an eine «arische»
gegenüber der «jüdischen» Tiefenpsychologie glaubte.
** G. Groddeck, a. a. O., S. 279.

sen. Die Schamanen haben abgedankt, zu deren Initiation noch eine eigene Krankheit und ein durch sie bewirkter Neuanfang gehörte. Aber die Fähigkeit dazu ist nach wie vor in jedem Menschen vorhanden. Sie schlummert und wird durch die Abtretung des Körperbewußtseins an die diagnostische Maschinerie der Labor- und Strahlenmedizin und ihre Pseudoobjektivität verschüttet, die das Gesundheitsgefühl durch jährliche «Vorsorgeuntersuchungen» ersetzen will. So spendet die Technik den Trost über Verluste, die sie selbst zufügt, wie Alkohol das Schuldgefühl des Trinkers beschwichtigt, das ihn wegen seiner Abhängigkeit plagt.

9 Antipsychosomatik?

Antipsychiatrie, Antipädagogik – soll ihnen jetzt noch eine Antipsychosomatik folgen? Solche Bewegungen drücken eine heilsame Antithese aus, laufen jedoch Gefahr, einen praxisfernen Idealzustand zu konstruieren. Wer mit jener Menschengruppe umgeht, die nach allgemeiner gesellschaftlicher Auffassung «psychiatrisch behandelt» oder «erzogen» werden sollte, entdeckt bald, wie wenig hilfreich solche Verneinungen bleiben. Das Problem ist ähnlich komplex wie die Entkolonialisierung: Durch Rückzug der Europäer läßt sich der ursprüngliche Zustand einer zerstörten Kultur nicht wiederherstellen.

Meine Kritik an der Psychosomatik liegt darin, daß sie den ganzheitlichen Ansatz verliert, wenn sie ihn einer Medizin, der er insgesamt fehlt, wieder künstlich zusetzt, wie synthetische Vitamine einem denaturierten Nahrungsmittel.

Die Wurzel dieser Entwicklung liegt darin, daß Standesinteressen mächtiger waren als die Kritik, die der technisch-naturwissenschaftlichen Medizin in der Psychoanalyse erwuchs. Viele Analytiker gaben diesen kritischen Standpunkt für ihre Anerkennung als Vertreter einer medizinischen Spezialdisziplin preis. Sie schlossen einen Kompromiß mit den «Organikern», der so aussieht, daß zum Beispiel eine «bessere Zusammenarbeit zwischen Psychiatern und Internisten» als Ziel bestimmt wird. Ist sie erreicht, ist die Psychosomatik weitergekommen. Merkwürdigerweise herrschen in solchen Annahmen Gesetze der Magie. Der Internist *ist* die Organmedizin, der Psychiater *ist* die Seele, beider Ehe verwirklicht die Psychosomatik. Spezialisten sind Organe des Kosmos, ihre Harmonie garantiert die Harmonie der Gegenstände, die sie durch ihre beruflichen Interessen definieren. An die Stelle des

«Psychiaters», der in der amerikanischen Literatur die Interessen des Psychoanalytikers angeblich vertritt, läßt sich durchaus auch «Diplom-Psychologe» oder «Psychotherapeut» setzen. Viele Psychosomatiker haben Psychologie studiert und benützen deren quantitative Methode, um ihre Gesichtspunkte so zu verpacken, daß sie der naturwissenschaftlichen Medizin schmackhaft werden. Es wird argumentiert, als gälte es, trojanische Pferde zu bauen und verzuckerte Pillen zu verabreichen.

«Die Psychosomatische Medizin war gleichsam die Dragierung, um die bittere Pille Psychoanalyse der akademischen Medizin genießbar zu machen», schrieb Alexander Mitscherlich 1962 an Helmut Thomä.* Adolf-Ernst Meyer, Leiter der Psychosomatischen Abteilung am Krankenhaus Hamburg-Eppendorf, erzählt das so: «Wir präsentierten da unsere vorläufigen Ergebnisse und hatten dabei auch eine Abbildung, auf der mit verschieden hohen Säulen die Auswertung eines Persönlichkeitstests dargestellt war. Auf einmal hörte ich, wie die beiden endokrinologischen Oberärzte sich zuraunten: Donnerwetter, das ist ja wie ein Chromatogramm der Seele. Sie fühlten sich also an die Analysemethoden bei Hormonbestimmungen erinnert, und da wurde mir klar, wie wichtig es sein würde, Forschung in dieser Weise zu betreiben. Das war zumindest in jenen Jahren so, als die psychosozialen Fächer noch nicht etabliert waren. Aber ich glaube, das gilt auch heute noch. Weil sonst die Gefahr besteht, daß man der Handaufleger vom Dienst ist für hoffnungslose Fälle. Oder so eine Art medizinischer Seelsorger, der noch ein bißchen Menschlichkeit vermittelt, aber die eigentliche Medizin machen natürlich die anderen. Erst wenn man den Klinikern zeigt, daß man von Ver-

* Zit. n. J.-P. Stössel, Wenn Pillen allein nicht helfen. München (Knaur) 1984, S. 140.

suchsplanung und Statistik viel mehr versteht als sie, dann haben sie das Gefühl, daß der Psychobereich mindestens so kompliziert ist wie das, was sie machen, und seine eigenen Regeln hat.» *

Solche Äußerungen zeigen die Situation der Psychosomatiker sehr deutlich. Es gilt, der Gefahr auszuweichen, die in dem Vermitteln von «ein bißchen Menschlichkeit» liegt, während andere «die eigentliche Medizin machen». Man muß die Wissenschaft in eine Waffe zur eigenen Legitimation schmieden, imposante Statistiken, Testergebnisse, graphische Darstellungen liefern, damit man mithalten kann. So werden auch von «Psychosomatikern» Menschen in eine Sache, einen Forschungsgegenstand verwandelt, deren lebendige Gefühle dann nicht mehr erfaßt werden können. Unter dem Druck tatsächlicher oder imaginärer Anpassungs- und Karrierevorstellungen hat die Psychosomatik ihren alternativen Anspruch zugunsten einer halbherzigen Anerkennung von seiten der Organmedizin preisgegeben.

Jede andere Entwicklung hätte den Machtkonzentrationen unseres Wissenschafts- und Verwaltungssystems widersprochen. Groddeck müßte heute sein Sanatorium schließen. Die Kassenbürokratie wäre nicht an seinen Heilerfolgen, sondern an seiner Qualifikation interessiert. Da hat ein wilder Analytiker keine Chance. Die Entwicklung unseres Gesundheitswesens ist persönlichen Lösungen feind. Die Herrschaft der Apparate ist so weit gediehen, daß eine Unterwerfung unter die üblichen Legitimationsrituale der Wissenschaft oft unvermeidlich scheint. Aber heißt das, daß man die kritische Position preisgeben und wie ein gutergezogenes Kind die Rute küssen muß?

Für den Kranken hat diese kritische Position, so hoffe ich,

* A.-E. Meyer, zit. n. Stössel, a. a. O., S. 254 f.

eine befreiende Wirkung. Wenn die Psychosomatik den objektiven Anspruch der Naturwissenschaft übernimmt, ihre irrationale Erwartung, mit harten Fakten Mensch und Welt «in den Griff» zu bekommen, dann entstehen Folgen, die aus der Wohltat eine Plage machen. In die letzten Freiräume persönlicher Regression werden Kanäle gegraben, um Sümpfe trockenzulegen, wird das Dickicht gerodet, um Kontrolle und Bürokratie zu erweitern. Die Krankheit ist nicht mehr Schicksal, sondern Aufgabe, Leistung, die beurteilt wird. Besserwisser machen sich zu schaffen. Subjektivität ist, was durch die Objektivierung verlorengeht – Objektivierungen wie diese Untertitel einiger Kapitel des Buches «Heilerfolge der psychosomatischen Medizin»*: «Patienten mit peptischen Geschwüren hungern oft nach Liebe», «Patienten mit Dickdarmgeschwüren stecken voll unterdrückter Wut», «Arthritis-Patienten opfern sich auf, um andere zu beherrschen», «Schuldgefühle und Furcht können die Menstruation, den Geschlechtsverkehr und die Niederkunft beeinträchtigen», «Die Männlichkeitswahn-Ressentiments gegenüber Frauen können zu Impotenz und Sterilität führen», «Gibt es die Krebspersönlichkeit? Auf Grund von Untersuchungen scheint sicher, daß Verzweiflung und Suggestibilität die Anfälligkeit für bösartige Geschwüre steigern...»

Nun scheint es relativ leicht, solche populären Vereinfachungen abzuwehren und sie als unwissenschaftliche, journalistisch aufgemachte Psychosomatik abzutun. Aber gerade in diesen vereinfachten, aber durchaus korrekten Zusammenfassungen psychosomatischer Studien spiegelt sich die Neigung der psychosomatischen Medizin zur Pseudonaturwissenschaft. Naturwissenschaftliches Wissen hat in unserer machtbesessenen Zivilisation ein überwältigendes Prestige. Der hin-

* H. u. M. Lewis, München (Kindler) 1975.

haltende Widerstand vieler Patienten gegen die psychosomatische Medizin, über den sich unsere Legitimationskünstler beklagen, hängt damit zusammen, daß kein Kranker seine Subjektivität jemandem anvertrauen will, der sich ihrer objektivierend bemächtigt. Da glaubt er schon lieber an den Zufall, die Erbanlagen, die Viren oder Bakterien, den natürlichen Verschleiß. Da läßt er sich Medikamente verschreiben (die bekanntlich zu rund 50% der Verordnungen nicht genommen werden), die symbolisieren, daß seine Subjektivität zwar nicht verstanden, aber wenigstens in Ruhe gelassen wird.

Dokumentation:

Ein Brief

Die Subjektivität des Kranken erschließt sich nur einer anderen Subjektivität. Eine Beziehung muß entstehen, in der ausgesprochen werden kann, was an Hinweisen auf das Unbewußte auftaucht. Vertrauen und Geborgenheit sind notwendig, um die Offenheit zu schaffen, alles zu nehmen, was gefunden wird. Die Macht des Forschers, des Therapeuten (beide Rollen fallen in der Psychoanalyse zusammen) darf sich nicht gegen die Subjektivität des Gesprächspartners richten und versuchen, sie mit vorgefertigten, «objektiven» Deutungen zuzudecken und zu unterwerfen. Sie sollte einen schützenden Kreis um beide Beteiligte legen, der sie wie der magische Ring einer verschollenen Zauberei vor dem störenden Einfluß äußerer Mächte schützt.

Als Beispiel für das Scheitern dieses Dialogs zitiere ich (mit Erlaubnis des Autors, für die ich mich an dieser Stelle bedanke) einen Brief, der mich im Juni 1983 nach der Publikation eines Vorabdrucks meiner Überlegungen zur «Ökotherapie» in der Zeitschrift «Natur» erreichte. Ich finde diesen Brief aus zwei Gründen wichtig: erstens weist er auf die Gefahr hin, die in einer Zeit zunehmender Umweltverschmutzung und wachsender Anstrengungen, diese Gefahren zu verleugnen und zu bagatellisieren, von einer «psychosomatischen»Erklärung ausgehen kann, und zweitens zeigt dieser Brief, wie der Dialog zwischen dem Kranken und den psychosomatisch orientierten Ärzten entgleisen kann, sobald objektivierende Machtausübung (und sei es nur in der scheinbar harmlosen Form der Besserwisserei) wirksam wird.

Ich habe damals in meiner Antwort Herrn L. vorgeschlagen,

sich doch einmal persönlich mit Prof. W. zu unterhalten, um eine günstigere Ausgangssituation für eine wirkliche Klärung zu schaffen. Ich hielt es für fruchtlos, das erbetene Tribunal zu gründen und sein Urteil abzuwarten.

Jürgen L.

8700 Würzburg, den 22. Juni 1983

Sehr geehrter Herr Schmidbauer,
ich bitte darum, Sie zu einem mich persönlich betreffenden Problem um Rat fragen zu dürfen, das, wie ich meine, mit manchen Fragen eine Ähnlichkeit aufweist, die Sie in Ihren Artikeln behandeln.

Vorgeschichte: ich arbeite als biologisch-technischer Assistent (Elektronenmikroskopie) seit über fünfzehn Jahren an der Universität W. und habe mir in den letzten drei Jahren eine so heftige Allergie gegen Labortiere und Chemikalien zugezogen, daß ich an einen anderen Arbeitsplatz (Institut für Astronomie) versetzt werden mußte.

Die Auseinandersetzung mit der Verwaltung und der Berufsgenossenschaft um diese Versetzung ist allerdings noch nicht abgeschlossen.

Diese Allergie ist sehr heftig und bereitet mitunter sehr unangenehme Beschwerden (besonders die Reaktion gegen Schwefelverbindungen!), so daß mir vom behandelnden Arzt empfohlen wurde, die psychotherapeutische Beratung (im gleichen Hause) aufzusuchen, weil diese in manchen Fällen zu einer Besserung des Gesundheitszustandes beitragen soll.

Ich war bei vier dieser Gespräche; da ich aber keinen Zusammenhang zwischen den Gesprächen und meiner Allergie erkennen konnte und mir nicht klar wurde, wie diese mir weiterhelfen sollten, bat ich darum, die Gespräche abzubrechen.

Dabei wurde ich von dem Psychotherapeuten gebeten, im Hörsaal vor Studenten zu schildern, wie meine Allergie entstanden ist und welche Einstellung ich dazu habe.

Bei dieser Veranstaltung war auch Herr Prof. X. (Vorstand des Instituts für Psychotherapie an der Universität) anwesend.

1. Entstehung der Allergie. Bei der arbeitsmedizinischen Untersuchung wurde festgestellt, daß ich kein Atopiker bin; die Allergie wurde im Beruf erworben. Bei einer Arbeitsplatzuntersuchung hat sich im Belüftungssystem ein «lüftungstechnischer Kurzschluß» ermitteln lassen. Mein Zimmernachbar hat eine ähnliche Allergie wie ich bekommen; es ist vorgekommen, daß es Mitarbeitern so schlecht wurde, daß sie sich übergeben mußten.

2. Einstellung zur Allergie. Mich wundert immer wieder, wie rasch ich mich nach einer allergischen Reaktion, selbst nach einem anaphylaktischen Schock, erholen kann, wenn es nur erst einmal gelingt, dem Allergen auszuweichen. Ich bin daher skeptisch, eine Allergie einfach als Krankheit abzutun (wobei ich mich natürlich um eine Definition «Krankheit» drücken muß). Ich vermute eher, daß auch eine Allergie zunächst nur ein Abfragen unseres Immunsystems auf Fremdstoffe ist, wobei dieses Abfragen sicherlich ein sehr komplexes Geschehen darstellt und daher möglicherweise auch die «Empfindlichkeit» dieser Abfrage, wie so viele biologische Systeme, einer Verteilungsfunktion folgt. Dann wäre der Allergiker vielleicht einfach jemand, dessen Abfrage auf Fremdstoffe eben auf der empfindlichen Seite dieses Systems liegt (in der Mitte wären dann die «Normalen», auf der anderen Seite die «Bullen»).

Ich habe auf ausdrückliches Befragen auch erklärt, daß es mich ärgert und bedrückt, wie die Allergiker durch medikamentöse und psychotherapeutische Behandlung «ruhiggestellt» werden sollen, während niemand danach fragt, welchen Schadstoffbelastungen wir am Arbeitsplatz und der sonstigen Umwelt ausgesetzt sind.

Wenn es stimmt, daß diese Umweltbelastung und auch die Allergien noch weiter zunehmen, dann wären Allergiker vielleicht so etwas wie ein Frühwarnsystem.

Problem: Darauf stand Herr Prof. X. etwas erzürnt auf und erklärte kategorisch etwa folgendes:

Hier sehe man ganz einfach, wie ein naturwissenschaftlich orientierter Patient eine psychisch verursachte Erkrankung einfach wegdiskutieren kann; er meint, meine Erkrankung sei durch berufliche Schwierigkeiten bedingt und ich solle nur zu ihm zur psychotherapeutischen Behandlung kommen und könne hinterher sogar wieder an mein Elektronenmikroskop.

Herr Prof. X. hat vorher nie mit mir gesprochen, verteidigen konnte ich mich auch nicht, denn er ging nach seiner Erklärung sofort weg; daher hat mich seine apodiktische Erklärung, besonders vor vollem Hörsaal, sehr betroffen gemacht.

Natürlich sind biologische Vorgänge sehr komplex, und bei «physiologischen und/oder biochemischen Mustern», die schließlich in einer Allergie gipfeln, erwarte ich geradezu, daß sie mit charakteristischen «psychologischen Mustern» korrelieren.

Ich selbst halte mich für einen «empfindlichen» Menschen, aber diese Empfindlichkeit hat auch ihre Vorteile: in vielen Lebensbereichen betrachte ich sie geradezu als Geschenk.

Erstaunlicherweise läßt sich diese Auffassung auch bei anderen «Leidenskollegen» finden.

Nun frage ich mich, ob man den Allergiker(-«Typ») einfach aus dem Bereich der Normalität herausdrängen darf. Und das erinnert mich an die Frage, die in einem Ihrer Artikel anklingt: Wer ist nun eigentlich normal, derjenige, der vor dem Autoverkehr Angst hat, oder der, welcher gleichgültig herumkutschiert?

Die Tatsache, daß einfache chemische Substanzen in der Umwelt erhebliche Eingriffe ins Alltagsleben bewirken können, ja unter Umständen sogar lebensgefährliche Situationen bedingen, bedrückt mich viel zu sehr, als daß ich daran glauben könnte, einige Gespräche mit Herrn Prof. X. ließen den ganzen Spuk verschwinden.

Da Allergiker andererseits auf Verständnis und Unterstützung angewiesen sind, halte ich das Vorgehen von Prof. W. geradezu für gefährlich und meine, man sollte sich dagegen wehren.

Gibt es eine Art Schiedsstelle, bei der man Einspruch vortragen kann, oder kann man einen Fachmann (etwa Herrn Prof. R.) bitten, sich dazu in Form einer Veröffentlichung zu äußern?

Natürlich muß eine solche Gegenwehr Hand und Fuß haben, und dazu gehört wohl auch, daß ich und mein Anliegen auf – sagen wir einmal – Realitätsbezogenheit überprüft werden; darum möchte ich sogar ausdrücklich bitten.

Jürgen L.

10 Die Übersetzung der «Organsprache»

Im vergangenen Jahrhundert begann ein schon länger bekanntes, aber wenig beachtetes Krankheitsbild mehr und mehr Ärzte zu beschäftigen: die Hysterie. Ihre Erforschung schuf die Grundlagen der Psychoanalyse.

Geschichtlich läßt sich das Überhandnehmen der Hysterie mit der wachsenden Macht bürgerlicher Normen und der «schwarzen Pädagogik»* verknüpfen. Vor allem Frauen, aber zunehmend auch Männer hielten dem Normendruck nicht mehr stand. Freud entdeckte, welche Kräfte sich in den Schlupfwinkeln der körperlichen Krankheitszeichen versteckten. In ihnen wirkte ein Mechanismus, den er «Konversion» nannte, ein Begriff, den man bisher nur für den Übertritt von einem religiösen Bekenntnis in ein anderes verwendet hatte. Voraussetzung dieser Konversion ist die strenge, bürgerliche Moral, die allen Patientinnen der «Studien über Hysterie» gemeinsam ist.

«Dann standen sie vor dem Bette, sahen die Tote, und in dem Momente der gräßlichen Gewißheit, daß die geliebte Schwester gestorben sei, ohne von ihnen Abschied zu nehmen, ohne ihre letzten Tage durch ihre Pflege verschönt zu haben – in demselben Momente hatte ein anderer Gedanke Elisabeths Hirn durchzuckt, der sich jetzt wieder unabweisbar eingestellt hatte, der Gedanke, der wie ein greller Blitz durchs Dunkel fuhr: Jetzt ist er wieder frei, und ich kann seine Frau werden.

Nun war freilich alles klar. Die Mühe des Analytikers war reichlich gelohnt worden: Die Ideen der ‹Abwehr› einer unerträgli-

* K. Rutschky, Schwarze Pädagogik. Berlin (Ullstein) 1977.

154

chen Vorstellung, der Entstehung hysterischer Symptome durch Konversion psychischer Erregung ins Körperliche, die Bildung einer separaten psychischen Gruppe durch den Willensakt, der zur Abwehr führt, dies alles wurde mir in jenem Moment greifbar vor Augen gerückt. So und nicht anders war es hier zugegangen. Dieses Mädchen hatte ihrem Schwager eine zärtliche Neigung geschenkt, gegen deren Aufnahme in ihr Bewußtsein sich ihr ganzes moralisches Wesen sträubte. Es war ihr gelungen, sich die schmerzliche Gewißheit, daß sie den Mann ihrer Schwester liebe, zu ersparen, indem sie sich dafür körperliche Schmerzen schuf ...» *

In seinem Nachwort zu dieser Krankengeschichte stellt Freud fest, es berühre ihn eigentümlich, daß seine Berichte sich wie Novellen lesen, daß sie «sozusagen des ernsten Gepräges der Wissenschaftlichkeit entbehren», obwohl er doch so gut wie ein anderer Neuropathologe bei «Lokaldiagnosen und Elektroprognostik» erzogen worden sei. Er entschuldigt das damit, daß die eingehende Darstellung der seelischen Vorgänge («wie man sie vom Dichter zu erhalten gewohnt ist» **) mit Hilfe einiger psychologischer Formeln Einsicht in die Entstehung der Hysterie ermöglicht. Dabei weist Freud Charcots Vermutung einer «Degeneration» zurück, betont im Gegenteil die positiven Eigenschaften – Begabung, Ehrgeiz, moralische Feinfühligkeit, übergroßes Liebesbedürfnis, endlich eine «über das weibliche Ideal hinausgehende Selbständigkeit ihrer Natur, die sich in einem guten Stück Eigensinn, Kampfbereitschaft und Verschlossenheit äußert»***.

Während Charcot vor allem mit hysterischen Patienten aus

---

* S. Freud, Studien über Hysterie, Fräulein Elisabeth v. R ..., Ges. W. I, S. 222.
** S. Freud, a. a. O., S. 227.
*** S. Freud, a. a. O., S. 227.

dem Arbeitermilieu zu tun hatte, wird hier die andersartige, persönliche Beziehung Freuds zu seinen Patientinnen deutlich. Seine poetische Auffassung der Fälle – «der Gedanke, der wie ein greller Blitz durchs Dunkel fuhr» – verbindet ihn mit den kranken Frauen und prägt auch die wissenschaftlichen Begriffe. Charcot und Janet hingegen drücken die Distanz der Macht- und Standesunterschiede durch ihr Pochen auf erbliche Degeneration oder eine minderwertige Auffassungsgabe des Bewußtseins aus.

Freuds Krankengeschichte der Elisabeth von R. ist ein Beispiel für die gelungene Übersetzung einer symbolischen Körpersprache. Um sich die seelischen Schmerzen zu ersparen, die durch bewußte Auseinandersetzung mit einer unerträglichen Phantasie entstehen würden, wird die sexuelle Triebenergie in einem körperlichen Symptom gebunden. Damit büßt die unbewußte Liebe so viel an Kraft ein, daß sie leicht verdrängt werden kann.

An diesem Erklärungsversuch wird die Problematik der Grenzgängerei Freuds zwischen Dichtung und «Vorstellungsmechanik»* faßbar. Solange diese Überlegungen im Rahmen eines persönlichen, künstlerisch geprägten – das heißt ganz auf die Kreativität der augenblicklichen, zwischenmenschlichen Beziehung abgestellten – Verhältnisses stattfinden, kann die Übersetzung der Organsprache, die Auflösung der Konversion stattfinden, ohne die persönliche Integrität der Patientin (und ihres Analytikers) zu verletzen. Eine ganz andere Situation entsteht, wenn solche Übersetzungen in der Art eines Wörterbuchs oder einer «wissenschaftlichen Erklärung» verwendet werden. Dann wird aus der intimen Interaktion eine

---

* «Will man sich weiter wagen und eine Art von algebraischer Darstellung der Vorstellungsmechanik versuchen ...» Freud, a.a.O., S. 23.

Grundlage für öffentliche Kontrolle. Freud hat hier weitsichtiger geurteilt als seine Nachfolger, die nur den Mechanismus als Modell übernahmen, nicht aber die künstlerische Auffassung der Krankengeschichte. Er differenziert zwischen Autosuggestion (der alten «Einbildung» des *malade imaginaire*), Konversion und Symbolisierung. Wenn eine schmerzliche Kränkung von Frau Cäcilie als Gesichtsneuralgie («wie eine Ohrfeige») empfunden wird oder ein Stirnschmerz auf einen «durchdringenden Blick» zurückgeführt wird, dann gerät Freud in Kontakt mit der uralten poetischen Magie, in der Worte wie Pfeile treffen. Er errät, daß sich in der von seinen psychiatrischen Kollegen so verachteten Hysterie (deren abschätziges Urteil sich im Gegensatz zu Freuds Achtung auch im Sprachgebrauch durchsetzte) ein uraltes Geheimnis verbirgt. Indem die Hysterie den sprachlichen Ausdruck wörtlich nimmt, den «Stich ins Herz» bei der Liebesenttäuschung, den «Schlag ins Gesicht» bei der kränkenden Anrede wie ein wirkliches Ereignis empfindet, verletzt sie nicht die Konvention, sondern belebt Empfindungen, denen auch der sprachliche Ausdruck erst seine Berechtigung verdankt.

«Wie wahrscheinlich ist es nicht», sagt Freud weiter, «daß die Redensart ‹etwas herunterschlucken›, die man auf unerwiderte Beleidigung anwendet, tatsächlich von den Innervationsempfindungen herrührt, die im Schlunde auftreten, wenn man sich die Rede versagt, sich an der Reaktion auf Beleidigung hindert?»* Gegenüber einem abgeschwächten Sprachgebrauch, der zum körperlichen Empfinden keine unmittelbare Beziehung mehr hat, setzt Freud die Hysterie (= Poesie) in das Erbe einer urtümlichen Sprache ein, in der die Menschen noch lebten, was sie sagten. Denn «die Hysterie tut recht daran, wenn sie für ihre stärkeren Innervationen den ursprünglichen Wort-

* S. Freud, a. a. O., S. 251.

sinn wiederherstellt. Ja, vielleicht ist es unrecht zu sagen, sie schaffe sich solche Sensationen durch Symbolisierung; sie hat vielleicht den Sprachgebrauch gar nicht zum Vorbilde genommen, sondern schöpft mit ihm aus gemeinsamer Quelle.» *

Während Freud den künstlerischen Charakter seiner Krankengeschichten eher als zufälliges Beiwerk sieht, halte ich ihn für ebenso wichtig wie den Inhalt. Er enthält den Versuch, wieder zu verknüpfen, was seit Jahrhunderten getrennt ist und immer weiter auseinanderfällt: Kunst und Wissenschaft, Emotion und Rationalität, «Seele» und «Geist» **. Genau mit diesem Grenzgebiet hat die Psychosomatik zu tun – mit einer viel älteren Welt, in der das heute Getrennte noch ineinander überging und Schamanen auf ihrer poetischen Geisterreise die irgendwo gefangene Seele befreiten.

Freuds Epigonen haben versucht, diesem Problem trockener beizukommen, ja es wegzuerklären. Ein gutes Beispiel dafür ist die psychosomatische Grundsatzerklärung von Franz Alexander, in der er Freuds bildhaften Ausdruck vom «rätselhaften Sprung», der bei einer hysterischen Konversion vom Seelischen ins Körperliche führt, als unglücklichen Mißgriff abtut. Tatsächlich sei dieser Sprung vom Seelischen ins Körperliche nicht rätselhafter als bei irgendeiner anderen motorischen Innervation, bei einer willkürlichen Bewegung oder beim Lachen und Weinen. Damit wird Freuds poetische Geste zu einem «wir wissen es noch nicht, aber wir werden es herauskriegen» rationalisiert. An die Möglichkeit, daß bei diesem Versuch das Entscheidende verlorengehen kann, denkt Alexander nicht. «Es ist selbstverständlich», sagt er mit erhobenem Zeigefinger,

* S. Freud, a. a. O., S. 252.
** Ludwig Klages, Der Geist als Widersacher der Seele. Leipzig (Barth) 1929. – Vgl. Hans Kunz, Martin Heidegger und Ludwig Klages. München (Kindler) 1976.

«daß seelische und körperliche Vorgänge in demselben biologischen System stattfinden und nur zwei Aspekte desselben Vorgangs sind, daß psychologische Phänomene in ihrer psychologischen Kausalität mit speziellen psychologischen Methoden untersucht werden sollten und körperliche Phänomene mit den entsprechenden Methoden der Physik und Chemie.» *

Das Geheimnis ist gebannt und vertrieben. Psychosomatische Forschung befaßt sich mit Ereignisketten, in denen sich bestimmte Glieder beim gegenwärtigen Stand unserer Kenntnis leichter mit psychologischen als mit physiologischen Methoden untersuchen lassen. Das liegt nur daran, daß die Hirnfunktionen, welche mit den Gefühlen zusammenhängen, noch nicht genügend genau erforscht sind. Soweit Alexander. Freud hat ähnliche Erwägungen angestellt. Er spricht davon, daß man in Zukunft einmal alle metapsychologischen Vorgänge in physiologische Begriffe fassen wird.** Aber während Freuds Sprache, seine dichterischen Vergleiche und neugeschaffenen Begriffe zeigen, daß sich der Novellist gegen den Neuropathologen behaupten konnte, ist bei Alexander die Übermacht der objektivierenden Begriffsbildung eindeutig. Folgerichtig gibt er es auch auf, die psychosomatischen Erscheinungen zu verstehen. Er reduziert sie, überläßt Freud und Groddeck die Konversion und öffnet sich selbst das weite Feld der «vegetativen Neurosen». Hilfsmittel ist eine primitive Verdinglichung.

«Im Fall der emotional verursachten Blutdrucksteigerung», sagt Alexander etwa, «heißt Psychogenese nicht, daß die Kontraktion der Blutgefäße durch einen nichtkörperlichen Mecha-

* F. Alexander, Grundzüge der psychosomatischen Forschung. In: G. u. A. Overbeck (Hg.), Seelischer Konflikt – körperliches Leiden. Reinbek (Rowohlt) 1978, S. 47.
** Im «Abriß der Psychoanalyse», Ges. W. XVII.

nismus bewirkt wird. Die Wut selbst besteht aus physiologischen Prozessen, die irgendwo im zentralnervösen System ablaufen. Die physiologische Wirkung der Wut besteht aus einer Kette von Reaktionen – darunter auch der Blutdrucksteigerung –, von denen jedes Glied theoretisch zumindest mit physiologischen Termini beschrieben werden kann.» *

Was ist ein «nichtkörperlicher Mechanismus?» Worte können sicherlich Wut «bewirken». Was heißt es andererseits, daß die Wut «aus physiologischen Prozessen besteht»? Besteht sie daraus, wie ein Satz aus Wörtern oder wie ein Auto aus Metall und Kunststoff? Wird ein Physiologe, der die Neurochemie der Wut erforscht, jemals etwas finden, was seinem Wut-Affekt entspricht (falls er ihn nicht längst im Dienst seiner Forschungsleistungen in einen meßbaren Bluthochdruck umgesetzt hat)? Einer meiner Freunde, ein angesehener physiologischer Forscher, der sich jahrelang abmühte, mit feinsten Elektroden und einer aufwendigen elektronischen Apparatur die Tätigkeit lebender Zellen zu untersuchen, war sich ganz sicher, daß er auf diesem Weg niemals zu einer Erkenntnis kommen würde, die ihm angesichts seiner Hypochondrie und seiner psychosomatischen Beschwerden weiterhelfen kann. Vermutlich hat Alexanders Ergebenheitsadresse an die Physiologie eine ähnliche Aufgabe wie A.-E. Meyers graphische Darstellungen (vgl. S. 145 f). Sie soll es erleichtern, die Psychosomatik der Medizin einzugliedern, nicht sie ihr dialektisch entgegenzusetzen.

Im Begriff der Konversion sind zwei zentrale Lebenserscheinungen angesprochen: die Sexualität und die Symbolik. Beide hängen eng mit den gesellschaftlichen Umgangs- und Sprachformen zusammen. Die vorherrschende Gefühlsunterdrükkung wurde poetisch verdeutlicht, indem Freud, Groddeck und

* Alexander, a. a. O., S. 47.

Ferenczi beschrieben, wie die körperlichen Symptome der Hysterie zugleich eine menschliche Ursprache und eine tiefe sexuelle Bedürftigkeit des Menschen «bedeuten». Ferenczi und Groddeck vermuteten sogar, daß die körperlichen Symptome immer auch zeigen, daß der betroffene Körperteil zum Genitale (oder einem Kastrationssymbol) gemacht wird. Alexander räumt mit solchen unordentlichen Vorstellungen auf. Er trennt säuberlich zwischen willkürlich gelenkten Muskeln, Nerven und Sinnesorganen einerseits, unwillkürlich-vegetativ gesteuerten Organen andererseits. Die Konversion ordnet er dem willkürlichen System zu. Die meisten psychosomatischen Krankheiten, setzt er hinzu, entstehen ganz anders, als es die Analyse der Konversion zeigt. Sie haben keine subjektive, persönliche Bedeutung. Sie sind die physiologischen Begleiter eines Dauerzustandes, zum Beispiel unterdrückter aggressiver Spannungen.

Eine sexuelle Erregung, deren normaler Befriedigungsweg versperrt ist, wird durch eine andere motorische Erregung – beispielsweise Krämpfe, die den Sexualakt nachahmen – ausgedrückt und zumindest zum Teil auch abgeführt. Diese Umwandlung findet bei der «vegetativen Neurose» nicht statt. Die körperlichen Prozesse sind kein Ersatz-Ausdruck einer unterdrückten Emotion, sondern normale physiologische Begleiterscheinungen derselben, die Emotion selbst in der Körper-Welt. Daher entlasten sie die verdrängte Wut auch nicht, sondern begleiten sie, bis der Organismus dieser Dauerbelastung nicht mehr standhält. Erledigt in der Konversion der Körper etwas für die Psyche, so kann er in der vegetativen Neurose nur noch unter den Lasten leiden, die sie ihm aufbürdet. Die Symptome des Hochdrucks zum Beispiel ersetzen die emotionale Spannung nicht, sondern sind ein untrennbarer Bestandteil des Gesamtphänomens der Wut.

Alexander nimmt der Krankheit ihren Ausdrucksgehalt:

Abgesehen von dem seltenen Sonderfall der Konversion ist die psychosomatische Erkrankung dadurch entstanden, daß chronische Spannungen den Organismus überlasten, ähnlich wie ein Autofahrer mit falschen Fahrgewohnheiten früher oder später Motor und Getriebe ruiniert. Weil der zivilisierte Mensch im Gegensatz zu seinen primitiven Ahnen nicht den Gegner sofort nach der Beleidigung verprügeln oder vor ihm fliehen kann, kann er die vegetativen Begleiterscheinungen seiner Wut nicht loswerden. Die Magenneurose (Gastritis, peptisches Geschwür) drückt ebensowenig wie der Bluthochdruck eine emotionale Spannung aus. Sie begleitet den unterdrückten Wunsch, gefüttert zu werden. Dieser wiederum entsteht, weil die Kranken reifere Formen dieses Bedürfnisses – wie den Wunsch nach Liebe und Anerkennung – nicht ausdrücken können, weil sie unter gesteigerten Scham- und Schuldgefühlen leiden. Das Magengeschwür selbst ist weder ein Konversionssymptom noch eine vegetative Neurose, ergänzt Alexander. Es ist das somatische Endergebnis einer längerdauernden Störung, das nichts mit einer Emotion, mit symbolischem Wunschausdruck oder einer Selbstbestrafung zu tun hat.

Ich will hier nicht untersuchen, ob diese Theorie richtig oder falsch ist. Wahrscheinlich läßt sich keine eindeutige Antwort finden. Die Unterscheidung zwischen «willkürlichen» und «vegetativen» Nervenerregungen, auf der das ganze System beruht, ist von der Neurophysiologie her angreifbar, vor allem aber unter dem Aspekt des Unbewußten, das Neoanalytiker wie Franz Alexander kaum mehr erwähnen. Für Freud gehört es zu den wesentlichen Eigenschaften des Es, daß es zum Leiblichen hin «offen» ist und körperliche Vorgänge auf jeder Ebene ihrer Organisation beeinflussen kann. Alexander billigt dem Unbewußten, das für ihn mit dem Verdrängten identisch ist, nur Einfluß auf die willkürlich innervierten neuromuskulären und sensorischen Systeme zu. Indirekt, auf dem Weg über einen emotionalen Dauerstreß, können auch andere Organe beeinflußt werden. Damit ist die symbolische Entzifferung der körperlichen Krankheit in allen Fällen belanglos, in denen es sich nicht um eine Konversion handelt. Die von Freud und von Groddeck versuchten symbolisch-sprachlichen Zugangswege zur subjektiven Krankheit werden auf diese Weise verlassen, das Geheimnis wird aus dem System verbannt und durch eine Mythologie des Vegetativums ersetzt. Die Krankheit verwandelt sich aus einem persönlichen, kreativen Akt in ein Produkt anonymer, körperlicher Gesetze. Das Ärgernis der nicht übertragbaren Bedeutungen ist damit aus der Welt, die nicht lexikalisch, sondern nur poetisch und persönlich in die wortgebundene Sprache übersetzt werden können.

Trotz des Bekenntnisses zur Leib-Seele-Einheit ist Alexanders für die psychosomatische Theoriebildung einflußreiches Konzept dualistisch. Die chronischen emotionalen Zustände der neurotischen Persönlichkeitsstruktur wirken auf das vegetative Nervensystem. Objektivierbare Physiologie wird von objektivierbarer Psychologie beeinflußt. Das Es-Gespenst steht selbst in dem kleinen Reservat der Konversion, das ihm scheinbar überlassen wird, unter strenger Aufsicht – nur ein «genau definierter emotionaler Inhalt» – so Alexander* – darf in ihm symbolisch ausgedrückt werden. Aber haben die so ausgerüsteten Psychosomatiker wirklich bessere Aussichten, das Dunkel zu erforschen? Oder versammeln sie sich nur wieder unter der Laterne, unter der auch die naturwissenschaftlichen Mediziner stehen, und bilden sich nur ein, sie seien zu neuen Einsichten vorgedrungen, während sie tatsächlich zu den alten Absicherungen zurückgekehrt sind? Sie haben das nur subjektiv zu erschließende Bedeutungsfeld verloren, in dem Körper und Sprache aufeinander wirken.

* Alexander, a. a. O., S. 51.

Der Verlust an Bedeutungsfülle, den Alexanders Konzept der psychosomatischen Krankheit enthält, hängt damit zusammen, daß eine insgesamt objektivierende, machtgeprägte Wissenschaft mit Übersetzungen wie jenen Groddecks nicht umgehen konnte. Groddeck und Freud haben Organdialekte entziffert, keine Organsprache. Aber ihre Schriften lassen diese Unterscheidung nur für jenen zu, der sie auch als Arbeiten eines Dichters liest.

Der Organdialekt, die schriftlose Kommuniktion, nicht festgelegt, von Augenblick zu Augenblick neu entstehend, kann zwar verstanden werden, aber nicht in den Deckeln eines Lexikons eingefangen. Unsere gegenwärtige soziale Welt ist den Dialekten feindlich. Sie begünstigt die Schriftsprache bis hin zur Digitalisierung. Dialekte werden ausgerottet, solange sie leben; nostalgisch wiederbelebt und konserviert, wenn sie am Aussterben sind. Wo eine Schriftsprache untergeht, mühen sich Generationen von Gelehrten, wie beim Etruskischen, den ägyptischen Hieroglyphen oder der kretischen Lineare. Die Dialekte der Primitiven verschwinden indes im Einheitsbrei des amerikanischen Englisch und Spanisch oder des Pidgin der pazifischen Inselwelt. Nicht viel anders verstummt der Dialekt der subjektiven Krankheit unter der Diktatur lexikalischer Sprachregelungen. Er verschwindet wie Kornblumen und Mohn aus dem nach den Gesetzen des wissenschaftlichen Ackerbaus behandelten Getreidefeld.

11 Der Hintereingang zum Paradies: Schritte zu einer Theorie der subjektiven Krankheit

Müßten wir wieder von dem Baum der Erkenntnis essen, um in den Stand der Unschuld zurückzufallen?

Heinrich von Kleist*

Als unentbehrliche Mindestvoraussetzung für die Psychotherapie muß der Therapeut auf die Überzeugung verzichten, daß er die Wege des Lebens, des Glücks und der Lust kennt und daß seine Aufgabe darin bestünde, den Patienten auf diese richtigen Wege zu bringen. Im Gegenteil, er hat mit dem, der sich ihm anvertraut, jeweils spezifische Wege zu entdecken, die sich wahrscheinlich von den eigenen unterscheiden und vielleicht sogar ihnen entgegengesetzt verlaufen. Seine Aufgabe besteht folglich nicht darin, beim Patienten zu zerstören, was ihn, den Therapeuten, überrascht, sondern zu erforschen, weshalb er sich daran stößt oder darüber ärgert.

Lucien Israel**

* Uber das Marionettentheater, zit. n. K. M. Schiller (ed.), H. v. Kleist. Leipzig 1926, S. 342, III. Band.
** Lucien Israel, Die unerhörte Botschaft der Hysterie. München (Reinhardt) 1983, S. 268.

Der gegenwärtige Trend wissenschaftlicher Darstellungen in Richtung eines immer höheren Abstraktionsniveaus scheint mir mehr dem Schutz der Therapeuten als dem Bedürfnis der Leidenden zu dienen.

Eckart Sperling*

Die verlegene und hilflose Selbst-Erklärung «Ich weiß schon, es ist (nur) psychosomatisch» war ein Ausgangspunkt unserer Überlegungen. Die verlorene subjektive Krankheit wird dadurch doppelt unauffindbar gemacht, daß ihr Verlust verleugnet und die Suche nach ihr anonymen Mächten («der Psychosomatik» oder «den Psychotherapeuten») anvertraut werden. Der Kontakt, den Therapeuten zu den subjektiven Krankheitsvorstellungen ihrer Patienten haben, wird selten genauer untersucht. Krankengeschichten werden in der Sprache der Therapeuten geschrieben. Selbst wenn sie von «Laien» verfaßt würden, wäre der Leser vor ihren Anpassungen an die therapeutischen Sprachregelungen nicht geschützt. Als Schriftsteller, der «auch» Psychoanalytiker ist, versuche ich die Theorien, die ich mir über meine eigenen Erkrankungen mache, genauer zu beschreiben und mit dem zu verbinden, was ich aus Behandlungen erfahren und in der Literatur gefunden habe: Bausteine zu einer subjektiven Theorie der subjektiven Krankheit.

* Eckart Sperling, Familien mit chronischen Leiden. In: Familiendynamik 8, 1983, S. 44.

Resomatisierung

Während meiner eigenen Analyse hatte ich mir angewöhnt, meine körperlichen Beschwerden – die mitgebrachten und die während der Arbeit auf der Couch auftretenden – in die freien Einfälle aufzunehmen. Mein Analytiker nahm mich ernst, tröstete mich, klärte auf (indem er beispielsweise mein Bauchweh nicht mit einer Blinddarmentzündung verband, die ich fürchtete, sondern auf Luftansammlungen im Darm zurückführte, worauf es allmählich verschwand). Einmal sagte er: «Was wir seelisch nicht bewältigen können, das schieben wir in den Körper. Und der macht es dann brav, bis er es nicht mehr verarbeiten kann, und dann wird er krank.» Ich fand diesen Satz sehr nützlich: ein Anstoß, auf die Suche zu gehen und vielleicht die unterdrückten Gefühle zu finden, die mein Körper für mein bewußtes Ich erledigte.

Dieser Satz ist keine Theorie der subjektiven Krankheit, sondern ein Hinweis, der auch für objektivierende Betrachtungen verwendbar ist. Für die Theorie der subjektiven Krankheit ist es sehr wichtig, daß sie nicht den gewohnten, objektivierenden Anforderungen an eine wissenschaftliche Theorie entspricht. Sie soll kein System von Aussagen sein, die auf möglichst viele Erscheinungen gesetzmäßig zutreffen. Es geht vielmehr darum, die subjektiven, poetischen Ausdrucksformen zu erleichtern und zu schützen, die in unserem gegenwärtigen Krankheitsverständnis bedroht und vielfach unterdrückt sind. Ich will nun einige Modelle vorstellen, die mir in diesem Zusammenhang nützlich scheinen.

Progression und Regression

Die Aussage meines Analytikers faßt das Modell der «Resomatisierung» anschaulich (und vereinfacht) zusammen. Dieses Modell hängt mit der Auffassung zusammen, daß jeder seelische Zustand in einem Spannungsfeld von Progression und Regression steht und von diesem bestimmt wird. Für jede Untersuchung unseres Lebensgefühls ist diese Spannung von Progression und Regression entscheidend wichtig. Unter Progression sind dabei die mit Leistung und Anpassung, das heißt mit Kontrolle und Überlegung, verbundenen Tätigkeiten zu verstehen, unter Regression die Welt der Gefühle, des Traums, der Rauschzustände, der kindlichen Triebhaftigkeit. Die Wortwurzeln von «Vorschreiten» und «Zurückkehren» weisen darauf hin, daß beide Begriffe nicht von der sozialen Umwelt unabhängig sind: Sie legt fest, was als «progressiv» anerkannt, was als «regressiv» geduldet, getadelt oder auch erwünscht wird.

Wie Wachen und Schlafen, Einatmen und Ausatmen hängen im Zustand ungestörter Gesundheit Progression und Regression in einer Balance zusammen, die dem physiologischen Gleichgewichtszustande (der Homöostase) vergleichbar ist. Aber diese Balance gilt auch für lebensgeschichtliche Zeiträume. Nur das Kind, das Kind sein durfte, kann erwachsen werden, ohne von kindlichen Bedürfnissen bedrängt zu werden, die durch übermäßig starre, fassadenhafte Erwachsenheit kontrolliert werden müssen. Die Feindschaft zwischen Progression und Regression führt dazu, daß (wie im Fall der Arbeitsstörungen) die regressiven Tagträume eine progressive Leistung verhindern, während umgekehrt die nagenden Gedanken an die mangelnde progressive Aktivität Schlaf und Erholung unmöglich machen. Der seelisch gesunde Erwachsene taucht aus den Intellektualisierungen und massiven Anstrengungen der Pubertät, eine progressive Fassade aufzubauen, mit einem neu gewonnenen Zugang zu seinen kindlichen Seiten auf. Er kann seine Gefühle und Schwächen wieder zulassen, weil sie seine Stärke nicht gefährden. Umgekehrt wird er um so stärker und sicherer in seinen progressiven Möglichkeiten, je deutlicher er in der Lage ist, seine angepaßte Fassade aufzugeben und in die kindliche Welt einer gefühlsbestimmten, unreflektierten Identität zurückzukehren.

Die Entwicklung der Industriegesellschaft beruht auf einem wachsenden Übergewicht der Progression. Der wachsende Einfluß der Geldwirtschaft bis hin zur Entwicklung kapitalistischer Strukturen führte dazu, daß die Kontrolle über den Verkehr mit Tauschwerten zum Mittelpunkt der Erziehung wurde. Regressive Erlebnisformen, geeignet, die kontrollierte Fassade des bürgerlichen Menschen aufzulösen und zu erschüttern, wurden geächtet und durch eine Verbindung aus Scham- und Schuldgefühlen über Regression und materiellen Belohnungen für Progression ausgeschlossen. Die hysterischen Patienten Freuds sind ein Hinweis auf die Folgen. Die Anforderungen an die progressive Fassade werden so hoch, daß die dazu notwendigen Verdrängungen nur mit Hilfe selbstschädigender Abwehrformen aufrechterhalten werden können. Lähmungen, Wahnvorstellungen, Körperkrankheiten treten an die Stelle der unterdrückten Regression. Schon die Kindheit ist Gegenstand pädagogischer Einflußnahme, nicht – wie in der feudalen Gesellschaft – ein regressiver Freiraum, in den allenfalls äußere Mächte hineinwirken. Das Dogma der bürgerlichen Gesellschaft lautet, daß arbeiten muß, wer gesund ist (und nicht so viel ererbtes oder erarbeitetes Kapital besitzt, daß dieses für ihn arbeitet). Damit wird Krankheit zum wichtigsten Raum, in dem Regression noch erlaubt ist.

Die wachsende Bedeutung der psychosomatischen Krankheiten läßt sich in diesem Zusammenhang so verstehen, daß die unterdrückte, durch die Überentwicklung der Progression aus ihrer Gleichgewichtsposition verdrängte Regression anfängt, die progressiven Fassaden zu stören. Die Gefühlswelt um Sexualität und Aggression, das Bedürfnis nach unkontrolliertem Kontakt, nach Zärtlichkeit und Ruhe lassen sich nicht unbegrenzt ausbeuten und kanalisieren, weil die bürgerliche Fassade es verlangt. Die Krankheit ist ein Kompromiß: sie lockert die Forderungen der Fassade, ohne doch diese selbst in Frage zu stellen. Die große Maschine kann ungestört weiterlaufen, wenn der Kranke nicht seine subjektive Situation erlebt, seine Identität überdenkt und verändert, sondern wenn er die Krankheit als etwas ansieht, was sich außerhalb dieser Identität objektivieren und behandeln läßt, wonach er wieder in dasselbe gestörte Verhältnis von Progression und Regression zurückkehren kann, das ihn krank werden ließ.

Erst heute ändert sich diese Lage. Das geschieht wohl nicht durch die Einsicht in die Grundstörung, auf der sie beruht, sondern eher durch die Widersprüche, die in ihr stecken und schließlich durch ihre wirtschaftlichen Folgen unübersehbar werden. Wenn die Krankheit vermiedene Regressionen verschlüsselt ausdrückt, wird sie zunehmen, je höher die progressiven Forderungen steigen. Am Ende kann der Freiraum nicht mehr unkontrolliert bleiben, wenn sein Wildwuchs die wirtschaftlichen Möglichkeiten des Ganzen zu überfordern droht und zudem deutlich wird, daß die steigenden Kosten der angeblichen «Beseitigung» von krankheitsbedingten Störungen diese in ihrer Häufigkeit nicht verringern. Je mehr Ärzte, desto mehr Kranke gibt es auch. Dieser Zusammenhang ist längst statistisch erwiesen, selbst wenn die Kostenexplosion im Gesundheitswesen nicht wäre.[*]

* Vgl. I. Illich, Die Nemesis der Medizin, Reinbek (Rowohlt) 1978.

Ich erwähne diese Zusammenhänge, weil eine kritische Gesellschaftstheorie heute Möglichkeiten bietet, daß die subjektive Krankheit sich selbst ernst nehmen kann. Was in der «Kostenexplosion» sein vorbestimmtes, jedoch verdrängtes Scheitern ankündigt, ist der Versuch, auch die Regression mit progressiven Mitteln in den Griff zu bekommen. Eine subjektive Theorie der Krankheit geht davon aus, daß der Mensch dann die besten Lösungen für sein körperliches und emotionales Gleichgewicht findet, wenn man ihn läßt, während die objektivierenden Theorien verlangen, daß etwas mit ihm gemacht wird. Das heißt, daß die objektivierenden Ansätze den Mangel an Regression und das Übermaß der Progression, welche die Gleichgewichtsstörung verursachen, durch noch mehr Progression beseitigen wollen. Es ist wie beim Wettrüsten, wo ja ebenfalls mit gigantischem Aufwand die «Sicherheitsprobleme» der Industriestaaten durch noch mehr Rüstung «gelöst» werden sollen.

Die Subjektivität der Kranken kann sich nicht entfalten, wenn sie verdinglicht, objektiviert, in ein vorgefertigtes System eingeordnet wird. Die natürliche Vollkommenheit der Balance zwischen Progression und Regression, die wir an Kindern beobachten oder während eines gelungenen Urlaubs auch noch an uns selbst finden können, hängt mit der Vollkommenheit des Lebens auf diesem Planeten zusammen. Der Mensch ist ein Ebenbild Gottes – eine Weisheit, die Berufspriester jeglicher Religion sofort vergessen, wenn sie sich anschicken, über Gerechte und Ungerechte zu urteilen, Sünden zu erfinden und Sünden zu vergeben. Die Theorie der subjektiven Krankheit soll die Entfaltung dieser Vollkommenheit unterstützen, während die objektivierende Theorie in Gefahr läuft, sie zu unterdrücken, um Macht in Teilbereichen zu gewinnen. Diese Macht ist nicht immer zerstörerisch. Sie wird es erst, wenn sie nicht mehr dem Subjekt zur Verfügung steht, sondern dieses unterwirft und benützt. Die

Selbstheilungskräfte des Subjekts sollten unantastbar sein. Ihnen gebührt eine Achtung, die heute vom Glauben an eine medizinisch indizierte Behandlung verdrängt wird, die angeblich bei jeder objektivierten Diagnose richtig ist, unabhängig davon, was das Subjekt dazu sagt oder fühlt.

Körper und Seele

Wer die subjektive Balance von Progression und Regression erkundet, kann neue Umgangsformen mit dem sogenannten Leib-Seele-Problem entwickeln. Der Körper ist auch die bürgerliche Fassade. Er muß dem Vertragspartner überlassen werden, der ihn für bestimmte Zeiten und Verrichtungen kauft. Dabei darf er das höfliche Verhalten nie verlieren, das ungestörten Arbeitsablauf verspricht. Vor dem Spiegel muß eine Miene eingeübt werden, die um so sachlicher und freundlicher wird, je höher der Betroffene auf seiner Karriereleiter klettert. Diese Objektivierung des Körpers im Dienst der «zivilisierten» Umgangsformen geht der medizinischen Objektivierung im Krankheitsfall voraus, ermöglicht und erleichtert sie.

Das bürgerliche Subjekt unterstellt sich selbst der Herrschaft der Progression und muß daher die für den progressiven Zustand typische Lösung des Leib-Seele-Problems in Theorie (von Descartes) und vor allem in der Alltagspraxis übernehmen. Es gibt den Körper und unabhängig von ihm, ihm gegenüberstehend, über ihn reflektierend, das Bewußtsein. Die regressive Lösung des Leib-Seele-Problems ist es, dieses nicht wahrzunehmen, überhaupt nicht zwischen Körper und Bewußtsein zu unterscheiden, sondern mit beidem zusammen zu erleben – wie ein spielendes Kind, wie ein berauschter Erwachsener, wie ein Verliebter.

Die kontrollierende Beobachtung, die sich aus der bürgerlichen Überschätzung des progressiven Zustands ergibt, führt zur Störung spontaner körperlicher Abläufe. Das progressive Lösungsmotto lautet: «mehr desselben». Beim Verstopften etwa führt die kontrollierende Beobachtung der Darmentleerung zur Störung, die Störung zu noch mehr kontrollierender Beobachtung, diese wiederum zu einer Zunahme der Störung. Endlich helfen nur noch Medikamente, die häufig unentbehrlich werden, weil sich der Körper zwangsläufig an sie anpaßt und nun auf einer Funktionsebene sein Gleichgewicht findet, das den «Kranken» der Pharmaindustrie ausliefert. Der Hintergrund ist, daß die bürgerliche Überschätzung der Progression den Betroffenen lehrt, sich immer unvollkommen und mangelhaft funktionstüchtig zu erleben, weil es niemals gelingt, einen Menschen in eine perfekt funktionierende Arbeitsmaschine zu verwandeln. Diese Mangelhaftigkeit schreibt er nun auch seinem Körper und seinen leibhaftigen Gefühlen zu. Er muß sie durch bewußte Aufmerksamkeit verbessern; wenn das nicht ausreichend gelingt, durch die Hilfe technischer Mittel und kompetenter Experten.

Eine Theorie der subjektiven Krankheit sollte in einer solchen Situation nicht nach progressiven Lösungen suchen, sondern Raum für mehr Regression schaffen. Der Kranke sucht dann nicht mehr nach einer äußeren Macht (dem Medikament, dem Arzt, dem Psychotherapeuten), sondern nach Wiederherstellung der ursprünglichen Vollkommenheit, nach der verlorenen Balance. Er überlegt zum Beispiel nicht mehr, was er machen muß, um die Störung loszuwerden, sondern was er lassen soll an Machthunger, Ehrgeiz, Leistungsdruck, Anspruch an sich und seine Mitmenschen.

Nichts wäre verfehlter, als die Faszination zu unterschätzen, die von progressiven Lösungen ausgeht. Die urtümliche Harmonie der Jäger und Sammler ist nur als verlorenes Paradies von höherem Wert als die synthetischen Paradiese der Konsumgesellschaft. Vor die Wahl zwischen dem Garten Eden und dem Supermarkt gestellt, entscheiden sich die Naturkinder für den letzteren. Erst wenn sie durch ihn hindurchgegangen sind, können sie aufbrechen, um den Hintereingang zum Paradies zu suchen.

Die Balance zwischen Progression und Regression, die sich zu Beginn der bürgerlichen Gesellschaft zur einseitigen Überschätzung von Triebverzicht und Kontrolle verschob, verliert in der Konsumgesellschaft ihre klare Gestalt. Mit höchstem Aufwand an progressiver Leistung werden regressive Ersatzwelten geschaffen, die das verlorene Gleichgewicht scheinbar wiederherstellen, tatsächlich aber nur den Verlust verleugnen. Psychopharmaka vermitteln progressive Kontrolle oder regressive Entspannung, scheinbar nach dem Willen der Experten und ihrer Gläubigen. Sie gefährden die Balance und betäuben die subjektiven Lösungsmöglichkeiten. Psychotherapeuten bieten subtilere Ersatzbefriedigungen mit mehr Möglichkeiten, gemeinsam mit ihren Patienten Klarheit über die gesellschaftlichen Störungen zu gewinnen, die ihre Dienstleistung notwendig machen.

Vieles täuscht vor, daß auch die Regression kontrollierbar ist. Die Traumfabriken, TV und Video, zaubern berauschende Ersatzwelten voller Sinnlichkeit und Glanz, mit vollkommeneren Gefühlen, Kampf und Liebe. Doch diese Welten sind Stück für Stück aus kontrollierten Fassaden, in höchster progressiver Anspannung zusammengesetzt. Statt die subjektiven Theorien zu fördern und in das dem progressiven Alltag fremde Reich der Regression hinein zu erweitern, lähmen sie den Konsumenten. Seine Küsse, seine Liebesgeständnisse, seine Abenteuer geraten ihm entmutigend schlecht. Statt regressive Potentiale freizusetzen, werden sie ersetzt. Die progressive Fassade wird nicht mehr periodisch in Sexualität oder Aggression aufgelöst wie eine Goldmünze in einem Schmelztiegel. Sie erstarrt und konsumiert dann unangetastet ihre eigene Auflösung auf Leinwand und Bildschirm.

Wenn Schmerz, Lähmung oder Leistungsabfall zeigen, daß ein Teil der Körperfassade zu versagen droht, richtet sich gegen diesen Teil ein Haß, der während der Aufbauphase dieser Fassade dem unangepaßten, rebellischen Kind gegolten hat. Wie das Gegenfeuer bei einem drohenden Präriebrand aus dem triebhaften Unbewußten in die Kontroll-Instanz des Über-Ich aufgenommen wird, richtet sich dieser Haß gegen eigenes und fremdes Versagen an den Anforderungen der Fassade. Dieser Haß verstärkt viele körperlichen Störungen, macht sie zu einer schlimmen Drohung und fördert die Neigung der Betroffenen, sich von ihnen zurückzuziehen, sie für unverständlich zu halten und die Sorge um sie in die Hand objektivierender Fachleute zu geben. Diese besetzen das preisgegebene Terrain und machen sich dort unentbehrlich.

Homöopathie

In den schamanistischen Krankheitstheorien, die so viel mehr Rücksicht auf die Subjektivität des Kranken nehmen, wird dieser Haß deutlich faßbar. Meist ist er nach außen verlegt: Es sind böse Zauberer oder neidische Rivalen, die Dornen, nagende Würmer oder scharfe Tierkrallen in meinen Körper geschossen haben!

In der homöopathischen Krankheitslehre ist dieser Haß verdeckt. Die schlafende Abwehrkraft des Organismus gegen Störungen in seiner Vitalität muß durch einen äußeren Stoff geweckt werden, der die innere Energie wachruft und in Bewegung setzt. Leider stopft die Homöopathie in der heutigen Praxis der «Naturheilkunde» meist nur die von den objektivierenden Verfahren gelassenen Lücken zu. Aber wenn sie noch ihre Vitalität bewahrt hat, kann die homöopathische Auffassung viel mehr von der subjektiven Krankheit zulassen als die «allopathische». Ich bin nicht von den organischen Wirkungen der extrem verdünnten Arzneimittel überzeugt, obwohl ich zu wenig davon weiß, um ein Urteil zu begründen. Aber die psychische Wirkung leuchtet mir ein, die gerade darin liegt, Schmerz und Störung nicht zu unterdrücken, sondern zu erwarten, daß sie zunächst durch das Mittel verdeutlicht und verstärkt werden. Die Homöopathie kommt der Vorstellung nahe, daß die Grundlage der Heilung in der Vollkommenheit des Organismus und in der Förderung seiner Kräfte liegt, nicht in einer Unterdrückung und technischen Beseitigung der Krankheitszeichen. Die in ihrer Paradoxie symbolkräftige Vorstellung von der starken Wirkung verdünnter Potenzen respektiert die subjektiven Geheimnisse der Krankheit mehr als viele platte psychosomatische Übersetzungen der Organsprache.

Andererseits bleibt die Homöopathie abstrakt. Sie knüpft nur stoffliche Verbindungen zwischen dem Kranken, seiner Lebenskraft und den Kräften der Arznei, die der Arzt handhabt. Dieser bleibt in seiner Rolle unangetastet. Die Beziehung des Kranken zum Arzt bleibt dunkel, ebenso wie die Haltung beider zur Gesellschaft, die das Subjekt umgibt und bestimmt.

Ähnlich wie der Haß gegen einen Liebespartner, von dem man sich abhängig fühlt, kann auch der Haß gegen die körperlich faßbare Störung des eigenen Befindens nicht ausgelebt werden. «Des freits, de Schmirzn», sagte der Bauernknecht und drückte die blutende Schnittwunde auf die glühende Herdplatte. Darin erscheint ein urtümliches Reaktionsmuster, das böse Organ zu strafen, es zu vernichten, um (in der Phantasie, gewiß nicht in Wirklichkeit) ein reines Lust-Ich wiederherstellen zu können. Aber die Einsicht in die Gefahr solcher Handlungen setzt ihnen enge Schranken. Andererseits (und wiederum ähnlich wie in der Liebesbeziehung) bleibt das Subjekt stecken, wenn es den Haß nicht ausdrückt. Das Bemühen, nur angenehme Gefühle in einer Beziehung zu erleben, führt endlich dazu, daß es überhaupt keine starken Gefühle mehr gibt. «Körpertherapie», die kochbuchartig versucht, die verschütteten leiblichen Gefühle unter Expertenanleitung wiederzufinden, krankt meist daran, daß sie von außen, kraft ihrer Autorität, ein positives Verhältnis zum Körper herstellen will und den Haß, die Verachtung (etwa gegen den alternden Organismus), die Gleichgültigkeit und den Wunsch übersieht, sich völlig passiv einem Arzt auszuliefern.

«Ich weiß ja schon, es ist psychosomatisch» drückt den Versuch aus, diesen Haß unschädlich zu machen. Die Krankheit ist des Zufälligen, aber auch des «rein Organischen», des «Konstitutionellen», «Ererbten» entkleidet und hat etwas zu bedeuten, das gar nicht mehr erlebt werden muß, weil es ja bereits benannt ist. Die subjektiven Leiden und Lösungsphantasien treten von der Bühne, das Wissen bleibt, und indem es sich selbstgewiß benennt, hebt es sich auch selber auf.

Machtfragen

Das bewußte Ich gehorcht der Gedankenmacht. Willig geht die Aufmerksamkeit hierhin und dorthin, die Wahrnehmung läßt sich lenken wie ein gut dressiertes Pferd, ich suche den Stift, das Papier, die Schriftzeichen gelingen mühelos. Aber kann ich der schmerzenden Wunde befehlen, geheilt zu sein? Dem Fieber zusprechen, daß es verschwindet? Luft frei in die verengten Bronchien strömen lassen? Der Körper hat sein eigenes Gesetz. In der Regel gilt als Krankheit, was ihn untauglich macht zum gehorsamen Werkzeug. Um so deutlicher wird dieses eigene Gesetz des Körpers, je mehr sich die geistige Grundhaltung in Richtung auf Progression und Kontrolle der Umwelt entwikkelt. Daher tauchen die Berichte über Hypnose und Suggestion, die voller unglaublicher Einflußnahmen der Seele auf den Körper sind, auch erst dann auf, wenn die Aufklärung eindeutig zwischen dem räumlichen Körper (res extensa nach Descartes) und dem denkenden Ich (res cogitans) unterschieden hat.

Die Frauen (und viel seltener Männer), welche von männlichen Forschern (viel seltener von Forscherinnen) in hypnotische Zustände versetzt wurden, konnten auf einmal Brandblasen auf unbeschädigter Haut entwickeln, wenn der Hypnotiseur es wollte. So schien die körperliche Krankheit zumindest der Suggestion unterworfen, wenn sie sich schon dem Willen entzog. Aber diese Suggestion war entweder die Auslieferung an eine fremde Macht (im Fall der Hypnose an die des Arztes oder Scharlatans) oder ein naiver Gegenzauber im Sinn des unsterblichen Émile Coué, der heute in kalifornischen Gesundheitsschulen wiederentdeckt wird: «Es geht mir von Tag zu Tag in jeder Hinsicht immer besser und besser!» Im Raunen dieser Gebetsmühle kann die Botschaft der Krankheit ebensowenig entziffert werden wie unter den Beschwörungen des Hypnotiseurs, der sich im Computerzeitalter mit «neurolinguistischem Programmieren» * beschäftigt. Weil die Maschine das vollkommenste Modell der Herrschaft des denkenden Ich über die räumliche Materie ist, werden die narzißtisch am meisten besetzten Maschinen – das Auto und der Computer – zu Modellen des Körpers.

* Vgl. S. 75 ff.

Aber der Körper ist etwas anderes als ein Auto, das man zur Vorsorgeuntersuchung (dem TÜV) bringt und in der Klinik-Werkstatt abliefert. Die Versuchung, so mit ihm umzugehen, ist heute sehr groß, weil sie dem machtorientierten System entspricht, in dem wir leben. Kann dieses System durch seine unleugbaren Fortschritte einmal «menschlich» werden? Von jeder modisch angesagten Epoche (etwa dem postindustriellen, elektronischen Zeitalter) wird verkündet, der Hintereingang zum Paradies sei gefunden. Später stellt sich heraus, daß zuviel versprochen wurde. Die Ohnmacht, mit der wir dem Versagen des Körpers in der Krankheit gegenüberstehen, empfinden wir wegen dieser dauernden Macht-Verwöhnung so heftig. An ihr versuchen auch die Psychosomatiker teilzuhaben, wenn sie die Macht ihrer Erklärungen über die subjektive Krankheit stülpen. Und wer sagt: «Ich weiß schon, es ist psychosomatisch», hofft wenigstens die Illusion der Allwissenheit zu retten, wenn er schon den Glauben an die Allmacht aufgeben muß.

Das objektive Wissen verleiht der Krankheit eine Macht, die auch das zu Eis erstarrte Wasser über Welle und Strömung ausübt. Die Subjektivität bricht sich an der Krankheit, wird aus der Bahn gelenkt, kann nur noch wehrlos um den erstarrten Schmerz, die festgelegte Verzweiflung kreisen. Besonders deutlich wird das bei den gar nicht seltenen Fällen, in denen die Kranken gar nicht an ihrer Krankheit, sondern nur an ihrer Diagnose leiden.

Ein vierzigjähriger Mann, der sich vor einigen Jahren von seiner Frau getrennt hat und in diesem Zusammenhang eine Psychoanalyse begann, beobachtet an seinem Glied eine verhärtete Stelle. Er zeigt sie seinem Hausarzt, der ein bedenkliches Gesicht macht und etwas von Induratio penis sagt (lateinisch für Gliedverhärtung). Zum Facharzt überwiesen, erfährt der beunruhigte und verwirrte Mann, daß es sich um ein Leiden handelt, das nicht «kausal» behandelt werden könne, weil man seine Ursachen nicht kenne. Immerhin empfehle sich eine Therapie mit Röntgenstrahlen. Sonst müsse er damit rechnen, daß die Beschwerden zunähmen. Der Kranke, ein gebildeter und kritischer Mann, informiert sich auch aus medizinischen Lehrbüchern. Unter Induratio penis plastica findet er die Beschreibung eines unaufhaltsamen, degenerativen Leidens; die bisherigen Therapievorschläge, weiche Röntgenstrahlen und hohe Vitamingaben, seien nicht allgemein als wirksam anerkannt.

Dieser Kranke hatte das Glück, an einen vernünftigeren Arzt zu geraten, und er hatte die Kraft (oder die privilegierte Position), so lange zu suchen, bis er ihn fand. Dieser sagte, er solle die Diagnose nicht ernst nehmen und abwarten; der Befund sei vieldeutig. Bei diesen angeblich chronischen, degenerativen Leiden gebe es zahlreiche spontane Besserungen, die nicht in den Lehrbüchern stünden. Ich beschreibe diesen Fall hier, weil er zeigt, wieviel Leid die gefrorene medizinische Objektivierung einem Kranken zufügen kann und wie bedenkenlos viele Ärzte versuchen, ihre Patienten gegen diese Objektivierungen genauso abzuhärten, wie sie selbst abgehärtet sind. Da die chronischen Leiden wenig Spielraum für das Selbstbild des Heilers geben, werden sie besonders oft zu eisiger Aussichtslosigkeit gefroren, obwohl die Erfahrung auch bei ihnen verblüffende Veränderungen zeigt.

Ein Beispiel dafür die die Fallgeschichte des amerikanischen Journalisten Norman Cousins.*

Nach einem längeren, seelisch sehr belastenden Aufenthalt in Moskau erkrankt er einer schweren Kollagenkrankheit (Spondylitis rheumatica ankylosans), die zu heftigen Schmerzen in allen Gelenken und fast völliger Bewegungsunfähigkeit führt. Die

* Norman Cousins, Der Arzt in uns selbst. Reinbek (Rowohlt) 1984.

Ärzte beurteilen die Heilungsaussichten bei der Schwere des Zustandes als äußerst ungünstig. Sie geben dem Kranken eine Chance von 1 : 500.

Angesichts dieser Bedrohung reagiert Cousins ungewöhnlich. Er fängt an, den Medizinbetrieb um ihn herum kritisch zu betrachten und eine eigene Lösung für seinen Zustand zu suchen. Zuerst versucht er herauszufinden, wie sein Leiden entstanden sein könnte. Die Ärzte wissen nicht viel darüber. Sie vermuten eine Schwermetallvergiftung oder eine schleichende Streptokokkeninfektion. Aber war es nicht eher die persönliche Situation der letzten Monate? Cousins erinnert sich an seine erschöpfenden Aufgaben als Delegationsleiter über Fragen des Kulturaustauschs und findet heraus, daß es weniger die Auto- und Flugzeugabgase waren, die er zunächst verdächtigte, als eine innere Erschöpfung seines endokrinen Systems.

So entwickelt er einen eigenen Plan, gesund zu werden, der die bisherigen ärztlichen Maßnahmen völlig auf den Kopf stellt. Er zieht sich aus dem Krankenhaus zurück, wo ihn Laborgehilfen wie Vampire ständig mit Blutentnahmen für Diagnosezwecke plagen. Er setzt alle Medikamente (er bekam u. a. 26 Aspirin- und zwölf Phenylbutazon-Tabletten pro Tag!) ab und verordnet sich Ruhe, positive Gefühle, Vitamin C. Die Ruhe ist in einem Hotelzimmer eher zu finden als in dem (dreimal so teuren) Krankenhausbett. Vitamin C läßt sich leicht besorgen und wird Cousins von einem verständnisvollen Hausarzt in Höchstdosen (bis zu 25 g/Tag über vier Stunden per Dauertropfinfusion) verabreicht. Das schwierigste Problem ist die Herstellung positiver Gefühle bei einem Patienten, dem jeder Knochen wehtut und der sich einer Zukunft als hilfloser Krüppel ausgeliefert fühlt, wenn ihn sein unbezähmbarer Heilungswille im Stich läßt.

Cousins versucht, die Medien für seine Zwecke auszunützen. Er besorgt sich einen Filmprojektor (es ist das Jahr 1964; Video wird erst entwickelt) und schaut sich Filme der Marx Brothers oder der Fernsehserie Candid Camera an (die unserer «Vorsicht, Kamera» entspricht). Er stellt fest, daß Lachen eine gute Medizin ist. Er kann zwei Stunden schmerzfrei schlafen, wenn er zehn Minuten herzlich gelacht hat.

Nach acht Tagen dieser Therapie konnte Cousins zum erstenmal wieder seine Daumen ohne Schmerzen bewegen. Die Knötchen an seinem Hals und auf den Handrücken schrumpften, nach einigen Monaten hatte er bis auf geringe Einbußen seine frühere Bewegungsfähigkeit wieder erreicht.

In dem Buch «Der Arzt in uns selbst» untersucht Cousins die eigene Krankheits- und Heilungsgeschichte. Er deckt die Hintergründe seiner unkonventionellen Entscheidung auf. Bereits zehn Jahre vor seiner nach ärztlicher Diagnose «aussichtslosen» Erkrankung hatten ihm Versicherungsärzte auf Grund eines Elektrokardiogramms geraten, jede sportliche Betätigung aufzugeben, wenn er noch länger als ein Jahr leben wolle. Cousins entschloß sich auch damals, diesen Rat zu mißachten. Fünf Jahre später erfuhr er von einem Herzspezialisten, sein Entschluß sei das einzig Richtige gewesen. Hätte er sich tatsächlich geschont und sein aktives Leben beendet, wäre er vielleicht wirklich nach anderthalb Jahren einem Herzleiden erlegen.

Die Macht der Diagnose über einen Menschen kann viel größer sein als die Macht der körperlichen Veränderungen, die sie beschreibt. Aber auch die umgekehrte Situation ist denkbar: die Macht der Gefühle, der Einstellungen wird überschätzt. Suggestion, Hypnose, Psychoanalyse können nicht alles verändern, sondern bleiben in ihrer Wirkung schwer berechenbar. Heftige Gefühle prallen gegen einen körperlichen Widerstand, den sie nicht auflösen können, obwohl objektives Wissen versucht, ihnen den Rücken zu stärken. Die modernen Patienten der Mittelschicht wissen oft, daß der Verlauf ihrer Krebserkrankung, ihres Morbus Bechterew, ihrer Asthmaanfälle oder ihrer multiplen Sklerose von der seelischen Einstellung abhängt, die sie dazu gewinnen. Aber diese positive Sicht stellt sich gerade dann nicht ein, wenn sie unbedingt vorhanden sein soll. Der überforderte Wille verzagt an einem «Ich will jetzt glücklich und entspannt sein!» Gutgemeinter Leistungsdruck tritt an die Stelle einer lebendigen Erfahrung, in der das Subjekt versucht, die Botschaften seines Körpers zu entziffern. Immer wird die Schrift des Lebens nur vor dem Hintergrund des Todes lesbar sein.

Besonders absurd, aber beliebt und angesichts der marktschreierischen Versprechungen vieler Psychotherapeuten auch berechtigt sind die Erwartungen an den seelisch-körperlichen Idealzustand dieser Übermenschen. Ich habe miterlebt, wie die «psychosomatischen» Krankheiten von Analytikern von rivalisierenden Kollegen als Beweis gegen deren Qualifikation berichtet wurden. Aufnahmeausschüsse von Instituten lehnen Kandidaten mit Magengeschwür ab, weil solche Kranken erst einmal ihr Symptom loswerden müssen, ehe sie brauchbare Therapeuten werden können (während die Lehranalytiker im Aufnahmeausschuß heilfroh sind, daß sie nicht unter dieselbe strenge Lupe geraten). Ich erzähle angesichts solcher Perfektionsvorstellungen gerne die Geschichte eines Kollegen, der es inzwischen selbst zum Lehranalytiker gebracht hat. Nach wie vor leidet er an Migräne. Zu ihm kommt ein Lehrer, der über Kopfschmerzanfälle und Depressionen klagt. Mein Freund ermutigt ihn nach dem Vorgespräch zu einer Psychoanalyse, sagt aber vorsichtig, er glaube nicht, daß die Migräne völlig verschwinden werde. Mehr Hoffnungen mache er sich in bezug auf die Depressionen. Nach einem Dreivierteljahr berichtet der Patient vergnügt, er habe jetzt seinen Notvorrat an Kopfschmerztabletten und -zäpfchen fortgeworfen, er brauche ihn nicht mehr, die Migräneattacken seien verschwunden. Der Analytiker freilich leidet nach wie vor an ihnen.

Diese Anekdote zeigt, wie Analytiker nicht darüber erhaben sind, ihren Patienten eine Vollkommenheit zu mißgönnen, die ihnen selbst versagt bleibt. Aber die Angst, man könne einen Patienten nicht von einem Leiden heilen, das man selbst nicht loswerden kann, ist unbegründet. Die Subjektivität der Kranken ist ungleich vielfältiger als die Objektivität möglicher Diagnosen und Prognosen. Wenn sie sich entfalten kann, ist sie auch mächtiger als diese. Aber die Bedingungen dazu sind oft nicht günstig. Was Kopfschmerzen angeht, so fallen mir zwei Beispiele ein, die zu der Anekdote passen. Einige Jahre später kam die Schwester des migränekranken Lehrers, den mein Kollege «geheilt» hatte, zu mir in Therapie. Auch sie litt seit vielen Jahren an quälenden Migräneanfällen, und auch sie wurde ihre Migräne los, sobald sie sich aus einer Beziehung löste, die sie seit vielen Jahren schwer belastete. Einer anderen Patientin gelang es nicht, die Kopfschmerzen loszuwerden. Sie verlor die Migräne für einige Monate. Aber in den Analyseferien kam sie wieder. Alle Einsicht in die Angst vor Abhängigkeit hinter diesem Kommen und Gehen der Migräne blieb ohne dauerhaften Erfolg. Später schrieb mir die Patientin, sie wisse inzwischen, daß die von ihr verwendeten Medikamente (krampflindernde, schmerzunterdrückende Zäpfchen) ihrerseits Kopfschmerzen auslösen und sich damit, vergleichbar den Abführmitteln, selbst unentbehrlich machen. Dadurch ist allerdings nicht begreiflich zu machen, weshalb die Migräne ein halbes Jahr nach Therapiebeginn für viele Monate spurlos verschwand und erst während der Unterbrechung durch die Ferien wiederkam.

Diese Frau wußte sehr gut, daß die Migräne eng mit ihrer Vermeidung einer sexuellen Beziehung zu einem Mann zusammenhing. Aber sie wollte an diesem Teil ihres Lebens nichts verändern, beendete die Therapie und behielt die Migräne. Ich vermute, daß sie damit auch das Wissen über die vielleicht (in bezug auf die Migräne) nützliche Veränderung in ihrem Leben wieder verloren hat und am Ende zu der Überzeugung kam, sie sei eben unheilbar (vergebliche Behandlungsversuche mit allen möglichen Medikamenten und Klinikaufenthalten waren der Psychotherapie vorausgegangen). Sie zog das Zusammenleben mit der Migräne dem Zusammenleben mit einem Sexualpartner vor.

Das klingt zynisch und ist es auch im Wortsinn einer Philosophie, die sich nicht von eindrucksvollen Fassaden blenden läßt. Wie anmaßend ist es, den Erfolg einer Therapie am Verschwinden eines Symptoms zu messen! Wir wissen zuwenig, um zu urteilen. Vielleicht wäre die Liebesgeschichte, die mir eine Alternative zur Migräne schien, so tragisch ausgegangen, daß die Migräne tatsächlich eine bessere Wahl darstellte? Vielleicht hätte die Patientin ihren Kopf verloren, wenn er ihr nicht mehr weh tat, hätte «aus Versehen» einen Autounfall provoziert oder auf sogenannt «psychotische» Weise den Verstand eingebüßt?

Wenn ich mein Auto zur Inspektion bringe, kann ich in der Werkstatt aussteigen und zu Fuß nach Hause gehen. Wenn ich meinen Körper zur Behandlung in der Klinik abliefere, muß ich drinnen sitzenbleiben, ob es mir gefällt oder nicht. Diesen Unterschied berücksichtigen unsere großen Diagnose- und Behandlungsmaschinen oft nicht. Aber in dieser Verleugnung der Subjektivität liegt ein Schutz, der verlorengeht, wenn die Klinik auch noch die Subjektivität objektivierend aufspürt und verfolgt. Weil wir unseren Körper nie loskriegen (es sei denn im Tode, und was da geschieht, ist dunkel), sind wir auch vor Überraschungen nie sicher. Keine medizinische Diagnose gilt, solange das Subjekt sie nicht übernimmt und sich ihr entsprechend verhält. Der psychosomatische Einfluß ist launisch wie ein Kobold. Einige Frauen glauben von sich, sie könnten eine Empfängnis willkürlich zulassen oder verhindern. Manche können es vielleicht wirklich. Viele steuern die Empfängnis, ohne davon zu wissen; andere sind wehrlos einer unerwünschten Fruchtbarkeit ausgeliefert, die allen Wünschen und selbst den abtreibenden Hausmitteln trotzt. Mehr noch: in verschiedenen Lebensphasen und Beziehungen kann dieser psychosomatische Zusammenhang ganz unterschiedlich gestaltet sein.

Die kinderlose Frau wird zu vielen körperlichen Eingriffen

bereit sein, ehe sie die ungewisse Klärung auf sich nimmt, ob sie denn «wirklich» empfangen will. Ein Schatten auf einem Röntgenbild, ein Hormonwert oder ein Befund im Laparoskop entlasten sie eher als die Suche nach der Symbolik des Kindes. Der Psychoanalytiker versucht zu verstehen, wie ein Schicksal von vielen verschiedenen Einflüssen bestimmt wird. Er weiß, daß dieses Verstehen manchmal hilfreich ist, oft nicht genug, aber doch immer wieder das Beste, was Expertenhilfe zu bieten hat. Der Patient will nur in seltenen Fällen verstehen. Er will Hilfe, er will haben, was ihm fehlt, nicht begreifen, auf Grund welcher Zusammenhänge es ihm fehlt.

Nur wo die technischen Lösungen versagen (oder den Zustand verschlimmern), wird das Verstehen als nützlich anerkannt. Darin drückt sich der Machtunterschied mit wünschenswerter Klarheit aus.

Laotse sagt: «Wo das Tao nicht ist, hilft die Liebe. Wo Liebe nicht ist, hilft Gerechtigkeit. Wo Gerechtigkeit nicht ist, hilft das Gesetz.» Wir leben in der Welt des Gesetzes: des naturwissenschaftlichen, das die Medizin bestimmt, und des juristischen, das den Gebrauch dieser Medizin regelt. Sollen Psychosomatiker und Organiker vor einem weißhaarigen Richter mit hölzernem Hammer um Psyche oder Soma streiten wie Staatsanwalt und Verteidiger in den amerikanischen Krimis? Das wäre die Lösung, die am ehesten dem Kampf der Psychosomatik um ihre Anerkennung als gleichberechtigtes klinisches Fach entspricht. Diese Lösung ist weder gerecht, noch bringt sie dem Kranken Gerechtigkeit. Sie ist lieblos und vom Tao unendlich weit entfernt.

Eine gerechtere Lösung würde so aussehen, daß der Kranke offen informiert wird und nun selbst entscheiden kann, in welche Richtung er gehen will. Aber dieser Versuch scheitert daran, daß die Informationen von Menschen kommen, die das Tao längst verloren haben und von Kindheit an erfuhren, daß

Leistung wichtiger ist als Liebe, Gesetz wichtiger als Gerechtigkeit. So müssen die Informationen parteiisch sein, während der Patient mißtrauisch bleibt. Sein Rückzug in die Selbst-Versachlichung seines Organismus entspricht dem Rückzug der Medizin vor der unsachlichen Subjektivität des leidenden Menschen.

Wir wissen nicht mehr, wie eine Welt aussieht und sich anfühlt, in der die Subjektivität des Kranken den Vorrang hat – so wenig, wie wir wissen, wie die fruchtbaren Ebenen unserer Erdteile zu einer Zeit aussahen, als es noch keinen Ackerbau gab und Jäger sie durchstreiften. Heute gibt es diese Kulturen nur noch in unzugänglichen Trocken- oder Eiswüsten. Auch dort sterben sie aus, obwohl die Zahl der Ethnologen rapide zunimmt, die sich gerade für diese letzten Primitiven lebhaft interessieren. Unsere eigene Kultur erlaubt uns inzwischen, über die Schäden nachzudenken, die ihre Objektivierungen anrichten. Aber das mindert deren Macht nur wenig. Gerade an den Schwierigkeiten der Psychosomatik wird das immer wieder deutlich. Wir können so wenig mit unseren seelischen Mitteln in die Geheimnisse des von Objektivierungen beherrschten Körpers eindringen, wie sich ein Jäger mit Pfeil und Bogen auf den mit Traktoren und Mähdreschern bewirtschafteten Prärien des Mittelwestens zurechtfinden würde. Ein schwer ersetzbares Gleichgewicht ist uns verlorengegangen, eine Offenheit nach innen, durch die Ohnmacht nach außen ermöglicht.

Die Maschinenmenschen

Über eine Betrachtungsweise, die das historische Problem des Verlustes und der Verarmung unserer subjektiven Krankheiten zu einem psychoanalytischen erklärt und es dann den Kranken in die Schuhe schiebt, soll jetzt gesprochen werden. Es ist das Konzept des «operativen Denkens» (pensée opératoire) der französischen Analytiker Michel de M'Uzan, P. Marty, Ch. David und M. Fain. Dieses Konzept unterscheidet zwischen dem psychosomatisch Kranken und dem Neurotiker. Die Äußerungen über den «Defekt der Phantasietätigkeit», das «Scheitern der Ich-Tätigkeit» beim psychosomatisch Kranken, der «um sich herum eine eintönige Welt ohne Charme und Offenheit» schafft, weisen auf eine neue Stigmatisierung hin, die – so sieht es de M'Uzan selbst – ein «abstoßendes Bild» ergibt, das der französische Autor damit rechtfertigt, daß es den Analytiker anleite, seine Gegenübertragung zu überwachen. Diese würde sonst dazu führen, daß der unergiebige Psychosomatiker fallengelassen wird.

Solche Vorsichtsmaßnahmen stammen aus einer Zeit, in der die Therapeuten noch durchweg aus einer reichen Palette möglicher Patienten jene aussuchen konnten, die ihren persönlichen Interessen entsprachen. Wie kommt es, daß sich diese Psychosomatiker ganz anders verhalten, als man es von dem sogenannten Neurotiker erwartet, dessen Störung zu seinem Analytiker paßt wie der Schlüssel zum Schloß?

«Im Lauf des Erstinterviews scheinen sich diese Kranken – im Gegensatz zu den Neurotikern – nicht sehr für ihre Beziehungen zum Analytiker zu interessieren, der offenbar auf eine wenig nuancierte und differenzierte Weise wahrgenommen wird; man hat den Eindruck, daß jeder beliebige Arzt ihnen dasselbe bedeuten würde. Der Kranke zeigt oft keinerlei Interesse für uns. Er wartet ganz einfach die Fragen ab, die er fast mechanisch, ohne jeglichen Ansatz zum Assoziieren beantwortet. Da er keinerlei Anstrengung macht und das Gespräch nicht spontan verläuft, muß mehrmals ein ‹energetischer Beitrag› eingebracht werden, muß man durch Fragen und Ermutigungen ein Versanden des Gesprächs verhindern.» *

Wenn ich solche Aussagen lese, frage ich mich, in welcher Welt solche Forscher leben. Gibt es für sie eine eigene, analytische Welt, in der alles um den Mittelpunkt der Person des Therapeuten kreist? In diesen Kosmos paßt nur der Neurotiker: Er ist bereit, von der Kraft seiner Übertragungen getrieben, in diesem System seine berechenbare Bahn zu ziehen. Der Psychosomatiker ist ein Irrläufer, ein Komet. Wenn ich die Perspektive wechsle, erscheint mir der Psychosomatiker, wie ihn die französischen Autoren beschreiben, eher als der normal angepaßte Mensch, der durch ungünstige Umstände in den analytischen Kosmos verschlagen wurde. Um das zu dokumentieren, stelle ich einige Zitate gegenüber, die de M'Uzans Psychosomatiker als Sonderfall des sehr viel allgemeineren «manipulativen» Typus nach Theodor W. Adorno ** erscheinen lassen.

«Das potentiell gefährlichste Syndrom, den ‹Manipulativen›, kennzeichnet extreme Stereotypie; starre Begriffe werden zu Zwecken statt zu Mitteln, und die ganze Welt ist in leere, schematische, administrative Felder eingeteilt. Objektkathexis *** und emotionale Beziehungen fehlen fast ganz.» (Adorno, a. a. O., S. 334)

* M. de M'Uzan, Zur Psychologie der psychosomatisch Kranken. In: G. u. A. Overbeck (Hg.), a. a. O., S. 171.

** Th. W. Adorno, Studien zum autoritären Charakter. Frankfurt (Suhrkamp) 1973.

*** Dieser psychoanalytische Begriff bedeutet etwa: Konzentration psychischer Energie (Libido) auf ein bestimmtes Objekt (eine Person, Sache oder Idee).

«Der Kranke verhält sich so, als wolle er den Interviewer mechanisch auf eine bloße Funktion reduzieren, womit er ja implizit die Person als solche abtut ... Um diese Situation zu bezeichnen, sprechen wir von einer ‹relation blanche›, das heißt von einer ton- und farblosen Beziehung, die übrigens nicht nur im Verhältnis zum Therapeuten sich herstellt, sondern für den Patienten allgemeine Gültigkeit hat, da er auch die Menschen seiner nächsten Umgebung wie bloße, mehr oder weniger manipulierbare Dinge behandeln muß.» (de M'Uzan, a. a. O., S. 175)

«Jedoch resultiert der Bruch zwischen innerer und äußerer Welt ... in einer Art zwanghaftem Überrealismus, der alles und jeden als Objekt betrachtet, das gehandhabt, manipuliert und nach den eigenen theoretischen und praktischen Schablonen erfaßt werden muß. Alles Technische, alle Dinge, die als ‹Werkzeug› benutzt werden können, sind mit Libido beladen. Die Hauptsache ist, daß ‹etwas getan› wird, Nebensache aber, was getan wird. Zahllose Beispiele für diese Struktur gibt es unter Geschäftsleuten und in zunehmendem Maße auch in der Schicht der aufstrebenden Manager und Technologen, die im Produktionsprozeß eine Mittelstellung zwischen dem alten Typus des Unternehmers und dem des Arbeiteraristokraten einnehmen.» (Adorno, a. a. O., S. 335)

«Der andere scheint in derselben Form gegossen wie er selbst und keine eigenen Merkmale zu besitzen. So verleiht er dem anderen sein eigenes System des operativen Denkens. Bei der Untersuchung drückt sich die projektive Reduplikation oft durch formelhafte Sätze aus wie ‹ich bin wie jedermann›, was bedeutet: ‹Jedermann ist wie ich›. Hier kommt die Unfähigkeit zum Vorschein, die Eigenschaften des Objekts zu erkennen, das Scheitern der Identifikationsversuche, die oberflächlich bleiben oder sich im mimischen Ausdruck erschöpfen.» (de M'Uzan, a. a. O., S. 178)

«Daß ‹etwas getan› wird, ist ihm so wichtig, daß er, wenn auch mit destruktiven Untertönen, sogar Personen Beifall zollt, die er andernfalls verabscheuen würde ... Die Sucht, zu organisieren, verbunden mit der fixen Idee, die Natur beherrschen zu wollen, scheint grenzenlos.» (Adorno, a. a. O., S. 338)

Ausgangspunkt von Adornos Studie war die Frage, warum Menschen totalitäre Systeme schaffen und so in ihnen funktionieren, daß Vorgänge wie die «Endlösung der Judenfrage» in Auschwitz geschehen können. Der manipulative Charakter gewinnt durch die gegenwärtige Friedensforschung bedrückende Aktualität: Rüstungsspezialisten, Strategen und viele Politiker zeigen die Überbesetzung des Faktischen, die Hemmung der Phantasie, die Unfähigkeit zur Einfühlung und die Gleichgültigkeit gegenüber den Menschen, die de M'Uzan allein den Psychosomatikern zuordnen möchte. Die Verleugnung eigener Gefühle, verbunden mit einer formelhaften Anklage hinsichtlich der «Emotionalität» oder «Angstmacherei» bei politischen Gegnern, bestimmt den konservativen Diskurs. Wer gegen Raketen oder gegen weitere Atomkraftwerke ist, sät Angst und ist deshalb böse. Die eigene Angst, zum Beispiel vor geringerem Wirtschaftswachstum, niedrigerem Stromverbrauch, einem Abfallen des eigenen Macht- und Rüstungspotentials wird verleugnet. Hochrüstung oder Atomkraftwerke sind allein deshalb gut, weil es sie gibt und weil man viel an ihnen und mit ihnen machen kann.

So läßt sich die Argumentation von Marty und de M'Uzan umkehren. Nicht das operative Denken, die Phantasie- und Beziehungslosigkeit der Psychosomatiker ist die Ursache von deren Erkrankung, sondern umgekehrt gibt die Erkrankung dem Psychoanalytiker Gelegenheit, mit «normalen» Personen zu arbeiten, die er sonst nie kennenlernen würde. Jedenfalls sind die beschriebenen Persönlichkeitsmerkmale nicht spezifisch für psychosomatisch Kranke, sondern Ausdruck einer allgemeinen progressiven Fixierung, in der Gefühl, Phantasie und liebevolle Beziehungen hinter einem erbarmungslosen Funktionszwang zurückstehen müssen.

Sicher haben viele Kranke große Schwierigkeiten, Gefühle und Wünsche offen zu äußern. Ein Teil dieser Schwierigkeiten mag durch die zum Teil recht mitleidlose Haltung bedingt sein, die manche Äußerungen der französischen Analytiker verraten. Deren Darstellung scheint mir auch deshalb sehr unvollständig, weil der Aspekt der Objektbeziehungen durch die Dürftigkeit des Kontakts zum Analytiker definiert wird. Der manipulativ orientierte Mensch greift eine klare Funktion heraus und reduziert den Analytiker auf einen Krankheitstechniker, der «etwas tun» (zum Beispiel Fragen stellen) muß. Hier ist nicht eine persönliche Deformation, sondern die allgemeine, industriell bestimmte Anpassung am Werk, die insgesamt den Gefühlsbeziehungen feindlich ist. Der psychosomatisch Kranke verrät durch sein Leiden sogar eher einen Abstand zu diesem System, eine persönliche Chance, nicht nur einen Defekt. Tatsächlich sind diese Kranken auf eine passive Weise sehr zuwendungs- und liebesbedürftig. Sie bieten einen Tauschhandel an. Ich leiste etwas, ihr sollt mich dafür lieben. Dabei werden sie meist enttäuscht, denn wirklich liebenswert ist nur der Mensch, der selbst liebt. Sie versuchen durch noch bessere Anpassung diese Situation zu bewältigen und sind dankbare Abnehmer der verschiedensten Ratgeber (bis hin zu den Psycho-Sekten).

Der Ansatz von Marty und de M'Uzan formuliert die Enttäuschung der professionellen Helfer und lädt die Verantwortung für sie den Kranken auf. Nützlicher ist Adornos Hinweis auf die hohen Prämien, die dem manipulativen Typus von der Industriegesellschaft zugebilligt werden. Hier werden die gesellschaftlichen Strukturen deutlich, deren Opfer Analytiker und Patient in gleicher Weise (aber unterschiedlicher Ausprägung) sind. Sinnvoll scheint mir der Gedanke, daß der Therapeut dem Patienten so lange seine Phantasie und seine eigene Kraft zur Entschlüsselung im Körper gebundener Wünsche zur Verfügung stellt, bis dieser selbst in die Lage kommt, sich aus dem gesellschaftlich vermittelten Anpassungsmuster so weit zu befreien, daß er seine regressiven Bedürfnisse nicht mehr selbstzerstörerisch abwehren muß. Ob das gelingt, ist in jedem einzelnen Fall unsicher. Es hängt nicht von der geschickten Technik des Therapeuten ab, sondern davon, ob eine tragfähige Beziehung zwischen ihm und dem Patienten entsteht. Diese ist nur dann lebendig und für die verschüttete Gefühlswelt belebend, wenn sie die objektivierenden Maßgaben von Therapietechnik oder passivem Reparaturanspruch transzendiert.

Man sollte erwarten, daß die Personen, welche das meiste Wissen über Krankheit und Gesundheit besitzen, auch länger leben als andere, denen dieses Wissen fremd ist. Tatsächlich ist das Gegenteil der Fall. Ein heute 40 Jahre alter Arzt hat eine um acht Jahre schlechtere Lebenserwartung als ein ebenso alter Landwirt. Dieser wird im Durchschnitt noch 80 Jahre alt, der Arzt hingegen nur 72. Er liegt damit in der Statistik unter anderen freiberuflich Tätigen (79 Jahre) und selbst unter Angestellten (77) und Arbeitern (75).*

Wie ist diese Differenz zu verstehen? Sicher wirken viele Ursachen zusammen. Eine davon ist die erhöhte Anfälligkeit für Sucht und Depression (mit Selbstmordgefahr) unter Ärzten. Aber auch wenn wir zugestehen, daß Ärzte möglicherweise bereits in der Wahl dieses Berufs belastende seelische Konflikte ausdrücken**, selbst wenn zusätzlich einbezogen wird, daß die ärztliche Tätigkeit hohe körperliche und geistige Anforderungen stellt, weist diese Zahl doch auf ein insgesamt bestürzendes Versagen des medizinischen Wissens für die Gesunderhaltung der Betroffenen hin. Das gilt auch für Patienten. Man

---

* Zit. n. «Süddeutsche Zeitung», 29.3.1985. Die vollständige Statistik erschien in der Zeitschrift «Capital», Heft 4/1985.
** Vgl. W. Schmidbauer, Die hilflosen Helfer. Reinbek (Rowohlt) 1977.

kann wohl davon ausgehen, daß Bauern seltener als Angestellte ärztlichen Rat suchen und auch medizinisch weniger informiert sind.

Günther Anders hat von einer «prometheischen Scham» gesprochen, einem Minderwertigkeitsgefühl, das den Menschen angesichts der vollkommenen, fehlerfreien Maschinen befällt. Geworden sind wir, nicht gemacht – und unter dem Gesichtspunkt maschineller Perfektion eine Fehlkonstruktion. Dieses technische Bild des Lebens kann den Sinn von Krankheiten nicht erkennen, weil es davon ausgeht, daß es der Sinn einer Maschine ist, ungestört zu funktionieren und daher ihre Konstruktion so lange verbessert werden muß, bis keine solchen Pannen mehr auftreten. Im «Industrielied» heißt es:

> «Glücklich steigt aus Automaten
> immer schöneres Gerät.
> Wir nur blieben ungeraten,
> uns nur schuf man obsolet.» *

Liegt eine Ironie des Schicksals darin, daß die Menschen, die ihre seelischen und körperlichen Fähigkeiten dem Maschinenmodell möglichst angleichen wollen, an Leiden erkranken müssen, die aller maschinenorientierten Reparaturkünste spotten?

---

* obsolet = veraltet. Zit. n. G. Anders, Die Antiquiertheit des Menschen. München 1983.

Die Rolle des Dritten

Die Beschäftigung mit der subjektiven Krankheit erfolgt in einem Dialog, den der Kranke zu seinem Körper aufnimmt. Diese Situation ist vergleichbar dem Dialog zwischen zwei Menschen über ihre Beziehung zueinander, das heißt der psychotherapeutischen Situation. Wenn der Psychotherapeut einen psychosomatisch Kranken behandelt, übernimmt der Körper die Rolle des Dritten. Er spricht eigenwillig mit, überschreitet die Grenzen des Dialogs. Der Patient kann gutwillig scheinen, zur Unterwerfung bereit, und doch geht nichts weiter, weil der Körper störrisch bleibt.

Ich habe mit meinen Kollegen über die dadurch entstehende Unsicherheit gesprochen. Wenn die seelischen Abwehrformen nicht ausreichen, werden die urtümlichen Zustände der frühen Kindheit wiederbelebt, in denen eine Trennung zwischen körperlicher und seelischer Erlebnisverarbeitung fehlt. «Zweistufige Abwehr» und «Resomatisierung» * sind Worte dafür. Aber die theoretischen Begriffe sind in der praktischen Arbeit nicht viel nützlicher als eine Landkarte bei Nacht: Selbst wenn man sie mit der Taschenlampe mühsam entziffern kann, reicht das Licht nicht aus, um auch die Einzelheiten der Landschaft zu finden.

Eine Kollegin hat es sich angewöhnt, bei den Vorgesprächen mit psychosomatisch Kranken immer zu sagen, die körperlichen Symptome seien so unberechenbar, daß sie eine Therapie nur dann für sinnvoll halte, wenn sie auch unabhängig von ihnen genügend Ansatzpunkte im Erleben der Kranken fände.

* M. Schur, Zur Metapsychologie der Somatisierung. In: G. u. A. Overbeck, a. a. O., S. 83 f. – A. Mitscherlich, Krankheit als Konflikt, Studien zur psychosomatischen Medizin I. u. II. Frankfurt (Suhrkamp) 1967.

«Tappen wir nicht immer im dunkeln und wissen eigentlich nicht, woran es liegt, wenn wir in dem einen Fall Erfolg haben und in einem anderen nicht?» fragt nachdenklich eine andere. Ich erzähle von einem Asthmakranken, der während seiner langen Auslandsreisen niemals einen Anfall hatte. Aber kaum steht er wieder in der Berufsarbeit, muß er abends zu seiner «Pumpe» greifen und kann wegen seiner Atemnot schlecht einschlafen. «Man könnte doch die Botschaft auch so lesen», sage ich: «Geh nach Südamerika, häng deinen Job an den Nagel, das ist das Leben, wofür du gedacht bist, worin du gesund bleiben kannst!» Die Lösung kommt mir romanhaft und pathetisch vor – wenn schon, denke ich: schließlich bin ich doch für eine poetische Theorie der Krankheit. Aber die anderen schütten Wasser in meinen Wein. «Wenn er dort bleiben will, wenn alles mehr ist als eine Urlaubsreise, dann hat er sicher auch in Südamerika Asthma!» Ich glaube nicht ganz, daß es so sein muß. Aber ich habe wieder etwas mehr Geduld, die Botschaften des Unbewußten abzuwarten, sie zu entziffern und das verwirrende Auftreten des Symptomkobolds nicht nur hinzunehmen, sondern auch mit meinen Verständnisversuchen weiter zu verfolgen.

Innehalten oder umkehren?

Die akute Krankheit ist ein Zeichen, innezuhalten. Die chronische Krankheit ist ein Zeichen, umzukehren. Wer ein Ziel erreichen will, das ihn durch vergiftetes Gelände führt, kann krank werden, wenn er es bereits durchschritten hat: dann genügt ihm die Erholungsphase. Wenn er aber krank wird, während er noch in dieser giftigen Welt steckt, dann muß er umkehren. Er muß sein Ziel wechseln. Das ist ungleich schwieriger, als nach einer Erholungspause seinen Weg weiter zu verfolgen. Aus diesem Grund machen sich fast immer nur Menschen mit einem chronischen psychosomatischen Leiden die Mühe, in einer Psychotherapie eine neue Orientierung zu suchen.

Aber die Landschaft liegt im Dunkel, in der sie ihren Weg finden müssen. Auch der Therapeut hat nur eine Landkarte und eine kleine Taschenlampe mit leicht erschöpfbarer Batterie. Er kennt die Landschaft ebensowenig wie sein Patient. Der Sinn dieser Anleitungen zur persönlichen (poetischen) Theorie der eigenen Krankheit liegt darin, die nicht so schwerwiegenden Leiden genauer zu verstehen und ihre Botschaft so weit zu entziffern, daß allmählich deutlicher wird, welche Landschaften heilsam und welche giftig sind – innere Landschaften: Wofür fühle ich mich verantwortlich? Was lastet auf mir? Wovon kann ich mich nicht trennen, obwohl ich fühle, daß es mir nicht bekommt? In einem von der *story* her unglaubwürdigen, aber faszinierenden amerikanischen Kriminalfilm hat ein Gangster eine Büchse mit radioaktivem Material geraubt, das er für wertvolles, reines Heroin hält. Während er seinen Schatz an sich preßt, um ihn möglichst fest zu halten und teuer zu verkaufen, vergiftet ihn der scheinbar kostbare Besitz.

Konflikt oder Mangel?

Eine weitere, allgemeine Frage ist die nach dem Konflikt hinter der Krankheit. Welche Widersprüche herrschen in meinem Leben? Wie viele Wünsche, die naturwüchsig in mir entstehen, kann ich mir zubilligen, sie in Tagträumen ausdrücken, in Wort oder Geste an meine Umwelt herantragen? Die dauernden Konflikte, welche nach der zuerst von Franz Alexander entwickelten Vorstellung an der Wurzel vieler psychosomatischer

Leiden stehen*, wachsen meist aus dem Konflikt zwischen Bedürfnissen und ihrer gesellschaftlichen Reglementierung. Im Kinderzimmer trifft der kleine Urmensch auf eine zivilisierte Welt, in der er seine Affekte kontrollieren lernen muß, wenn er Strafe vermeiden, vor allem aber die Belohnungen haben will, die eine entwickelte Gesellschaft bietet: Kontrolle über die Umwelt, materielle Sicherheit, verläßliche Zuwendung.

Der Konflikt zwischen dem gefühlsorientierten Handeln einer nie ganz verlorenen kindlichen Schicht und dem gesellschaftlichen Überbau, der sich an den kontrollierten Besitz- und Warenverhältnissen orientiert, ist unlösbar. Der Arbeiter muß sich, während er seinen Körper wie eine lebende Maschine dem Arbeit«geber» verkauft, einer Ordnung beugen, die ihm fremd ist. Der Arzt ist während seiner Arbeit einer inneren Norm ausgeliefert, die ihn womöglich noch strenger überwacht, ihm angesichts einer heftigen Reizung sadistischer, sexueller und anderer Wünsche strikte Disziplin abverlangt. Die besitzorientierten Strukturen sind den körperlichen Bedürfnissen fremd. Das kann jeder beobachten, der einem noch unerzogenen Kleinkind in einem gepflegten Haushalt freie Bahn läßt. Wo diese Strukturen um den Preis einer Gefühlsunterdrückung aufrechterhalten werden müssen, droht die Gefahr eines Dauerkonflikts, der nicht ohne Folgen für den Körper bleibt: Die Muskeln verspannen sich, der Blutdruck steigt, ohne daß Aktivität und Entspannung folgen. Die Tage sind von Müdigkeit überschattet, der Schlaf ist durch Unruhe gestört. Wenn der Liebespartner mit derselben Starre und Besitzorientierung besetzt wird, die sich im Umgang mit Waren bewähren, ist sein Verlust unerträglich, sein unerwartetes Verhalten eine Katastrophe.

Der Mensch erträgt viele Konflikte und eine Menge Entla-

* F. Alexander, Psychosomatische Medizin. Berlin 1951.

dungsaufschub. Gefährlich wird seine Situation vor allem dann, wenn die Entladung in Tagtraum und Phantasie durch ein auch im Körperinneren wirksames Verbot behindert sind. Soziale Normen können es ihm unmöglich machen, sich offen über seine Gefühle und sein Leid an den strukturbedingten Versagungen auszusprechen. Solche Normen werden um so wichtiger, je mehr das individuelle Eigentum die Teilhabe aller Gruppenmitglieder am Eigentum der Gemeinschaft ablöst. Jetzt muß der einzelne lernen, auch seine Gefühle zurückzuhalten, die er vorher mit der Gemeinschaft teilen konnte.

Dieser dauernde Konflikt ist sicher ein nützlicher Gesichtspunkt in der Auseinandersetzung mit der subjektiven Krankheit. Wie fühlt sich der innere Primitive, das Kind hinter der Fassade? Welche Ausdrucksmöglichkeiten hat er für seinen angestauten Haß, für seine Bedürfnisse nach Zärtlichkeit, nach Sexualität, nach Nähe? Ich konnte dem Arbeitskollegen, dem Untergebenen, dem Chef, die mich gekränkt haben, nicht mit Zahn und Klaue begegnen, wie es mein Gefühl verlangt hätte. Wage ich nicht einmal mehr, daran zu denken, sondern spüre ich nur ein unklares Drücken im Magen oder Kopfschmerz? Die Sehnsucht nach der Geborgenheit in der Gemeinschaft am Lagerfeuer, in der sich keiner hervortun muß und das spielerische Glück der Jagd oft auch den Ungeschickten begünstigt, kann nicht laut werden. Aber die Magennerven reden von ihr, reizen das aufnahmebereite Organ, obwohl ich leisten und mich kontrollieren muß – bis der Magen schmerzt und der Arzt ein Geschwür feststellt: endlich ist Schonung erlaubt. Angriff und Kampf entlasten die angespannte Muskulatur nicht. Sie erstarrt und macht sich als Kopf- und Nackenschmerz, als Hexenschuß und Rheuma bemerkbar (denn oft sind die Schäden an Knochen nicht die Ursache, sondern die Folge der dauernden, unbewußt gewordenen Anspannung in dem zum Panzer verfestigten Muskelkleid).

Schwerer aufzufinden als der Konflikt ist der Mangel, in dem wir die Wurzel einer lückenhaften Widerstandskraft gegen die Konflikte sehen können. Die Suche nach dem Mangel führt in die frühe Kindheit zurück, in eine Zeit, in der die Umwelt vertrauenswürdig und liebevoll den dialogischen Bedürfnissen des Kindes begegnen konnte oder auch nicht, weil diese Umwelt noch in wenigen Personen, in Mutter und Vater Gestalt annahm, nicht in den rationalen Zwängen eines bürokratisch verwalteten Arbeitszusammenhangs. Mutter und Vater können, selbst gestört, in ihrer Einfühlung versagen, das Kind von sich weisen oder sich an es klammern in der Hoffnung, in ihm Entschädigung für einen unbefriedigenden Alltag zu finden. So verkümmern die Ausdrucksmöglichkeiten des Kindes und damit seine Chancen, sich in den unweigerlich auftretenden Konfliktspannungen zu entlasten. Es läuft Gefahr, die körperliche Krankheit als Ausdrucksmittel, als Fluchtpunkt zu verwenden. Dann muß zumindest die kalte Mutter Medizin ihre sadomasochistische Zuwendung spenden.

Mich hat an der Betonung des präödipalen Mangels, des «Defekts» im kindlichen und erwachsenen Ich, der «Grundstörung» immer irritiert, daß diese vorsprachliche Welt den sprachlichen Kolonialisationsversuchen der Therapeuten keinen Widerstand entgegensetzen kann. Manchmal lenkt die Konzentration auf die frühe Mutter-Kind-Beziehung auch davon ab, wie wenig lebendige Ausdrucksmöglichkeiten später ausgleichend wirksam werden können. Statt die versagende, kalte Mutter Industrieumwelt zu kritisieren, tadelt der Therapeut die leibliche Mutter und füllt die Formulare aus, mit denen die Krankenkassen das ihnen anvertraute Leid verwalten.

Für die Entzifferung der subjektiven Krankheit sind die Vorstellungen des frühkindlichen Mangels, der gescheiterten Mutter-Kind-Beziehung wenig brauchbar. Sie führen eher dazu, die Suche nach Verständnis in die Vergangenheit zurückzuverlegen und eine trügerische Entlastung in dem Gefühl zu suchen, an der eigenen Misere seien Eltern und Gesellschaft «schuld». «Schuld» in diesem Entlastung und Verwöhnung heischenden Sinn kann aber nur eine handelnde Person, nicht das Opfer einer strukturellen Verformung sein. Basis und Überbau geraten in solchen familienpsychologischen Erklärungen meist durcheinander. Der therapeutische Experte macht sich unentbehrlich. Nur er versteht die Grundstörung aus der sprachlosen Frühzeit.

Die Eltern sind uns nichts schuldig geblieben, wenn wir erwachsen werden konnten. Was wir brauchen, um unser Leben zu bewältigen, steckt dann in uns – nur sind die Umstände oft ungünstig, es aufzufinden. Die Botschaft der subjektiven Krankheit kann dabei helfen. Eine unaufhörlich eingeklagte Schuld der Eltern hindert daran. Sie hält in einer Verletzung fest, die durch eine Trennung heilen könnte.

12 Wissenschaft, Kunst, Handwerk, Religion: Die Metaphern der Medizin

> Ein bloßer Fluch wie «irrational» genügt – und viele neugierige Mäuse verschwinden sofort wieder in ihren Löchern.
>
> Paul Feyerabend*

Die Psychotherapie ist mit den Metaphern eng verbunden, die das Selbstverständnis der Medizin bestimmen. Groddecks Beharren darauf, daß die Medizin eine Kunst ist und keine Wissenschaft, haben wir bereits beschrieben. Es drückt den Versuch aus, gegen den Strom des Zeitgeistes zu schwimmen, der heute in einem völlig verwissenschaftlichten Medizinstudium kulminiert. Symptome dafür sind die Prüfung nach dem Mehrfachauswahlsystem und die Legitimation medizinischer Führungspositionen durch naturwissenschaftlich «strenge» Forschung. Ausnahmen gibt es gegenwärtig ganz wenige. Nur in Medizingeschichte und in der psychoanalytisch orientierten Psychosomatik kann ein Lehrstuhl oder eine Chefarztstelle auch auf Grund hermeneutisch-«geisteswissenschaftlich» orientierter Forschung gewonnen werden.

Paul Feyerabend hat die Entwicklung der modernen Wissenschaft mit jener des Christentums nach Kaiser Konstantin (306–337) verglichen. Aus einem Glauben, der durch Liebe zu überzeugen suchte, wurde einer, der sich mit Machtausübung

---

* In: H. P. Duerr, Der Wissenschaftler und das Irrationale. Bd. II, S. 39. Frankfurt (Syndikat) 1981.

durchsetzte. Die Aufklärung als Befreiung des Menschen aus seiner Unmündigkeit war als Kampf gegen staatliche und religiöse Tyrannei in einer ähnlichen Position. Kaum hatte sie sich durchgesetzt, verriet die Vernunft ihren universalen Anspruch durch ihr Streben nach Macht. Wissenschaft opfert heute in vielen Fällen für Geld oder Geltung ihre Prinzipien. Dennoch gelten Wissenschaftler den Bürgern inzwischen ebensoviel wie früheren Generationen Päpste und Kardinäle. Die Argumente, auf die sie sich stützen, halten dabei sehr häufig einer Kritik nicht stand. Doch kann der Gegner mit dem Vorwurf der Irrationalität ähnlich zum Schweigen gebracht werden wie einst durch den Vorwurf der Häresie.

Zweifellos *gilt* die Heilkunst heute weniger als die wissenschaftliche Forschung, die (meist nur angeblich) dieser Heilkunst «zugrunde liegt». Medizin-Nobelpreisträger erhalten diese Auszeichnung nicht, weil sie viele Kranke gesund gemacht haben, sondern für ihre Entdeckungen auf den Gebieten der Mikrobiologie und Biochemie. Feyerabend beschreibt, daß der Gegensatz zwischen einer klinischen (empirischen, skeptischen, «künstlerischen») Medizin und einer wissenschaftlichen (systematischen, objektiven) Medizin sehr lange besteht. Die klinische Form ist dabei eng mit unserem zwischenmenschlichen Umgang im Alltag verwandt, der selbst viel komplexer ist, als ihn Zuschreibungen wie «subjektiv» oder «objektivierend», «künstlerisch» oder «wissenschaftlich» charakterisieren können. Ein Lächeln kann beispielsweise dadurch grausam werden, daß es in einer bestimmten Situation so erscheint und dadurch bestimmte Folgen hat. Krankheiten sind wie Gemütszustände oder Gedanken nicht «Dinge an sich», sondern Teile komplizierter zwischenmenschlicher Beziehungen, die nur durch Teilnahme an diesem Beziehungsnetz erfaßt werden können. Diese Situation wird in den Künsten am besten dargestellt und am ehesten einer Einflußnahme zugänglich, solange sich diese nicht vom Denken abkoppeln und zu einer reinen «Ausdrucksmanie» (Feyerabend) verkommen.

Der Dichter und der klinisch Heilkundige machen beide Faustregeln, weil sie Erfahrung anwenden und aus Erfahrung lernen. Aber diese Regeln werden nie mächtiger als der Einzelfall. Jeder neue Fall bereichert sie, differenziert sie, indem er sich neue Bedingungen schafft. Der Kliniker stützt sich auf wissenschaftliche Grundlagen wie Anatomie und Physiologie. Aber entscheidend ist nicht der Inhalt der von ihm verwendeten Erkenntnis, sondern die Weise, in der sie angewendet wird. Nicht nach objektiven Regeln, die auf identifizierbare, möglichst identische Situationen angewendet werden. Sondern unter genauer Beobachtung von Einzelereignissen, in der sich subjektiv-objektive Betrachtungsweisen durchdringen und der Arzt oder Künstler sich vom Eindruck einer individuellen, einzigartigen Person/Situation auf die eigene, erfahrungsgetränkte Person leiten lassen.*

Die Macht des wissenschaftlichen Vorgehens, sein großes Ansehen sind für Feyerabend ein Grund zu tiefer Skepsis. Wo die Anklage der Irrationalität auftaucht, drückt sich ein gefährlicher Größenwahn der Vernunft aus. Es besteht ein grundlegender Unterschied zwischen Lebensformen, von denen die eine «die Verbundenheit des Menschen mit der Natur und seinen Mitmenschen ausnützt und sich aller aus dieser Verbundenheit hervorgehenden Reaktionen bedient, des Gefühls wie auch des Denkens, der Liebe wie auch des Hasses, der Wahrnehmung wie auch ... der Phantasie, unbewußter Tendenzen wie auch wohldurchdachter Pläne, während die andere, von welt-, natur- und menschenfeindlichen Denkspielern und Be-

* P. Feyerabend, Erkenntnis für freie Menschen. Frankfurt (Suhrkamp) 1980.

griffsentleerern erfunden, die Erkenntnis auf abstrakte Verfahren gründet, eine besondere Instanz, nämlich ‹die Vernunft›, durch Rekurs auf diese Verfahren definiert und alle übrigen Talente des Menschen von der Erkenntnisfindung ausschließt: auf der gemäß der Definition reduzierten Vernunft allein schon soll jetzt alles beruhen, unsere Erkenntnis der Natur, der Mitmenschen sowie unsere Selbsterkenntnis». Diesen Vorgang nennt Feyerabend entschlossen einen «Schritt in die Unmenschlichkeit».*

Die Rückkehr zu einer künstlerischen Betrachtungsweise ist freilich keine Lösung medizinischer Probleme in dem vertrauten Sinn eines technischen Versprechens. Dieses wird zwar oft nicht eingehalten, legt aber doch eine Perspektive fest, nach der zum Beispiel Krebs einmal «besiegt» sein wird. Die Kunst, von einer Krebserkrankung zu genesen, ist aber nicht von der zu trennen, an ihr zu sterben. Die Wissenschaft orientiert sich an dem Bild des Zwerges auf der Schulter des Riesen. (Als Wilhelm Stekel dieses Bild in einer Diskussion Freud entgegenhielt, sagte dieser: «Der Zwerg auf der Schulter des Riesen mag weiter sehen als dieser, nicht aber die Laus auf dem Kopf des Astronomen.») Sie ist den Fortschrittsprinzipien unterworfen, die sich ihrerseits in der Industriegesellschaft am Wachstum von Produktion und Konsum orientieren. Es darf keinen Rückschritt, keine Regression geben. Automobile, Flugzeuge, Stereoanlagen und Mittelstreckenraketen müssen immer besser werden.

Nicht beachtet wird dabei, daß solche Prinzipien dem Leben allgemein und dem subjektiven Erleben des Menschen im besonderen nicht gerecht werden können. Eine Wissenschaft, die blind für die zyklischen Seiten des Menschen ist, also für seine Gefühle, muß zu unmenschlichen Folgen führen. Technische

* P. Feyerabend in: Duerr 1981, a. a. O., S. 53.

Übermacht weckt menschliche Unreife. Jeder fette und ängstliche Bürger, der im Besitz einer Feuerwaffe ist, kann sich dem kampferprobten, mutigen Schwertkämpfer überlegen fühlen. Der Weiße mit Penicillin und Cortison in seinem Koffer bewältigt mühelos Krankheiten, die den Pflanzen und Hilfsgeistern des Schamanen widerstehen. So entsteht der Eindruck, er sei auch der bessere Arzt. Aber dieser Eindruck bleibt nur dann bestehen, wenn wir uns phantasielos und technisch verblendet ausschließlich an Konkurrenz- und Kampfsituationen orientieren.

Jedes Kanonenboot kann ein Dorf polynesischer Fischer zerstören, die mit ihren Harpunen und Grabstöcken seit vielen tausend Jahren im Gleichgewicht mit ihrer Umwelt leben. Aber sind das Kanonenboot und seine Mannschaft deshalb Äußerungen einer überlegenen Weltanschauung?

Solange der Besatzung Treibstoff, Munition und Proviant nicht ausgehen, ist das für sie keine Frage. Die Eingeborenen stellen sich diese Frage in der Regel ebenfalls nicht. Es ist schwer, angesichts so viel willkürlich steuerbarer Überlegenheit noch wahrzunehmen, daß die eigene Stärke gerade darin liegt, ohne solche Mittel auszukommen. So glauben auch sie, daß die Männer im Kanonenboot die besseren Menschen sind.

Die Geschichte enthält die bittere Lehre, daß nichts schwieriger ist als der bewußte Verzicht auf Macht. Nur wer sich gar nicht für oder gegen sie entscheiden kann, bleibt im Stande der Unschuld.

Der machtorientierte wissenschaftliche Umgang mit einer Fragestellung ist dualistisch:* es geht um richtig oder falsch. Als mythenbildendes Ritual gehört zu dieser Wissenschaft die

* Vgl. Th. Bauriedl, Beziehungsanalyse. Frankfurt (Suhrkamp) 1980.

Prüfung, in der es ebenfalls um richtige oder falsche Antworten geht, um Bestehen oder Nichtbestehen. Der künstlerische Umgang ist ganzheitlich. Es geht darum, in einem niemals ganz durchschaubaren Bedeutungsfeld Beziehungen zwischen Worten, zwischen Menschen, zwischen Wahrnehmungsreizen (Linien, Farben oder Tönen) so darzustellen, daß Menschen «bewegt» werden.

Jede einzelne Entscheidung kann dabei ähnlich dualistisch gehandhabt werden wie die üblichen wissenschaftlichen Entscheidungen. In Details gibt es auch in der Kunst die Wahl zwischen falsch und richtig. Aber diese Einzelentscheidungen sind niemals abstrakt ein für allemal gültig. Sie ordnen sich dem Vorrang der Gestaltung des Ganzen unter und werden von ihm bestimmt. Deshalb ist das Ritual der Kunst nicht die Prüfung, sondern der Vergleich.

Als im 15. Jahrhundert eine Tür des Baptisteriums in Florenz neu gestaltet werden sollte, schrieb die Bürgerschaft einen Wettbewerb aus. Leider sind nur noch zwei Probearbeiten erhalten, die man im Bargello-Museum besichtigen kann. Ich habe lange vor beiden Reliefs gestanden und überlegt, wie ich mich entschieden hätte. Aber es war keine Entscheidung über gut oder schlecht, über richtig oder falsch. Jedes ist ein Kunstwerk voller Schönheit und Ausdruck. Je länger ich sie betrachtete, desto besser gefielen mir beide. Das war keine Prüfung, die Ghiberti bestand und in der Brunelleschi durchfiel. Es war eine Bewegung in einem Beziehungsfeld, in dem endlich eine Entscheidung möglich war, die jeden der Beteiligten respektierte.

In der Psychoanalyse ist der künstlerische Charakter ärztlicher Tätigkeit von Freud längst nicht so offensiv vertreten worden wie von Groddeck. Schwierigkeiten mit der Unterwerfung ihrer akademisch gebildeten Zeitgenossen unter bürokratische Rituale hatten beide. Freud verstand seine praktische Arbeit als

Kunst und handhabe sie ähnlich frei.* Während es in der abstrakten wissenschaftlichen Vernunftwelt gleichgültig scheint, wie jemand lernt, ist in der Psychoanalyse der Anteil des Lernens in einem persönlichen Beziehungsverhältnis nach wie vor sehr hoch.

Wie der Bildhauer in einer Akademie nicht durch die Vorlesung seines Professors entscheidende Lernerfahrungen macht, sondern durch die unmittelbare Zusammenarbeit während seiner eigenen praktischen Tätigkeit, so lernt auch der angehende Therapeut in persönlicher Selbsterfahrung und im engen Kontakt einer Supervision. Freilich sind beide Situationen bedroht. Selbsterfahrung und Supervision können mechanisch absolvierte Ausbildungsstunden werden. Umgekehrt kann die regressive Verselbständigung der Selbsterfahrung dazu führen, daß zum Beispiel Psychologiestudenten ein Gefühlsdauerbad mit einem Lernprozeß verwechseln und kein Buch mehr in die Hand nehmen, weil Kopfarbeit «falsch» und Baucharbeit «richtig» ist.

Die Trennung von Kunst, Handwerk und Religion ist ihrerseits «wissenschaftlich», nicht «künstlerisch». Die künstlerische Auffassung neigt eher dazu, die Verbindungen dieser Kulturleistungen hervorzuheben, als an Abgrenzungen zwischen ihnen zu basteln. Ohne Religion, ohne Handwerk verkümmert die Kunst zu einem elitären Projekt, das nur noch von Wissenschaftlern verstanden wird. Sie verliert ihre integrierenden Eigenschaften, ihren Anspruch, Menschen zu bewegen, gesellschaftliche Schranken (wie Bildungsunterschiede) aufzuheben. Auch die Psychotherapie ist von diesem elitären Anspruch bedroht und läuft Gefahr, in künstlerisch-esoterische (wie im Fall von C. G. Jung) oder wissenschaftlich-

* Vgl. J. Cremerius, Vom Handwerk der Psychoanalytikers. Stuttgart (Frommann-Holzboog) 1984.

verarmte Sackgassen zu geraten (wie im Fall der psychoanalytischen Ich-Psychologie à la Hartmann).

Während die Wissenschaft allein an den willkürlichen Fähigkeiten des Menschen ansetzt, sucht die Kunst den ganzen Menschen zu beeinflussen, auch seine Gefühle, seine Eingeweide, die unwillkürlichen, vegetativen Prozesse, nicht nur die vom Willen gesteuerten Wahrnehmungen, Denkleistungen und Muskelbewegungen. Allein aus diesen Unterschieden ließe sich der Vorrang einer Heilkunst vor den hinter aller manipulativen Macht armseligen Möglichkeiten der Heilwissenschaft ableiten. Gleichzeitig wird aber auch die Faszination begreiflich, die wissenschaftliche Machtausübung entwickeln kann. Die menschliche Ohnmacht gegenüber der Natur, gegen den eigenen Schmerz, gegen den Tod der Menschen, die uns nahestehen, ist so groß, daß jeder Strohhalm begehrenswert erscheint, der sie zu lindern verspricht. Ich habe eben das Bild vom Bürger mit der Feuerwaffe gebraucht, der dem Meister der Fechtkunst überlegen ist. Aber die Szene läßt sich auf die verschiedenste Weise darstellen. In der einen mordet der feige, fette Schütze dank eines gekauften technischen Geräts den ihm körperlich und geistig überlegenen Kämpfer. In der anderen emanzipiert sich der unterdrückte Handwerker dank einer genialen Erfindung gegen den bewaffneten, gepanzerten Räuber, der seine Frau schändete und seinen wehrlosen Vater niederschlug. Lassen wir den Cowboy mit der Winchester wehrlose Frauen gegen blutdürstige Indianer verteidigen – oder lassen wir den technisch besser gerüsteten Weißen mit dem Sixshooter die wehrlosen Sioux abknallen?

Die kriegerischen Indianer sind ausgerottet worden wie die Ritter oder die Krieger des Zuluhäuptlings Tschaka. Was die Beispiele zeigen sollen, ist die Bedeutung des Kontexts, durch den eine so einflußreiche technische Errungenschaft wie der sechsschüssige Revolver gerechtfertigt oder verdammt werden kann. Beide Kontexte beschreiben noch nicht, wie die schrittweisen Verluste aussehen, die solchen technischen Neuerungen folgen. Zielen und Schießen mit Pfeil und Bogen sind eindeutig ganzheitlicher, stärker kontextgebunden als Zielen und Schießen mit einer Feuerwaffe: Luftströmung, Körperkraft, Spannung und Lösung müssen zusammenstimmen, wenn der Schuß treffen soll. Der Gewehrschütze muß nur noch wenige Teilfunktionen dieses ganzheitlichen Bewegungsablaufs wiederholen, wird dafür aber von der technischen Funktionstüchtigkeit seiner Maschine abhängig.

Nicht die Wissenschaft ist die Grundlage der Technik, sondern umgekehrt haben die technischen Bedürfnisse erst die moderne Naturwissenschaft entstehen lassen, die sich schließlich als «Grundlagenforschung» ein scheinbar zweckfreies Reich von Ideen erschloß. Die technischen Prothesen versprechen, den Körper und die Seele dessen intakt zu lassen, der sie benützt, seine Macht und Kontrolle über seinen Lebensraum hingegen gewaltig zu erweitern. Tatsächlich aber amputieren diese Prothesen in einem schleichenden Prozeß die Gliedmaßen, deren Leistungsfähigkeit sie steigern sollen. Eine Generation nach der Vervollkommnung der Röntgendiagnostik beklagen die Ärzte, wie der klinische Blick, wie Tasten und Auskultieren, Hören und Sehen verlorengehen. Die nicht-invasive Diagnostik verkümmert wie das Handwerk oder die bäuerliche Kultur. Für die Betrachtung der subjektiven Krankheit hat diese Entwicklung Folgen, die durch die bisher verwendeten Metaphern vielleicht schon anschaulicher geworden sind.

Die ganzheitlichen, «künstlerischen» Erlebnisformen werden durch kontrollierte Teilfunktionen auch in unserem Erleben abgelöst. Die «Fragmentierung des Selbst», wie sie Heinz Kohut als Zeichen einer narzißtischen Persönlichkeitsstörung beschreibt, ist auch ein gesellschaftlich bedingter Prozeß. Wie der Gewehrschütze sich vom Bogenschützen unterscheidet, so wird auch die Aufmerksamkeit der Menschen für ihren Körper, für ihre subjektive Krankheit eingeengt, partialisiert. Fragmente suchen Fragmente zu fassen. Schwitzende Männer auf teuren Rennrädern halten nach einer Steigung an und blicken auf ihren Armbandcomputer, ob ihre Pulshäufigkeit einen gefährlichen Wert erreicht hat. Im bequemen Polstersitz rollt der Angestellte zu seinem Büro und strampelt dann am Abend in seinem Hobbyraum auf dem Trimmrad, das genau anzeigt, wieviel er an Trainingsprogramm absolviert. Die Mutter muß nach jedem Stillen das Baby wiegen, ob es genug bekommen hat, wenn sie nicht die Flasche mit der genauen Kubikzentimeter-Einteilung verwendet. Die Wirkung des Schlafmittels wird durch ein Weckmittel bekämpft, die des Weckmittels durch ein Schlafmittel. Das psychoaktive Medikament (zur Zeit die am schnellsten wachsende Sparte des Arzneihandels) wird zur Prothese nach innen: Es soll den Machtbereich der Teilfunktion «bewußte Kontrolle» in die unbewußt gesteuerten Gefühle, Stimmungen und vegetativen Abläufe hinein erweitern. Lexotamil und Adumbran sind Materialisationen einer Selbstüberschätzung der Zweckvernunft: sie gewährleisten Ruhe im Nervensystem, ungehindertes Funktionieren der verwertbaren Teile – ein Triumph der Heilwissenschaft, ein Bankrott der Heilkunst.

13   Krebs und Leidenschaft

> Nichts ist strafender, als einer Krankheit eine Bedeu-
> tung zu verleihen – da diese Bedeutung unausweich-
> lich eine moralische ist.
>
> Susan Sontag*

Obwohl ich Susan Sontags Schlußfolgerungen widersprechen
werde, finde ich die Überlegungen wichtig, die sie in ihrer Arbeit über «Krankheit als Metapher» anstellt. Für Sontag ist
Krankheit *keine* Metapher. Die ehrlichste Art, sie zu betrachten (zugleich die gesündeste Art, krank zu sein), entfernt sich
am weitesten vom metaphorischen Denken. Doch läßt sich
eine solche Neutralität gegenwärtig nicht erreichen. Das Reich
der Krankheit, in das jeder von uns während seines Lebens geraten wird, beherrschen abstoßende Vergleiche.

Veranlaßt durch die Auseinandersetzung mit einer eigenen
Krebserkrankung, ist die Analyse Sontags eine Parteinahme
für die unterdrückten, durch Vergleiche und Zuschreibungen
gebrandmarkten Opfer, getragen von einem tiefen Pessimis-
mus über die Möglichkeiten, Krankheit zu verstehen, und
einem waghalsigen Optimismus in bezug auf die Macht der
naturwissenschaftlichen Medizin (was Chemo- und Immun-
therapie von Krebs angeht). Jeder wißbegierige Leser, der eines
der selbstsicheren Werke über psychosomatische Krankheiten
zur Hand genommen hat, sollte als Gegenmittel den Essay von
Susan Sontag lesen. So wird er von der falschen Gewißheit ver-
schont bleiben, die einfühlungslose psychosomatische Erklä-

---

* S. Sontag, Krankheit als Metapher. München (Hanser)²1980,
S. 62 f.

rungen zu einer schlimmeren Pest macht als den völligen Verzicht auf solche Metaphern. (Mein Vergleich mit einer «Pest» zeigt, wie sehr wir an solche Metaphern gewöhnt sind. Sontag zitiert ein eigenes Beispiel: Betroffen von der Politik der USA gegen Vietnam, nannte sie die weiße Rasse «den Krebs der menschlichen Geschichte».)

Im viktorianischen Zeitalter war Tuberkulose die metaphernreichste Krankheit. Heute ist es Krebs. Morgen vielleicht AIDS. Das entspricht der Veränderung von der früh- zur spätkapitalistischen Gesellschaft. Tuberkulose ist eine Krankheit der Verschwendung, Disziplinlosigkeit, der erniedrigten Energie und gesteigerten Empfindsamkeit. Die Metaphern über Tuberkulose entwerfen das Negativbild eines gesellschaftlichen Ideals von Sparsamkeit, Disziplin, Willenskraft. Die Auffassung von Wilhelm Reich über den Krebs als Ausdruck von unterdrückter Energie und blockierten Gefühlen zeichnet ein Gegenbild, das dem Geist der spätkapitalistischen Konsumgesellschaft entspricht. Hier ist die Wirtschaft von zerstörerischer Überproduktion beherrscht, während die bürokratischen Einschränkungen für die Individuen ständig zunehmen. Folgerichtig wird Krebs zu einem Ausdruck der negativen Eigenschaften des homo oeconomicus im 20. Jahrhundert: abnormes Wachstum, unterdrückte Wünsche, das heißt die Weigerung, zu konsumieren.*

Die Bedeutungsfülle, welche die Literatur des 18. und 19. Jahrhunderts der Tuberkulose verlieh, wird in den Metaphern der Gegenwart aufgespalten und auf zwei Krankheiten verteilt: die Psychose und den Krebs. Der Wahnsinn zeichnet den Leidenden als hektische, von leidenschaftlichen Extremen verzerrte Kreatur, zu sensibel und schwach, um dem Alltag standzuhalten. Die Züge der Schwindsucht, die nicht in ro-

* S. Sontag, a. a. O., S. 67 f.

mantischem Glanz erscheinen können, werden dem Krebs zugeschrieben.* «Daß man aufhört, Krankheit als Strafe zu betrachten, die dem objektiven moralischen Charakter entspricht und sie zum Ausdruck des eigenen Wesens macht, mag weniger moralistisch erscheinen. Dieser Standpunkt stellt sich jedoch als ebenso oder noch stärker moralistisch und strafend heraus. Bei den modernen Krankheiten (einst Tb, jetzt Krebs) wird die romantische Vorstellung, daß die Krankheit den Charakter ausdrückt, unweigerlich zu der Behauptung erweitert, der Charakter verursache die Krankheit – weil er sich nicht ausgedrückt hat. Die Leidenschaft kehrt sich nach innen, trifft und zerstört noch die innersten Zellprozesse.» **

Wenn man die romantischen Wertvorstellungen zugrunde legt, ist Tuberkulose weit ehrenvoller als Krebs. An ihr erkrankt, wer allzu leidenschaftlich ist. Demgegenüber muß sich der Krebskranke schämen. Seine Krankheit stammt aus der Unterdrückung seiner Gefühle. In das Mitleid mit ihm mischt sich Verachtung. Das mag übertrieben scheinen, wenn man gesund ist und nichts von den Ängsten und Sorgen ahnt, die jede schwere Krankheit begleiten – am meisten aber eine so geheimnisvolle wie den Krebs.

Wer selbst betroffen ist oder nicht vor der Einfühlung in die Betroffenen zurückschreckt, wird Äußerungen über die «Krebspersönlichkeit» mit Zorn lesen. Da wird sie als «niedertourig», «kontrolliert», «emotional depriviert» beschrieben. Ihre Unfähigkeit zu nahen Beziehungen, ihr Selbstmitleid oder ihre Resignation werden beklagt. Sontag weist auf historische Widersprüche in diesen Zuschreibungen hin.

Im 19. Jahrhundert wurde vermutet, daß Krebspatienten erkranken, weil sie zu aktiv und intensiv leben. Als Vorbeugung

* S. Sontag, a. a. O., S. 39.
** S. Sontag, a. a. O., S. 50.

empfahl ein englischer Arzt seinen Patienten, «ihre Kraft nicht zu überschätzen und die Unbilden des Lebens mit Gleichmut zu ertragen; vor allem anderen keinerlei Kummer ‹nachzugeben›.» * Ein Arzt aus Boston schlug 1885 vor, die Brustkrebskranke sollte alles daran setzen, freundlich zu sein – eine Ermutigung zu genau jener Form von Gefühlsverleugnung, die heute als Prädisposition für Krebs angesehen wird. Die «Krebspersönlichkeit» des vergangenen Jahrhunderts unterschied sich erheblich von der gegenwärtigen, von Gefühlsunterdrückung und Selbsthaß gepeinigten Charakterzuschreibung. Sie war eher überschwenglich und gefühlvoll. Krebs wird als Strafe beschworen, welche die gesellschaftlich Unangepaßten trifft: einen nicht kontrollierten und disziplinierten Persönlichkeitstypus in der Vergangenheit, einen «überkontrollierten», unspontanen Typus in der Gegenwart. Parallel dazu wurden die emotionalen Seiten der Person mehr und mehr in einen gesellschaftlichen Verwertungsprozeß einbezogen. In einem populären Buch über «Kräfte der Selbstheilung» heißt es:

«Betrachten wir den Fall eines Geschäftsmannes in mittleren Jahren, der kurz nach einem Rückschlag in seiner bisher sehr erfolgreichen beruflichen Laufbahn die ersten Anzeichen von multipler Sklerose entwickelte. Die erlittene Enttäuschung hatte die vage Befürchtung in ihm geweckt, er könne seine Stellung verlieren, und nun war er verwirrt und ratlos. Schließlich brachte er seine Gefühle auf organischem Weg, nämlich in Form einer Erkrankung des Zentralnervensystems – der Versteifung –, zum Ausdruck.» **

«Psychologische Krankheitstheorien sind machtvolle Instrumente, um die Schande auf den Kranken abzuwälzen», sagt

* S. Sontag, a. a. O., S. 57.
** D. T. Jaffe, Kräfte der Selbstheilung. Stuttgart (Klett) 1983, S. 168.

Sontag. «Patienten, die darüber belehrt werden, daß sie ihre Krankheit unwissentlich selbst verursacht haben, läßt man zugleich fühlen, daß sie sie verdient haben.» *

Zwei Einflüsse machen psychologische Aussagen unglaubwürdig. Der erste sind die «Psychotechniken», die sich in den «betriebspsychologischen» und «werbepsychologischen» Handreichungen an die kapitalistische Profitsteigerung ausdrücken. Der zweite ist die Entwicklung einer nichtmaterialistischen, spirituellen Ersatz-Magie, die unerfüllbare Ansprüche an psychologische Dienstleistungen weckt. Das Psychologisieren von Krankheiten scheint dem Menschen Freiheit von (oder doch Kontrolle über) Ereignissen zu versprechen, über die er in der Tat keine Macht hat. So wird eine Scheinwelt aufgebaut, in der die psychologisch «richtig» gebildeten Menschen immer jung, glücklich und gesund bleiben. Die psychologisch «falsch» orientierten Personen hingegen fallen scheiternden Gefühlsbeziehungen oder psychosomatischen Krankheiten zum Opfer.

Auf scheinwissenschaftliche Weise, mit einer Überzeugungskraft, die Tricks der Werbung für Konsumartikel eher fortsetzt als durchschaut, wird die Macht des Geistes über die Materie betont und das Leiden der Menschen, die Krankheit und Tod treffen, zu einem persönlichen Scheitern zurechterklärt, das man vielleicht ändern könnte, jedenfalls aber deuten kann.

«Sind doch unsere Anschauungen über Krebs», sagt Susan Sontag, «und die Metaphern, die wir ihm angehängt haben, in hohem Maße Vehikel für die großen Unzulänglichkeiten dieser Kultur, für unsere oberflächliche Haltung dem Tod gegenüber, für unsre Ängste gegenüber dem Gefühl, für unsere rücksichtslosen, leichtsinnigen Reaktionen auf unsere wirklichen ‹Wachstumsprobleme›, für unsere Unfähigkeit, eine fortgeschrittene

* S. Sontag, a. a. O., S. 62.

Industriegesellschaft aufzubauen, die den Konsum in angemessener Weise reguliert, ein Vehikel auch für unsere berechtigte Furcht vor dem zunehmend gewalttätigen Verlauf der Geschichte. Die Krebsmetapher wird überholt sein, wage ich vorauszusagen, lange ehe die Probleme, die sie so beredt reflektiert hat, gelöst sein werden.»*

Susan Sontags Abscheu vor jedem Versuch, Krankheiten zu verstehen, läßt sich mit dem Kampf eines Naturschützers vergleichen, der endlich das angegriffene Biotop mit einem engmaschigen, elektrisch geladenen Zaun umgibt, damit nicht länger die brütenden Vögel gestört und die vom Aussterben bedrohten Pflanzen ausgerissen werden. Ich finde dieses Vorgehen berechtigt und sicherlich sinnvoller, als diese Landschaft einer zerstörerischen Willkür preiszugeben. Wenn die Welt der Psychosomatik von Zahlenkolonnen und lexikalischen Übersetzungen bestimmt bleibt, ist der völlige Verzicht auf solche Metaphern sicherlich die gesündeste Weise, krank zu sein. Andrerseits glaube ich an die Möglichkeit, ein bedrohtes Biotop nicht nur durch undurchdringliche Grenzen zu schützen. Ein Zaun verhindert, daß sich die vom Aussterben bedrohten Pflanzen- und Tierarten wieder in die öde Steppe ausbreiten, die um die Reservate der Krankheit liegt. Er verwehrt auch jenen Besuchern den Eintritt, die nützlich und hilfreich sein können. Wenn Susan Sontag während ihrer Krankheit keine metaphorische Betrachtungsweise kennenlernte, die sie als respektvolle Unterstützung und nicht als rücksichtslos moralisierenden Einbruch in ihre Subjektivität empfand, dann ist ihr Kampf gegen alle Metaphern verständlich und berechtigt. Aber dennoch muß er nicht für alle Kranken gelten, nicht für alle Ärzte und Psychologen, die Krankheiten verstehen wollen.

* S. Sontag, a. a. O., S. 93 f.

Es geht darum, die Kolonialisation der Krankheit durch einen Dialog gleichberechtigter Partner zu ersetzen, in dem intime Botschaften entziffert werden können. Das ist nur möglich, wenn das Wissen nicht in einer schriftgelehrten Objektivität gespeichert ist, die unser Gefühlsleben nur unterwerfen, nicht aber fördern und verstehen kann. Vielmehr geht es darum, lebendige Beziehungen zu ermöglichen, in denen zwischen Subjekt und Subjekt ein nicht vorhersehbares, kreatives Geschehen eingeleitet wird. Damit werden die Machtunterschiede zwischen Experten und Laien, Arzt und Patient, Therapeut und Klient nicht aufgehoben, aber zeitweise außer Kraft gesetzt. Die dem Gefühlsleben eigentümliche Trennung von Figur und Grund bestimmt das Geschehen, nicht die normative Unterscheidung von richtig und falsch. Wenn in einem Gespräch mit einem Kranken ein Teil seiner Entwicklung verstanden wird, kann diese Einsicht andere Wirkungen entfalten als die, das gespeicherte Wissen zu vergrößern. Aber es gehört zu dieser Szene, daß die Rollenverteilung von Wissenschaftler und Studienobjekt, Analytiker und Analysand emotional aufgehoben ist – für eine gewisse Zeit, nicht für immer, solange wir den Hintereingang zum Paradies nicht gefunden haben.

14 Mora: Eine Fallgeschichte

Vor zehn Jahren kam Mora zum erstenmal in meine Praxis. Sie sprach nur wenig und wirkte sehr abweisend: eine verschlossene, schöne Frau, mit großen, traurigen Augen, langsamen Gesten und Bewegungen, die unbeholfen wirkten. Sie sei gekommen, weil einer der Männer in ihrer Wohngemeinschaft auch eine Therapie bei mir angefangen habe. Aber sie wisse nicht, ob sie das wirklich bei mir machen wolle. Sie würde noch mit einigen anderen Analytikern sprechen. Vielleicht zöge sie auch um. Nach Heidelberg oder sonstwohin. Sie wirkte gleichgültig, schien sich kaum für ihr eigenes Schicksal zu interessieren. Ich fühlte mich begutachtet, als müßte ich schnell einen gewinnenden Eindruck machen, obwohl sie mir gerade das erschwerte. Andererseits gefiel mir ihre Offenheit. Viele Klienten vergleichen den Analytiker im Vorgespräch heimlich mit anderen, möglicherweise besseren. Sie sagen dann unter einem Vorwand ab.

Es war nicht leicht, von Mora zu erfahren, warum sie Hilfe suchte. So ginge es nicht weiter. Aber sie wisse auch nicht, ob es überhaupt anders werden solle. Die Welt sei beschissen genug. Sie habe die Ausbildung zur Lehrerin im Fach Kunsterziehung abgeschlossen, aber sie könne sich nicht entscheiden, ob sie anfangen solle zu arbeiten. Und in ihrer Beziehung gehe es ihr auch sehr schlecht. Ihr Freund wolle nichts von ihr. Dem sei nur seine Arbeit wichtig. Der könne noch malen, was sie seit Jahren aufgegeben habe, obwohl es während ihrer Kindheit das einzige gewesen sei, was ihr Spaß machte.

Wir verbleiben so, daß sie mich anruft, wenn sie sich für oder gegen die Arbeit mit mir entschieden hat. «Die siehst du nicht wieder», sage ich mir, als sie mit schlaksigen Schritten geht und erst einmal im Flur die falsche Richtung nimmt. Aber nach einigen Wochen ruft Mora doch wieder an. Mürrisch und abweisend wie das erste Mal eröffnet sie mir, sie wolle jetzt doch bei mir bleiben. «Der Therapeut in Heidelberg, der war älter als Sie. Ich wollte jemand Älteren oder eine Frau. Aber er war auch so mager und irgendwie streng. Er schaute aus wie jemand, der sich nichts gönnt. Da habe ich gedacht, der gönnt mir auch nichts.» Ich mußte lachen und fragte sie, ob sie sich denn mich ausgesucht hätte, weil ich nicht mager sei? Sie gab mir keine Antwort.

Stockend, immer wieder von Pausen voll mißtrauischem Schweigen oder plötzlich herausbrechenden Vorwürfen unterbrochen, erzählte Mora ihre Geschichte. Sie war die zweite Tochter eines vielbeschäftigten Anwalts, der in einer konfessionell bestimmten Kleinstadt lebte. Bis zu seinem Tod hatte in der Kanzlei eigentlich der Großvater zu bestimmen. Nach außen hin tüchtig und durchsetzungsfähig, war der Vater in der Familie schüchtern und zurückgezogen. Sein Pflichtethos überwucherte alles. Obwohl aus einem reichen Haus, hatte Mora während des Studiums oft gehungert, weil sie nur das Notwendigste bekam. Die Mutter war, vielleicht noch mehr als der Vater, unterdrückt und in ihrem Selbstbewußtsein gebrochen. Da sie aus keiner standesgemäßen Familie kam, wurde sie nicht akzeptiert. Andrerseits gab es auch nie einen offenen Konflikt. Eine Kindheitserinnerung Moras, in der sich für mich die ganze Stimmung dieses bürgerlichen Stadthauses mit seinem großen, verwilderten Garten ausdrückte: «Einmal stand ich unter der Treppe und hatte eine Hand auf den Stufen. Da kam plötzlich ein Klient in die Wohnung. Wir mußten dann immer stillhalten. Meine Mutter ging die Treppe hinunter und trat auf meine Hand. Es tat sehr weh. Sie blieb darauf stehen und redete mit dem Besucher. Aber ich sagte nichts, die ganze Zeit, die er da war. Als er ging, kam ich wieder frei ... Meine

Mutter ist da immer unterdrückt worden. Als ich 18 Jahre alt war, starb sie an Krebs. Ich werfe es heute noch meinem Vater vor, daß er sich nicht mehr um sie gekümmert hat. Er hat dann seine Sekretärin geheiratet. Ich ging dann noch weniger gern nach Hause.»

Die schönen Erinnerungen betrafen den Garten und das Malen – den Rückzug in eine von der Natur beherrschte Welt, die nur ihr gehörte, in der Pflichtgefühl und Resignation aufgehoben waren. Über die Schule, die sie vorwiegend als Last empfand, rettete sie die Beziehung zu einem älteren Zeichenlehrer, den sie schwärmerisch verehrte. Doch als sie zu spüren meinte, daß der Mann ihr Interesse erwidere, zog sich Mora zurück. Sie schien mir zugleich heimatsüchtig und heimatlos. Die Trauer über ihr zerrissenes, zielloses, ungeborgenes Leben war deutlich, zugleich aber eine Schärfe und Härte gegen jeden Versuch, mit freundlichen Gefühlen auf sie zuzugehen. Ich hatte gelegentlich das Gefühl, daß sie eine Wand aus unsichtbarem Eis zwischen sich und mich stellte, während sie gespannt nach außen lauschte, welche Störung laut werden und ihr bestätigen könnte, daß es das ersehnte Gefühl völliger Geborgenheit auch bei mir nicht gab. Vertrauensseligkeit und Mißtrauen mischten sich in schwer durchschaubarer Weise.

«Können Sie nicht endlich dafür sorgen, daß hier der Krach aufhört, das ist ja nicht auszuhalten», fuhr sie mich an, wenn die Spannung des Schweigens zwischen uns durch die Glocke unterbrochen wurde oder draußen am Gang eine Türe zuschlug. In ihren Träumen war ich gleichgültig und distanziert, mit meinen Büchern beschäftigt wie früher ihr Vater mit seiner Kanzlei. Nach längerer Zeit erleichterte mich ein Bild sehr, das ich fand, als sie mir sehr ausführlich von ihrer Faszination durch das Schwimmen in den Stauwehren an der Isar erzählte, einer Beschäftigung, mit der sie im Sommer fast ihre ganze freie Zeit verbrachte. Sie tauchte durch die Wasserfälle und genoß es, von der Strömung getragen zu werden, trotz der Tafeln mit den Warnungen am Flußufer, ja gerade wegen dieser Verbote. Das Wasser, das sie trug, ohne in sie einzudringen, war ein Bild für die Beziehung, die sie sich wünschte. Ich verlor allmählich meinen Anspruch, deutend mit ihr zu arbeiten. Ich nahm sie eher wie ein Kunstwerk, das sich durch eine unbegreifliche, aber auch unwiderstehliche Laune seines Schöpfers in der eigenen Vollkommenheit immer wieder behindert und befleckt. Mora wollte schön sein und trug doch immer einen Makel – einen Riß im Kleid, Schmutzflecken auf der Hose, Schuhe, an denen Lehmklumpen hingen. Sie war struppig und hatte schmutzige Fingernägel, sie schneuzte sich in ihren indischen Schal und kümmerte sich im Winter nicht darum, daß ihre Stiefel auf dem Boden einen großen Fleck zurückließen. Sie bezahlte ihre Rechnungen nicht, trotz des geringen Honorars, das ich nahm (denn sie fand nur schrittweise eine nicht gut bezahlte Arbeit, und der Vater hielt sie immer noch sehr knapp mit Geld). Jedesmal sagte sie zu Beginn der Stunde, es sei ihr peinlich, sie habe wieder die Überweisung vergessen. Endlich kamen wir überein, daß sie mich immer gleich bar bezahlen sollte. Jetzt gab sie mir manchmal einen zerknitterten Schein, manchmal auch nicht. Immer wieder mußte ich sie erinnern. Wie wichtig ihr die Stunden waren, konnte ich nie aus der Äußerung positiver Empfindungen mir gegenüber ableiten, sondern nur daraus, wie sie mich anknurrte, wenn ich in Ferien fuhr, wie sie trotz aller Schwierigkeiten mit Pünktlichkeit recht regelmäßig kam.

Die erste Therapiekrise trat auf, als sich der Freund in der Wohngemeinschaft von ihr trennte. Als sie eines Abends in sein Zimmer kam, lag Harald mit einer anderen Frau im Bett und erklärte ihr kaltblütig, es sei jetzt aus mit ihnen. Ihre Ansprüche seien ihm lästig. Vielleicht könnten sie sich ja später mal über die Beziehung auseinandersetzen.

Mora war wie vom Donner gerührt. Sie konnte sich kaum auf den Beinen halten und ging wegen der Schwindelgefühle, die nicht aufhören wollten, zum Arzt. Dieser wollte sie in eine Klinik einweisen, wegen Verdachts auf einen Gehirntumor oder eine spezielle Form des Morbus Meniere, der ebenfalls durch Schwindelanfälle gekennzeichnet ist. Außerdem vermutete er, daß Drogen im Spiel seien. Moras malerisch zerlumpte Kleidung und ihre verschlossene Miene gaben Anlaß dazu.

Ich deutete die Schwindelanfälle eher als Reaktion auf Haralds Verhalten. Sie widersprach mir heftig. Die Trennung sei belanglos, endlich sei Klarheit hergestellt. So ging sie für einige Tage in eine Privatklinik. Ihr Vater telefonierte mit dem Chefarzt. Der Verdacht auf eine Gehirnerkrankung sollte durch eine Röntgenaufnahme abgeklärt werden. Der Rückenmark-Kanal hätte dazu punktiert und die Gehirnflüssigkeit abgelassen werden müssen. Angesichts dieses Eingriffs entschloß sich Mora, die Klinik wieder zu verlassen. Die Schwindelanfälle verschwanden allmählich. Ich versuchte sie als Rückkehr in die Lebensform eines Säuglings zu verstehen, der ohne den Halt an und durch einen Erwachsenen in sich zusammensinkt. Mir schien diese Deutung spekulativ, jedoch geeignet, Mora aus ihrer Passivität und dem Rückzug von allen Kontakten herauszuholen.

Ob es an dieser Deutung oder an dem Unwägbaren unserer allmählich von mehr Herzlichkeit und Vertrauen bestimmten Beziehung lag – jedenfalls genas Mora. Sie fing an, ernsthafter zu arbeiten. Auch die lange vernachlässigte Malerei nahm sie wieder auf. Sie hatte aus politischen Gründen nicht mehr gemalt. Ein Lehrer an der Akademie war der Meinung, von revolutionärem Geist bestimmte Kunsterziehung sei weit eher zu verantworten als der Rückzug in die bürgerliche Idylle persönlich betriebener Malerei. Diese Ansicht hatte Mora so beeinflußt, daß sie von nun an nicht mehr malen konnte – ein Hinweis darauf, wieviel übermäßige Bereitschaft zu Anpassung und Selbstaufgabe hinter ihrer kühlen, abweisenden Distanz verborgen war. Mora warf mir ihre für mein Urteil positiven Veränderungen vor. Stockbürgerlich und leistungsfixiert wie ihr Vater, würde ich sie auf den Weg der Anpassung treiben. Sie sei töricht genug, mir darin zu folgen. Ich fand den Vorwurf ungerecht, fühlte ich mich doch im Vergleich zu meinen Analytiker-Kollegen unbürgerlich und auf der Suche nach alternativen Lebensformen. Aber während ich versuchte, die Vaterübertragung auf mich zu klären, grübelte ich darüber nach, welche Wahrheit in Moras Vorwurf steckte.

Wir hatten eine Situation erreicht, die für lange Psychotherapien recht typisch ist. Die akuten Symptome und die Arbeitsstörungen waren gebessert, aber die Beziehungsschwierigkeiten erwiesen sich als hartnäckig und fast unveränderlich. Moras Verhalten entsprach dem Bild der «Angst vor Nähe» *. Sie konnte mit Harald gut sprechen, fand aber die Sexualität mit ihm uninteressant. Mit ihrem früheren Freund hatte sie zwar eine intensive und befriedigende sexuelle Beziehung, aber kaum gemeinsame Interessen. Er war ein «spießiger» Angestellter, Harald ein ausgeflippter Künstler. Nach der Trennung von Harald fürchtete sie sich sehr vor einer neuen Partnerschaft. Erst als sie einen guten Arbeitsplatz fand und mit den Schülern zurechtkam, ließ sie sich wieder mit Männern ein. Immer war ein Umstand dabei, der von vornherein die Beziehung erschwerte. Der eine Freund war zehn Jahre jünger, der andere ein Alkoholiker, der sich nie mit ihr verabreden, sondern nur in seinen Stammkneipen «zufällig» treffen wollte, der dritte ein verheirateter Kollege. Trotz dieser Schutzmechanismen, die eine feste Beziehung (wie sie Mora insgeheim er-

* Ich habe zu diesem Thema inzwischen einen Text verfaßt, der 1985 im Rowohlt Verlag erschienen ist.

sehnte) unmöglich machten, litt sie unter heftiger Eifersucht, wenn einer dieser Männer, die sie selbst gar nicht wirklich wollte, sich von ihr abzuwenden drohte. Die Unverbindlichkeit, die sie ihrem alkoholabhängigen Freund vorwarf, entsprach einer Abwehr ihrer eigenen Bedürfnisse. Es war oft schwierig, aus dem Wust an chaotischen Ereignissen in diesen Beziehungen Moras innere Erlebnisse herauszuschälen und mit ihrer Kindheit oder ihrer Mischung von Gleichgültigkeit und Abhängigkeit im Verhalten mir gegenüber zu verbinden.

Die Spur ihrer Einfälle führte nicht zurück bis in ihr frühes Gefühl von Einsamkeit und vergeblicher Sehnsucht nach ihrer schwachen, wenig belastbaren Mutter. Diese Situation mußte erschlossen und rekonstruiert werden. Aus den Widersprüchen und unvereinbaren Gefühlen in ihren Liebschaften ergab sich ein Bild von Verschmelzungssehnsucht und Abhängigkeitsangst, wie man Felsen unter der Wasseroberfläche aus Stromschnellen und Wirbeln erschließt. Konnte die Mutter überhaupt jemals so nah da sein, wie sie es hätte sein müssen, um für die trostlose Einsamkeit und Verlassenheit zu entschädigen? Unmöglich! War es nicht besser, in aktiver Wahl Abstand und Unvollkommenheit herzustellen und zu sichern, als sich in vergeblicher Sehnsucht zu verzehren? Konnten die Männer draußen jemals zuverlässiger und liebevoller sein, als Mora es zu sich selbst war, die doch auch ihre eigene Schönheit immer wieder sabotierte und mehr Spaß am Verbotenen hatte als am Erlaubten?

Sorgen machte mir auch Moras Alkoholkonsum. Noch wenig vertraut mit den vielen Gesichtern der Sucht, die so untrennbar mit unseren gesellschaftlichen Formen verwoben sind, hielt ich Moras Trinken für bedrohlich und versuchte, sie davon abzubringen. Es mißlang und trübte unsere Arbeit, bis ich einsah, daß ich das Trinken zwar einbeziehen, aber nicht direkt angehen mußte, wenn ich mit Mora weiterkommen wollte. Sonst wäre ich untrennbar mit dem verbietenden Vater verschmolzen. Mitten in dieser Phase der Behandlung erreichte mich ein Anruf. Moras Bruder war am Telefon. Er wollte sie sprechen, denn ihr Vater sei gestorben. Er hatte sie nicht erreicht, und eine Freundin Moras hatte ihm von ihrem Termin bei mir erzählt. So hatte ich die Aufgabe, Mora in dieser Situation zu begleiten und zu trösten, so gut ich konnte. Die Heftigkeit der positiven Gefühle für diesen strengen, vielbeschäftigten Vater, der ihr so wenig gegönnt hatte, überraschte mich. Sie weinte heftig und lange. Mehr denn je fühlte ich mich wie ein Ersatz dieses Vaters, eine Gestalt, die Mora an die Möglichkeit stabiler Beziehungen, erlaubter Befriedigung ihrer Wünsche und Förderung ihrer Kreativität glauben lassen sollte.

Ob die geduldige Arbeit an den Gründen des Scheiterns ihrer Liebesbeziehungen endlich Frucht trug oder Mora durch die unklärbare Macht des Zufalls endlich einen Mann kennenlernte, der sich liebevoll und nachdrücklich auf sie einließ – jedenfalls nahm diese Therapie nach fünf Jahren eine unerwartet günstige Wendung. Ihr neuer Freund, der im Alter zu ihr paßte und im Beruf seinen Mann stand, wollte sie heiraten. Mora zögerte lange. Nach und nach gewann sie dieser Aussicht freundliche Seiten ab. Sie war frisch verheiratet und schwanger, als sie sich von mir verabschiedete. Wenn ich an die verhärmte und verschlossene Mora zur Zeit des Therapiebeginns zurückdachte, war ich mit mir zufrieden. Ein Erfolg, der meine nie ganz schlafenden Zweifel an der Wirksamkeit unserer analytischen Mittel bei schweren Störungen beschwichtigen konnte.

Vier Jahre hörte ich nur selten, durch eine gemeinsame Bekannte von Mora. Sie hatte einen gesunden Sohn, malte viel (lud mich zu einer Ausstellung ihrer Aquarelle, die mir gut gefiel), wollte wieder mit ihrer Arbeit in der Schule anfangen, wenn der Junge in den Kindergarten kam. Dann plötzlich verschlechterten sich die Nachrichten, wurden alarmierend. Mora hatte Brustkrebs, war bereits operiert, wurde mit einem Mistelpräparat behandelt und hatte noch einmal eine Psychoanalyse begonnen. Ich wollte es zuerst nicht glauben. Dann ärgerte ich mich über meine Bekannte, die mit Mora gesprochen hatte. Sie ist Psychologin und hat sich nach vielen Jahren Analyse der Bioenergetik verschrieben. Diese bioenergetische Therapie sei auch bei Krebs erfolgreich, versicherte sie mir. Bei ihrer letzten Gruppe auf einer Mittelmeerinsel sei auch eine tolle Frau dagewesen, ebenfalls mit einer amputierten Brust. So vital, so strahlend. Das müsse Mora auch machen!

Ich beschloß, mich nicht einzumischen, und grübelte darüber nach, ob ich in der analytischen Therapie Moras etwas übersehen, einen Fehler gemacht habe. War ich zu sehr in die Rolle des Vaters geraten, der Mora eine bürgerliche Ehe aufdrängte, die auf einen massiven, krebserzeugenden inneren Widerstand stoßen mußte? Ich schüttelte den Kopf über mich selbst. Meine schuldbewußte Frage, ob ich etwas besser machen und dadurch den Krebs hätte verhindern können, war wohl nicht weniger größenwahnsinnig als die aufgeblähten Versprechungen, welche meine Bekannte ihrem Lebensenergie-Therapeuten unterschob. Einen Monat später war sie geknickt und verwirrt. Die krebskranke Frau, die auf der Mittelmeerinsel so strahlend von Vitalität den Sieg der Bioenergetik über den Krebs verkörpert hatte, war an Metastasen gestorben. Wie die ausgetriebenen bösen Geister, die zehnmal schlimmer das gereinigte Haus aufsuchen, war die scheinbar besiegte Krankheit zurückgekehrt.

Einige Wochen später rief mich Mora an. Sie wollte nicht mehr bei der Therapeutin bleiben, mit der sie eine neue Analyse angefangen hatte. Sie fühle sich da nicht wohl, würde in jedem Fall aufhören, aber wäre sehr froh, wenn ich Zeit für einige Gespräche hätte. Ich sagte zögernd zu: Zeit fehlte mir sehr. Allenfalls konnte ich Mora die Teilnahme an einer analytischen Gruppe ermöglichen, durch gelegentliche Einzelstunden unterstützt. Sie war begeistert. Ihr früher immer eher distanziertes, scheues Wesen hatte sich verändert. Sie war offener und weicher. Andererseits konnte ich mich eines unheimlichen Gefühls nicht erwehren. Moras Verzicht auf eine neue Analyse bei einer Frau, also in einem ganz anderen Rahmen als bei mir, kam mir vor wie Resignation, wie die Rückkehr eines kranken Tiers in die vertraute Höhle, in die es sich verkriechen kann. Ich schalt mich für diese Überlegungen. Warum so schwarz sehen? Hatte ich nicht eine andere Patientin nach ihrer Brustkrebsoperation fünf Jahre behandelt, ohne daß der auch bei ihr anfänglich so gefürchtete Rückfall eintrat? Jetzt war sie, wider alles Erwarten, sogar schwanger – und es ging ihr immer noch gut. Auch die zweite Patientin, die ursprünglich wegen einer Depression zu mir gekommen war und noch vor Beginn der Therapie zweimal wegen eines Dickdarmtumors hatte operiert werden müssen, war noch gesund. (Für den Chirurgen, der viele Patienten nach vergleichbaren Kriterien behandelt, mag es überflüssig sein, sich durch solche fragwürdigen Vergleiche Trost zu holen. Für mich, mit meiner eigenen und der Subjektivität Moras beschäftigt, war das nicht der Fall).

Dennoch blieb mein Unbehagen bei Mora. Sie sprach ruhig von ihrem Mann und ihrem dreijährigen Sohn, von ihrem geplanten Urlaub (sie wollte für eine Woche allein mit dem Rucksack auf eine griechische Insel, wie früher als Studentin), von den laufenden ärztlichen Untersuchungen. In der Gruppe forderte sie gebieterisch Aufmerksamkeit und wirbelte den bisher vorsichtigen, abwartenden Haufen durcheinander – aber sie sprach nur selten von ihrer Angst, sondern von ihren sexuellen Schwierigkeiten in der Ehe oder vom Streit um das väterliche Erbe mit der Stiefmutter, von der sie bisher passiv Zahlungen erwartet hatte. Oft war ich mir unsicher, ob sie nicht Psychotherapie spielte, damit alles so sei wie früher. Oder sah ich die

Situation durch meine eigene Angst verzerrt? Hätte sie mich trösten sollen, indem sie schnurstracks zu dem Thema ging, das mich am meisten bekümmerte? War es nicht ein Trost für sie, so zu tun, als sei sie gar nicht bedroht? So spielte ich mit, arbeitete an dem lang bekannten Thema der sexuellen Hemmung gegenüber dem vertrauen, erlaubten Partner und an den Mängeln ihrer Objektkonstanz. Die Stiefmutter mußte bereitwillig und jederzeit spendend sein, sonst durfte Mora nichts von ihr erwarten. Ich will mich keiner Vorahnung rühmen. Wäre es Mora weiterhin gutgegangen, dann hätte ich sicher meine düsteren Gedanken vergessen. Aber es ging nicht gut. Ein Röntgenbild war «schlecht», es war «ein Befund in der Leber». Nach acht Stunden Therapie mußte Mora schon wieder ins Krankenhaus. In der Leber waren Metastasen gefunden worden.

Die therapeutische Situation veränderte sich nun einschneidend. Es gab nur noch selten die Gelegenheit, in Ruhe zu sprechen. Wiederholte Eingriffe und eine Behandlung mit Zytostatika führten dazu, daß ich Mora kaum sah. Einige Male sprachen wir am Telefon. Sie fühle weder Trauer noch Angst, sondern Dankbarkeit für jeden Tag, den sie ohne Schmerzen leben könne. Ich sei ihr nicht mehr wichtig – meine Bedeutung sei verschwunden gegenüber der des Professors, der an ihr eine neue Form der medikamentösen Therapie erprobe und von dem sie sich alles verspreche. Und ob ich nachsehen könne, ihre grüne Mütze, die sie sehr liebe, die sie schon so lange habe und gar nicht gern verlieren wolle, sei im Gruppenraum liegengeblieben, das glaube sie mindestens. Ob ich mich darum kümmern könne?

Vielleicht wird durch die Geschichte Moras klarer, was mich an den Erkenntnissen und Aussagen stört, die vorgeben, eine «Krebspersönlichkeit» zu objektivieren. «Der Patient hat sich spät oder gar nicht vom Elternhaus gelöst. Er opfert sich für andere auf und wagt es nicht, er selbst zu sein, eigene Bedürfnisse zu haben oder gar seinen Willen durchzusetzen. Als Kind wurde er – sei es durch äußere Nöte, sei es durch unreife, vielleicht selbst unter Druck stehende Eltern – stark eingeengt, dabei oft zugleich emotional vernachlässigt … Der Kranke kann anerzogene Tabus nicht durchbrechen, erscheint beherrscht, zuverlässig, spricht mit niemandem über seine Probleme und verbraucht in seine Abkapselung viele Kräfte.»*

Wird das Opfer zum Schuldigen, um die Personen in der Umgebung des Opfers zu entlasten, die sich bedroht fühlen? Von Mora weiß ich, wie ähnliche Aussagen ihrer Freundinnen Besuchstage im Krankenhaus vergifteten. Wie soll jemand, der sich so wenig gegen uneinfühlsame Eltern wehren kann, der so pflichtbewußt die Schuld bei sich selbst sucht, solche «psychischen Stigmata»** an sich abgleiten lassen? Unsere eingefleischte Bindung an das Machbare hindert uns, in Moras lebensbedrohlicher Situation nur die Trauer und Sorge zu sehen. Es muß doch auch eine Tat, ein Verschulden, etwas Vermeidbares geben.

Ich bin keineswegs frei von solchen Formen der Abwehr: dem Glauben, mir könnte es nicht so geschehen, der Berufung auf meine (wirklich?) bessere Fähigkeit, Gefühle auszudrükken und Wünsche zuzulassen. Florian und Pharisäer in einem, hoffe ich, gerade deshalb mit heiler Haut davonzukommen, weil ich nicht so bin wie Mora, und greife nach den Krücken der besserwisserischen Psychosomatik. Aber ich finde immer weniger Halt und Sinn in solchen Argumenten. Und ich werde zornig, wenn ich bemerke, wie die psychosomatisch denken-

* Selecta, 24.6.1985, S. 2500f.
** Selecta, a.a.O., S. 2501. Vgl. auch K. Maehder, Biologische Medizin 13, 1984, S. 240.

den Forscher, statt die zerstörerischen Leistungsvorstellungen unserer Gesellschaft zu kritisieren und aufzudecken, den Versuch machen, sie zu vervollkommnen. Da heißt es etwa: «Eine andere Art Krebspersönlichkeit hat der Mensch, der im Erwachsenenalter einen emotionalen Streß bewußt erlebt, jedoch nicht verkraftet hat und sich daraufhin in ein selbstzerstörerisches Verhalten flüchtet. Dies kann zum Beispiel exzessives Essen, Trinken, Rauchen, vielleicht Medikamentenkonsum, Hektik, Zerstreuung sein – oder das Gegenteil: Er wirkt passiv, bagatellisiert Krankheitszeichen.» *

Der Kranke zerstört sich selbst, weil er emotionale Belastungen nicht verkraftet. – Ungewollt steckt in solchen Ergebnissen der psychosomatischen Forschung ein moralischer Vorwurf, den die Betroffenen durchaus empfinden. Dem medizinisch-psychologischen Ideal des «normalen» Menschen können es immer weniger Personen recht machen. Aber das mildert die Idealansprüche nicht, sondern steigert den Druck auf die Individuen und ihre Gefühlsbeziehungen. Schon werden Eltern, wie einst bei den Psychosen («schizophrenogene Mutter»), heimlich gebrandmarkt: Ihr seid verantwortlich, wenn euer Kind an Krebs erkrankt, ihr wart entweder zu einengend-überfürsorglich oder zu distanziert-gefühlskalt, ihr habt die Kinder zu früh aus dem Nest geschubst oder sie zu lange an euch gebunden. Solche Erklärungen vermehren das Übel, das sie aufzudecken meinen. Sie behindern die Gefühlsbeziehungen zwischen dem Kranken und seinen Angehörigen. Sie verschaffen dem berufsmäßigen Helfer eine trügerische Überlegenheit, die er nicht einlösen kann, die aber (wie jede Erhebung eines Menschen über einen anderen) zu malignen Abhängigkeiten und der erfolglosen Suche nach den Ideal-Eltern führt, die in ihrer Neuauflage als perfekte Therapeuten nicht nur das neurotische

---

* Selecta, a.a.O., S. 2501.

Elend, sondern auch das allen Menschen gemeinsame Leid aus der Welt zu schaffen versprechen.

In diesen Umgangsformen mit den Krebskranken wiederholt sich der Mechanismus, durch die scheinbare Entlastung einer persönlichen Schuld- oder Schicksalszuschreibung das gründliche Nachdenken über die Wurzeln des Leidens zu erschweren. Unser Streben nach vollkommener Gesundheit kann uns durch den Leistungsdruck, der in ihm steckt, belasten und kränker machen. Wir alle altern, aber muß es durch die Konkurrenzhetze am Arbeitsplatz und im Straßenverkehr beschleunigt werden? Kummer und Sorge lauern jeden Tag – aber erleichtert es sie, wenn wir Schuldige suchen, die uns falsch erzogen haben? Menschenfeindliche Leistungsansprüche (wie der, den emotionalen Streß der Industriegesellschaft beschwerdelos zu «verarbeiten») bleiben hinter solchen individualisierenden Zuschreibungen verborgen wie die Umweltgifte in der «psychosomatischen» Erklärung von Allergien und psychovegetativen Syndromen. Es ist, als ob dem seelisch verarbeitungsfähigen Menschen Bleistaub in der Luft, Cadmium im Boden, DDT in der Muttermilch und Quecksilber im Thunfisch nichts mehr anhaben können.

15   Der Verzicht auf Behandlung

> Ich will euch keinen Rat geben und sagen, tut dies
> oder jenes. Denn nicht in der Tat oder dem Plan zu
> ihr kann ich von Nutzen sein noch in der Wahl zwi-
> schen dieser Richtung oder einer anderen, sondern
> nur im Wissen, was war und ist und zum Teil auch
> was sein wird.
>   Galadriel bei J. R. R. Tolkien*

> Passerà ...
> («Es geht vorbei», Antwort des 81jährigen Hirten
> Pampalone in Vicchio auf die Frage, warum er mit
> seiner geschwollenen Backe nicht zum Arzt gehe.)

Wer die Technik kritisiert, muß mit dem Vorwurf rechnen, er
wolle zurück in die Steinzeit. Wer Insektengifte tadelt und darauf hinweist, daß sich immer widerstandsfähigere Arten entwickeln, muß sich vorhalten lassen, er wolle Millionen von
Menschen dem Hungertod ausliefern. Wer gegen Atomkraftwerke ist, muß für arbeitslose Männer und verbitterte Familien
sein, die frierend im Dunkel sitzen. Wer die Medizin kritisiert,
will das Vertrauensverhältnis zwischen Arzt und Patient zerstören, den ersteren brotlos machen und den letzteren wehrlos
Schmerz und Tod ausliefern.

Weshalb diese Vorwürfe? Sie drücken Ängste aus, die eine
Untersuchung wert sind. Die Möglichkeiten außerhalb einer
technisch-wissenschaftlich vergewaltigten Natur müssen um
so bedrohlicher dargestellt werden, je unsicherer sich die Men-

---

* J. R. R. Tolkien, Fellowship of the Ring. New York (Ballantine)
1965, S. 462.

schen über den Sinn ihrer Fortschritte sind. Der Kredit des herkömmlichen Umgangs mit Wissenschaft und Technik ist für eine wachsende Zahl von Einsichtigen aufgezehrt. Sie wollen nicht mehr glauben, daß die von der industriellen Zivilisation geschaffenen Schwierigkeiten nach dem Prinzip «mehr desselben» bewältigt werden können. Gleichzeitig wachsen die Verleugnungsanstrengungen.

Die Technik, welche bisher allein durch ihr Vorhandensein überzeugt hat, braucht Propagandisten. Diese Propagandisten setzen auf das Lustprinzip – das Gesetz des geringsten Widerstands. Nur nichts aufgeben, auf keinen naheliegenden Vorteil verzichten! Kritisches Abwägen und individuelle Entscheidung sind nicht gefragt, obwohl auf diesem Weg das Realitätsprinzip durchgesetzt werden könnte – das Gesetz der größten Befriedigung. So ergibt sich der Widerspruch, daß die Propagandisten des technischen Fortschritts vermessen genug sind, wirtschaftliche Stabilität (etwa in der Betreuung der Atomenergieproduktion) für Jahrhunderte vorherzusehen. Andererseits erklären sie die Menschen für so triebhaft und irrational, daß diese für eine ökologische Stabilisierung keine Opfer bringen werden und keinen Tag auf eingeschliffene Konsumgewohnheiten verzichten können.

Die Nicht-Behandlung von Krankheit als kreative Möglichkeit wird ähnliche Einwände wecken. Auch hier setzt sofort der Vorwurf medizinischer Propagandisten ein, daß der «Laie» nicht «wissen kann, was ihm fehlt», und daher dieser Rat «unverantwortlich» sei. Wer solches vorschlägt, ist sicher dafür, daß man Schwerverletzte auf der Straße verbluten läßt. Überlassen wir die Papiertiger der Großwildjagd, und versuchen wir weiterzudenken.

Betrachten wir zwei Anzeigen für Arzneimittel. Auf der einen wird ein Mittel gegen Herzbeschwerden mit dem Slogan verkauft: «Seda-Movicard und der Motor läuft immer ruhig».

Dazu, über eine ganze Seite der betreffenden Ärzte-Zeitschrift im Farbdruck aufgemacht, das Bild eines dicken, haarigen Mannes, der freundlich lächelt. An der Stelle seines Herzens ist ein Schwarzweißfoto eines Dieselmotors einkopiert.

In der zweiten Reklame wird die Schamanismus-Faszination der Intellektuellen angesprochen. Auf dem Foto steht ein Schwarzer im Bastrock auf dem Bauch eines anderen Schwarzen im Lendenschurz, der auf einem bunt gemusterten Teppich liegt. Im Hintergrund ist ein neugebautes Holzhaus, wohl eine Safari-Lodge, zu erkennen. Der Text beginnt so: «Rituelle Schmerzbekämpfung in Jaronde, Süd-Kamerun. Rhythmisches Trommeln. Händeklatschen. Monotone Gesänge in kehligem Chorus. Der Patient verfällt in Schlaf, tief wie Trance. Wakue, der Medizinmann der Pygmäen, spuckt in sein Gesicht und tanzt. Tanzt bis zur Trance, zur Erschöpfung. Nach dem Wecken fehlt dem Patienten jede Erinnerung an die Zeremonie. Er ist schmerzfrei ...» Dieser irrationalen Schmerzbekämpfung wird also großzügig eine (wie mühsam erreichte) Wirkung zugeschrieben. Ihr setzt die selbstbewußte Pharmafirma «Rationale Schmerzbekämpfung – Die logische Wirkstoffkombination von Nedolon P, schnell, wirksam, verträglich» entgegen. «500 mg Paracematol wirken peripher, 30 mg Codeinphosphat verstärken durch zentrale Schmerzhemmung die Wirkung des peripher angreifenden Paracematol ...»

Diese Erklärungen klingen naturwissenschaftlich, sind aber kaum weniger «magisch» als die des angeblichen Pygmäen-Medizinmanns (der sicher kein traditioneller Pygmäe ist, denn die tragen keine Baströcke). «Wirkung», «angreifen», «peripher», «zentral» – so ist das magische Weltbild der Pharma-Reklame. Die zugrundeliegenden Prozesse sind damit nur scheinbar erfaßt. Ähnlich magisch ist die Reklame

MOVICARD®
SEDA-MOVICARD®

und
der Motor
läuft immer
ruhig

umfassende Herz- und
Kreislauftherapie aus
K-L-aspartate + ATP
reguliert den Herzstoffwechsel
Crataegus und Viscum
steigern die arterielle Hämodynamik
— Tri-(hydroxyaethyl)-rutin
fördert den venösen Rücklauf
dium phenylaethylbarbituricum
sediert mild und schonend

Ravensberg GmbH · Chemische Fabrik · 7750 Konstanz

für das Herzmittel: Ein Stoff «reguliert den Herzstoffwechsel», einer «steigert die arterielle Hämodynamik» und ein anderer «fördert den venösen Rücklauf», während eine Barbiturkomponente «mild und schonend sediert». Diese Aussagen sind pharmakologisch vermutlich falsch. Alle angeblich durchblutungsfördernden Medikamente haben ihren Nutzen bis heute nicht bewiesen. Aber diese Gesichtspunkte sind in unserem Zusammenhang weniger bedeutungsvoll. Hier geht es eher darum, zu überlegen, wie sich Denkformen, die in solchen Sprüchen stecken, auf die Subjektivität des Kranken auswirken.

Die Werbesprüche sind keine Entgleisung. Sie drücken eine Grundhaltung aus, die in den letzten Jahrhunderten allmählich entstanden ist und heute Extremformen angenommen hat, die ihr inneres Verhängnis erkennen lassen. Jede scheinbar und mehr noch jede tatsächlich funktionierende technische Bewältigung von subjektiven Störungen enthält auch eine Enteignung, einen Verlust. Er wirkt zunächst, verglichen mit der erhofften und manchmal auch erreichten Erleichterung, harmlos. Einer von jenen Werten, die unter den Schwellen liegen, mit denen die technische Zivilisation ihre Gifte und ihren Müll «im Griff» hat.

Wenn das Herz stottert und nicht rund läuft, muß man das richtige Öl in den Motor füllen, und schon ist's wieder gut. Die «rationale» Maßnahme bei Störungen ist, daß man etwas tut, etwas gibt. Das Grundmodell der Krankheit wird in der Konsumgesellschaft die Beseitigung von Mangel. «Mir fehlt was», «mir fehlt's am Herzen, an der Niere, der Bandscheibe» sind typische Äußerungen.

Wie Feuerwehrmänner, die mit Öl Brände löschen, so suchen die Beteiligten an der Krankheitsindustrie durch Gigantomanie die Mängel zu beheben, die ihren Lösungsversuchen folgen. Eine immer perfektere Diagnostik, die mit einem engmaschigen

schigen Netz von Vorsorgeuntersuchungen die gesamte Bevölkerung erfaßt, soll das gestörte Gesundheitsgefühl endgültig durch die technische Prothese ersetzen. Aufklärungsfeldzüge werden geplant und Siege der Wissenschaft verkündet, den militärischen Ruhmestaten der amerikanischen Heere in Vietnam vergleichbar. Längst wird die störungsanfällige Herzpumpe nicht mehr nur mit Medikamenten zum runden Lauf gebracht, sondern von Denton Cooley in Texas mit einem Bypass versorgt oder gar ausgetauscht, durch eine Maschine ersetzt.

Die Medizin ist in einem vor-reformatorischen Zustand stehengeblieben. Wo die Angst vor der Krankheitshölle nicht ausreicht, scheut die naturwissenschaftliche Hochkirche nicht vor der Inquisition zurück. Wer nicht pariert, wird dem weltlichen Arm übergeben. Heilkundige Laien, die sich nicht dem medizinischen Monopol unterwerfen, müssen mit Geld- und Freiheitsstrafen rechnen. Die große Kirche vergibt die Sakramente, verkauft den Ablaß, ordnet das Leben und den Tod. Es gibt keinen Luther, der die von dieser Kirche monopolisierte Körpersprache aus dem Latein der Eingeweihten in das Idiom des Volkes übersetzt. Der es damit jedem einzelnen ermöglicht, seine eigenen Lehren aus dem intimen Zwiegespräch mit seinem Körper zu ziehen. Und wenn es diesen Luther gäbe – womöglich würde er, wie es mit dem historischen Luther geschah, die zuerst erkämpfte Freiheit noch zu seinen Lebzeiten zurücknehmen, mit der Obrigkeit einen Pakt schließen und endlich nur ein neues, mit neuen Formen der Inquisition und Ketzerverfolgung ausgerüstetes Machtsystem aufbauen.

Diese Vergleiche werden sicherlich der subjektiven Situation vieler Ärzte und anderer Therapeuten nicht gerecht, die nach besten Kräften versuchen, Leiden zu lindern. Aber wir sollten nicht hinter die Errungenschaft der Gedankenfreiheit zurückfallen. Fast alle Ärzte stöhnen heute über die Bürokratie der Krankenkassen und Rentenbehörden, viele auch über die passiven Ansprüche ihrer Patienten, die nur etwas haben wollen, aber den Arzt in die Situation des Versagers bringen, der es nicht schafft, die Schäden durch Rauchen, Alkoholismus, Berufsstreß und Bewegungsmangel auszugleichen. Freilich, der Zusammenhang dieser bürokratischen Vereinnahmung der Ärzte mit ihrem eigenen Bedürfnis, an Macht teilzuhaben, mit ihrem Wunsch, die Laien aus der Gesundheitsversorgung zu vertreiben, wird selten erwähnt.

Jedenfalls haben auch die Psychosomatiker die vornehmste Aufgabe des Helfers nicht entdecken wollen: sich selbst überflüssig zu machen. Man kann es ihnen in dem erbitterten und verlustreichen Konkurrenzkampf mit der Organmedizin kaum übelnehmen. Sie hätten Möglichkeiten, ihr umfassenderes Verständnis der Krankheit zum Anstoß solcher Überlegungen zu verwerten. Der Verzicht auf Behandlung läßt sich in unserer Um- wie Innenwelt schwer verwirklichen. Daß ein Schriftsteller unbeschriebenes Papier dringender braucht als einen Leitfaden «Wie werde ich Schriftsteller?», ist einzusehen. Der Bildhauer wird über einen Marmorblock und einen scharfen Meißel glücklicher sein als über einen Rohling vom Fließband, den er nur noch vollenden kann. Aber daß es für einen Kranken sinnvoll sein kann, in dieser Weise mit sich umzugehen? Die verschüttete und viel verschwiegene Erkenntnis, daß 95 von 100 Krankheiten keine Behandlung brauchen, ist als dürre Zahlenangabe nicht leicht mit Sinn und Leben zu erfüllen. Jeden Tag produziert unser Organismus Mißgefühle. Wir übersehen sie oft. Aus welchen Gründen tragen wir einige davon zum Arzt, der eine Krankheit aus ihnen macht oder die bereits von uns vorgefertigte Krankheit übernimmt und verbessert?

In der bürgerlichen Gesellschaft hat sich parallel zur Vorherrschaft der Zweckrationalität die Neigung entwickelt, störendes Verhalten in die Zuständigkeit der Ärzte zu schieben. Hexen werden nicht mehr von kirchlichen Autoritäten dem weltlichen Gericht zur Verbrennung übergeben, sondern von Anfang an medizinisch verweltlicht, für geisteskrank erklärt. Der Fortschritt zu mehr sozialer Sicherheit hat diese medizinischen Aufgaben verhundertfacht. Ärzte müssen jetzt entscheiden, ob jemand wegen einer objektiv nachweisbaren Krankheit Hilfe in Anspruch nehmen kann oder diese Krankheit nur subjektiv heuchelt, um sich in einem zur Hängematte mißbrauchten sozialen Netz auszuruhen. Groddecks Bemerkung, daß auch jemand, der eine Krankheit vortäuscht, krank ist, weil ihn sein Es zu diesem Täuschungsversuch veranlaßt, stieß auf taube Ohren. Wo Krankheit in einer Leistungswelt die einzige erlaubte Möglichkeit ist, außerplanmäßig dem Druck auszuweichen, müssen ihre seelischen Motive versteckt werden. In der Dunkelheit erwachen Ungeheuer, die ihre Kraft aus der blendenden Helligkeit des rationalen Lichts ziehen. Wie die Flamme eines Schweißgeräts soll es eine neue Welt bauen, in der sich freie Individuen an ihrem inneren Pflichtgefühl orientieren.

Dieser verinnerlichte Leistungsdruck führt dazu, daß die subjektive Krankheit der besten, geschultesten Seiten des Individuums beraubt wird. Diese gehören dem Auftrag, dem Arbeitgeber. In Sumpflöcher und Straßengräben abgedrängt, wird sie bereitwillig den Heilern überlassen, die sich mit diesen blutigen und vereiterten Seiten der menschlichen Existenz beschäftigen. Die unbewußt «gewollte» Krankheit stürzt das Ich in einen inneren Widerspruch, eine kognitive Dissonanz. Das Krankschreiben ist die institutionalisierte Entmündigung des Kranken, die öffentliche Feststellung, daß er selbst nicht weiß, ob er gesund ist oder krank, da es ihm von einem Fachmann bestätigt werden muß. Diese Situation wird dort am ehesten bedacht und verändert, wo ihre Folgen die tiefste Entfremdung ausgelöst haben: in der «Versorgung» von Frauen durch männliche Ärzte. Die autonomen Frauengruppen, die ihren Körper durch Selbstuntersuchung wiedererobern wollen, sind den Gynäkologen oft ein Dorn im Auge, aber ein Schritt auf dem Weg zu einer subjektiven Frauenkunde, die von ganz anderer Beschaffenheit ist als die objektive Gynäkologie.

Der behandelnde Arzt ist für das Subjekt nicht nur in seiner Funktion als bürokratisch anerkannter und anerkennender Richter von Bedeutung. Er verkörpert auch den Vater oder die Mutter, die erlauben, krank zu sein, und versprechen, das bedrohte, in Auflösung begriffene Selbst zu schützen. Der Arzt festigt den Narzißmus des Kranken. Er ist nach den allgemein anerkannten Grundsätzen für die Krankheit zuständig. Er verkörpert das gesammelte Wissen und die technische Macht, mit der sich die soziale Umwelt vor Chaos und Dunkelheit schützt. Die daraus fließende Erwartung, der enorme Vertrauensvorschuß entfalten mächtige Wirkungen, die physikalische oder chemische Effekte von Medikamenten meist weit übersteigen. Es ist schwer, sich dem Lebensgefühl der Konsumgesellschaft zu entziehen, daß dem Kranken etwas fehlt. Selbst die Homöopathen, deren Einstellung in vielen Punkten Ansätze zu einem Behandlungsverzicht enthält und die grobe Unterdrückung der üblichen Arzneigaben vermeidet, können es nicht dem Kranken überlassen, die Botschaft des Dunkels selbst zu entziffern.

Diese Überlegungen zeigen, wie schwierig der Behandlungsverzicht zu verwirklichen ist. Er führt dazu, daß der Betroffene aus einem sozialen Zusammenhang ausscheidet, der ihn in vielfältiger Weise stützt, aber auch behindert und entmündigt. Verständnis für die innerkörperliche Anarchie der Krankheit zu gewinnen setzt ein Stück äußere Anarchie voraus – ein Heraustreten aus der gesellschaftlich gestalteten Selbstverständlichkeit. Der Arzt beruhigt: Er sagt, daß «es nichts Ernstes ist». Oder es *ist* etwas Ernstes. Dann leitet er die notwendigen Schritte ein. Er vermittelt das Gefühl, «nichts zu versäumen». Das heißt, wer sich daranmacht, die Botschaft zu entziffern, muß die Angst ertragen, etwas zu versäumen. Er muß davon ausgehen, daß die übliche Objektivierung ihrem Verständnis eher schadet als nützt. Eine solche Objektivierung enthält auch der vorherrschende Umgang mit dem psychosomatischen Denken – «ich weiß schon, es ist psychosomatisch!» Wer sich auf die subjektive Krankheit einläßt, weiß nicht, was sie ist. Wer etwas erforschen will, muß den Gegenstand seiner Untersuchung erst von allen vorgefaßten Meinungen befreien, wie ein Restaurator, der die dicken Farbschichten späterer Übermalungen beseitigt, um den ursprünglichen Zustand eines Kunstwerks zu erkennen.

Die Objektivierung der Krankheit durch den Fachmann führt dazu, daß wir sie so lange nicht ernst nehmen, bis sie unabweisbar geworden ist. Die wohlfeile Tröstung: «Es ist nichts Ernstes», die ängstliche Erwartung, mit der man sich dieses Urteil vom Arzt holt, die wissenschaftliche Überzeugung, mit der ein Doktor den Satz ausspricht – sie alle sind Elemente einer Verleugnungsstrategie, die dazu führt, daß wir mit uns selbst ähnlich umgehen wie mit Flüssen und Wäldern.

Auch hier haben die Autoritäten so lange verkündet, die Umweltbelastung sei nicht ernst, bis die Folgen katastrophal und nicht mehr umkehrbar waren. In Wirklichkeit ist ein Schnupfen eine ernste Sache, die es wohl verdient, daß sich das Subjekt mit ihm auseinandersetzt.

Der Behandlungsverzicht enthält eine Gefahr für unseren Narzißmus. Das Subjekt muß darauf verzichten, sich im Augenblick von Bedrohung und Schwäche von einem als mächtig phantasierten Objekt stützen zu lassen. Aber andererseits erwachsen aus jedem Behandlungsverzicht dem Subjekt auch Kräfte, die es durch die Entfremdung der Behandlung verliert. Jede aus der eigenen, unverstellten und ungefilterten Auseinandersetzung mit der Krankheit gewonnene Heilung stärkt das

Selbstvertrauen und ermöglicht neue Schritte in diese Richtung.

«Am Anfang hat mir dieser Ausschlag (Herpes genitalis) sehr zu
schaffen gemacht. Ich habe gedacht, ich bin ganz schlimm dran,
muß unbedingt zum Arzt und was nehmen, ich wußte auch nicht,
was es ist, dachte alles mögliche, von der Syphilis bis zum Tripper.
Aber inzwischen habe ich gelernt, daß die Bläschen immer wieder
vergehen. Es tut längst nicht mehr so weh, seit ich besser ver-
stehe, wann sie kommen, obwohl ich es natürlich nie genau weiß,
ich bilde mir auch nicht ein, daß ich es herauskriege. Aber ich
habe das Vertrauen, daß mein Körper damit gut fertig wird, daß
ich da gar nichts machen muß. In den Zeitschriften lese ich immer
wieder von den neuen Medikamenten und Behandlungsplänen,
aber wozu? Das würde mich mehr stören als die Krankheit. Die
zeigt doch meistens an, daß mit der Sexualität was nicht ganz
läuft. Ich glaube, ich kann sagen: die Herpesbläschen sind inzwischen wie Haustiere, so eine Art Wachhunde. Wenn ich sie immer
zum Arzt getragen hätte, wären sie vielleicht etwas ganz anderes
geworden.»

(Ein 38jähriger Lehrer)

Diese subjektiven Erfahrungen werden in der Regel nicht be-
kanntgegeben. Sie stehen außerhalb der objektivierenden Rat-
und Lehrbücher. Nur ausnahmsweise finden sie ihren Weg in
eine Öffentlichkeit, die Tun und Machen über alles schätzt. Ich
will einige Zitate aus meiner Sammlung beisteuern. Vielleicht
können sie Anstoß zu weiteren subjektiven Lösungen geben –
und helfen, die Fehldeutung zu vermeiden, ich hielte es für
«richtig», keinen Arzt aufzusuchen, und für «falsch», zum
Arzt zu gehen. Wenn es so einfach wäre, bräuchten wir solche
Überlegungen nicht.

Die schwierige Behandlung des Herpes zoster (Gürtelrose) war
Anlaß einer Leseranfrage in einer Ärztezeitschrift. Empfohlen

wurden verschiedene Virustatika und andere Medikamente. «Über die Erfahrungen der Kollegen bei der Behandlung des Herpes zoster wundere ich mich», schreibt ein Internist dazu. «Ich behandle seit 16 Jahren mindestens 10 Fälle pro anno (im Jahr, W. S.) überhaupt nicht und mit bestem Erfolg (lokal mit pasta zinci, irgendwas muß man schließlich machen), Schmerzfreiheit nach 3 bis 6 Tagen.» *

Die Anmerkung in Klammern – Zinksalbe, um irgendwas zu machen (ut aliquid fiat, W. S.) – entwertet natürlich die Nicht-Behandlung erheblich. Aber Dr. Quack hat deutlich das Bewußtsein, daß die Zinksalbe nicht notwendig ist. Er wagt es nur nicht, diese Einstellung auch seinen Patienten zu vermitteln.

Auch der nächste Fall wird von den medizinischen Autoren, die über ihn berichten, ausdrücklich nicht als Vorbild empfohlen, obwohl er sehr nachdenklich machen kann.

Es handelt sich um eine Frau, die im Alter von 59 Jahren mit einem verdächtigen Knoten in der linken Brust zum Hausarzt kam. Dieser wies sie ins Krankenhaus ein. Als sie bereits dort war, am Vorabend des geplanten Eingriffs, erfuhr die Patientin, daß eine Nachbarin kurz vorher an einer Brustoperation gestorben war. Daraufhin lief sie aus dem Krankenhaus und lehnte in Zukunft jede Operation ab. Im Lauf der nächsten zwanzig Jahre wuchs der Tumor erheblich, machte der Frau aber keine besonderen Beschwerden. Als sie mit inzwischen 79 Jahren wieder in Behandlung kam, wurde die ursprüngliche Diagnose eines Adenokarzinoms bestätigt. Die Patientin war erstaunlich vital und fröhlich. Sie starb einige Jahre später, inzwischen 83, an einem Schlaganfall.** Während ihrer Gespräche mit der eigenwilligen alten Dame fanden die

* Dr. Meinhard Quack, Frankfurt-Griesheim, in: Medical Tribune, 44/1980.
** H. F. Döring, C. Döring, Troisdorf, in: Der Deutsche Dermatologe Bd. 29, Heft 11 (1981), S. 1152–1158.

Ärzte auch heraus, daß sie seit ihrem Behandlungsstreik vor 24 Jahren eine private Statistik angelegt hatte, in die sie alle Brustkrebserkrankungen in ihrer Bekanntschaft aufnahm. Sie kam dabei auf 122 Fälle. Alle waren nach den üblichen ärztlichen Verfahrensweisen «korrekt» operiert worden. Und alle waren inzwischen gestorben.

Diese Statistik ist ein Teil der subjektiven Krankheitsbewältigung und damit kaum als objektive Aussage ernst zu nehmen. Allerdings muß auch der objektivierende Statistiker zugestehen, daß nach den Krebsheilungskriterien diese Frau mit über zehn Jahren Überlebenszeit sich selbst geheilt hat. Ein Onkologe würde einwenden, daß es gerade beim Brustkrebs solche unvorhersehbaren Verläufe gibt, und im Brustton der Überzeugung versichern, gerade diese Patientin hätte, wenn operiert, sogar ohne den kopfgroßen Tumor in ihrer linken Brust über 80 Jahre alt werden können. Sie selbst war auf Grund ihrer subjektiven Einsichten überzeugt, die Operation würde sie umbringen, wie ihre Bekannten auch. Ein Psychosomatiker könnte deuten, daß die Operation möglicherweise ihren durch die Verweigerung geweckten Lebensmut und Protestgeist gebrochen, damit ihre Abwehrlage verschlechtert und endlich ihren Tod beschleunigt hätte. Beide Fragestellungen sind unvollständig. Es scheint am besten, sie sich gegenseitig aufheben zu lassen, damit die Patientin in ihrem subjektiven Lösungsverhalten frei bleibt.

Mir fällt auf, daß ich diese Fallstudie nur nach gewissen Widerständen mitteile. Ich habe selbst jahrelang verschiedene Frauen nach einer Brustamputation psychotherapeutisch begleitet (was auch nur ein anderes Wort für «behandelt» ist). Ich weiß, wie schwer die narzißtische Kränkung durch diese Verstümmelung wiegt. Und ich zögere bei dem Gedanken, wie sie mit einer solchen Mitteilung umgehen. Ich weiß, wie tief eingewurzelt unsere Neigung ist, uns durch Selbst-Objektivierung aus der Einsamkeit der Subjektivität zu befreien. Wenn alle sagen, die Operation ist richtig, dann muß sie doch auch richtig sein! Wenn aber hier eine Frau mit zähem Willen das Gegenteil beweist – vielleicht ist dann das Gegenteil richtig? Vielleicht war die Operation falsch?

Jedes «richtig» bedingt ein «falsch» und zerreißt den subjektiven Lebenszusammenhang, der nur dann ungestört ist, wenn sich die Frage nach richtig oder falsch nicht erhebt. Daher scheint es mir auch sinnlos, die Nicht-Behandlung in einer Weise zu empfehlen, die sich als Kontrastprogramm zur objektiven Umgangsform verstehen läßt. Achtung vor der Subjektivität ist kein Programm, sie läßt sich nicht in allgemeine Vorschläge und auf jeden Kranken anwendbare Muster kleiden. Sie bietet weniger und will doch mehr: das Gehäuse sprengen, das scheinbar Sicherheit gibt; das Dunkel hereinlassen, das draußen droht: vielleicht ist es dann nicht mehr so bedrohlich.

Dokumentation:

Behandeln oder nicht behandeln?

Der folgende Artikel von Paul Lüth drückt eine verbreitete ärztliche Stellungnahme (und Abwehr) aus: Die Einsicht in den Sinn von Nicht-Behandlung («ruhen lassen») wird zwar als unabweisbar hingestellt, aber dennoch abgewiesen, weil die Patienten nicht mittun und die Ärzte «Sklaven» sind. Lüth ist Landarzt in Rengshausen und Professor für Allgemeinmedizin an der Gesamthochschule Kassel. Damit verkörpert er eine Ausnahme unter den Medizinprofessoren, die meist von der klinischen Forschung geprägt werden. Sein persönlicher Kompromiß zwischen Gegen-den-Strom-Schwimmen und Anpassung läßt sich auch in dem Artikel (der am 9. September 1983 in der «Medical Tribune» erschien) finden.

Paul Lüth:
Wir Ärzte sind die Sklaven

Nur die Natur heilt, der Arzt hilft* – ein alter Spruch. Auf ärztlichen Festveranstaltungen kehrt er immer wieder, der Kliniker lächelt dann dünn, die Natur hat keine Apparate, was soll's, während der niedergelassene Arzt dabei etwas nervös wird.

Aus doppeltem Grunde wird er nervös: wenn sie es ist, die

---

* Natura sanat, medicus curat. Groddeck übersetzt richtiger: Die Natur heilt, der Arzt behandelt. «Curare» heißt sorgen, pflegen. Aber seit es «Pflegepersonal» gibt, muß fürs ärztliche Tun ein anderes Wort gefunden werden.

248

heilt, was macht dann eigentlich er, und vor allem: worin besteht ihr Geheimnis? Man müßte ihr doch längst auf die Schliche gekommen sein, wenn man bedenkt, wie gründlich wir ihr in die molekularbiologischen Karten blicken!

Nehmen wir ein Beispiel!

In diesem Sommer geht ein Teil des bundesdeutschen Volkes gebeugt, teilweise geht er gar nicht, sondern stöhnt auf dem Stufenbett. Ein Leiden hat sich gehäuft, für das man früher die schöne erzählerische Bezeichnung des Hexenschusses hatte. Dann sprach man von Lumbalgie/Ischialgie mit Schrägstrich. Heute redet man kurzerhand von der lateralen Diskushernie, auch wenn sie physikalisch nur sehr ungefähr nachweisbar ist. («Ahndung» hätte man in poetischeren Zeiten manche teure apparativ-physikalische Diagnose genannt.)

Es ist ein böses Leiden, eine Tortur. Der Kranke ist unfähig, sich zu bewegen, denn jede Bewegung schmerzt unerträglich. Es kommt also auf sofortige Hilfe an!

Da sind wir denn mitten in der Verlegenheit, will sagen: im Praxisalltag. Gehen wir einmal die Medizin durch, die wir in der Praxis etwas anders auffassen, als die Theoretiker es tun, nämlich integral, d. h. alles berücksichtigend, was Hilfe versprechen könnte. Natürlich fragen wir zuerst unsere Klinik.

Die Schulmedizin fährt zweigleisig. Die Klinik – und das Lehrbuch – nämlich sagt: laterale Diskushernie, keine Zeit im Niedergelassenentum verplempern, sondern sofort operieren, alles andere bringt nichts. Sie sagt das durch den Mund derjenigen Kollegen, die an der Klinik tätig sind. Sobald dieselben sich jedoch niedergelassen haben, ändern sie ihre Meinung komplett. Sie denken dann an unstrittige Anmerkungen wie die von V. R. Otto: «Ein voller Erfolg (sc. der Operation) ist auch bei bester Technik nur in etwa 40 % zu erwarten, die postoperative Rehabilitation kann langwierig sein.» Heilungschancen dieser Größenordnung liegen bekanntlich im Plazebo-Bereich, das gilt auch für Operationen. Also versuchen wir es konservativ.

Zuerst wird gespritzt: noch nie gab es eine solche Ampullen-Palette! Es ist überwältigend, von den neurotropen Vitaminen bis hin zu den ganz neuen Antirheumatika! Vielen wird Erleichterung verschafft. Aber «Hundertprozentiges» ist nicht darunter. Auch die Steroidhormone* bringen es nicht. Alles hilft einmal, das richtet uns dann auf, aber der Prozentsatz liegt sicherlich nur wenig über dem operativen Bereich.

Also muß etwas anderes gemacht werden, der Patient verlangt es nachdrücklich. Nun wird gequaddelt, wenn man es weltanschaulich verkraften kann, oder wenigstens paravertebral injiziert, dann kommen die Kurzwellen, die diadynamischen Ströme, frequenzmoduliert, auch hier hilft alles einmal, das richtet uns dann auf. Dann kommt die Massage, vermutlich bringt sie am wenigsten, sicher ist, daß sie die Sache erheblich verschlimmern kann.

Nun folgen die Ratschläge für das Verhalten zu Hause: hartes Brett unter der Matratze, Stufenbett mittels Koffer, auch Schrägbett wäre nützlich. Man entspannt, entstaut, entwässert – die diversen Methoden sind bekannt. Aber alles versagt einmal, leider nicht nur einmal, sondern immer wieder einmal, und dann weist man in die Klinik ein und sieht den Patienten sehr lange Zeit nicht wieder, denn dort weiß man, wenn man nicht mit dem großen Psychopharmakon «Operation» aufwartet, auch nicht viel weiter – nach der Operation sieht man ihn früher, aber nicht weil er geheilt ist, sondern weil er Heilverfahren und Nachsorgeeinrichtungen frequentieren muß, und im Vertrauen sagt er zu seinem Hausarzt: Hätte ich mich bloß nicht darauf eingelassen – aber da er es nur zu seinem Hausarzt

* Cortison-Präparate.

250

sagt, konstatiert die Klinik weiterhin in aller Ruhe: Operiert = geheilt.

Fragen wir die Naturheilkunde: Ärzte für Naturheilverfahren, auch die Heilpraktiker. Sie gehen den gleichen Weg, lassen aber Operation und Chemie von vornherein aus. Sie treten mit eigenen Methoden an: Akupunktur (auch sie richtet zuweilen auf), Moxen, also «Brennen» (dito), besondere Arten von Schlamm und Kräuteraufschwemmungen, Kneippsche Anwendungen, hinterlistige Blitzgüsse, alles strotzt vor Psychotherapie! Spezielle Verfahren blühen, der Baunscheidtismus, die «Akupunktur des Westens», das Öl soll problematisch sein, aber auf das Öl kommt es nicht an, wichtig ist Hufelands Urteil: «Groß ist die Kraft der künstlichen Geschwüre.» Wir haben das nur vergessen. Also Fontanellen, Schröpfköpfe, Kantharidenblasenbehandlung. Dann die Chiropraktik, unheimlich, wenn bei Patienten jenseits des 40. Lebensjahres gehandhabt.

Gehen wir weiter: Rheuma und Diskushernie sind uralt, was also haben die alten Ärzte gemacht, die Ärzte vor Virchow? Sie sahen die Ursache in zu starker Anhäufung von Schlacken, deshalb versuchten sie, diese «abzuleiten», auf welchem Wege auch immer. Zwei große Richtungen taten sich sofort auf: das Schwitzen (die alten Ägypter grüßten sich mit «Wie habt Ihr heute geschwitzt?») bis hin zum Dampfbad, zur Sauna usw., und das Brechen, kurmäßig, alle zwei Tage wiederholt (eine Art Schocktherapie, wenn wir es modern sehen – Goethe wechselte, als sein Arzt Dr. Huschke es mit ihm bei seinem Rheuma probierte, den Arzt). Hufeland urteilte damals, das Brechen leiste «zuweilen sehr viel». Also zuweilen. Im übrigen sah man sich damals die Kranken an: die Behandlung war anders bei Dicken und Vollsaftigen als bei Dürren und Schwachen. Man kannte Tees zur Vorbeugung, die berühmten «Frühjahrstees». Man kann das alles bei dem großen Aschner nachlesen.

War man damals glücklicher mit den Kuren als heute? Ich

fürchte, es hat sich nicht viel geändert, etwas Durchschlagendes, etwas, das immer und jederzeit sofort hilft, gibt es auch heute nicht. Man könnte ruhig sagen: irgendwann hilft alles, und dieses «irgendwann» müßte uns wohl stutzig machen.

Irgendwann – wie wenn es sich um zyklische Leiden handelte? Das hieße: die Krankheit kommt, läuft ab, eigentlich unbeeinflußbar, wir können allenfalls Schmerzen lindern, selbst das nur sehr bedingt, dann klingt sie ebenso überraschend ab, ist schließlich verschwunden. Wir haben in dieser Zeit viel getan, uns sehr engagiert, aber wenn wir ehrlich sind, haben wir das höchst ungute Gefühl, daß wir es auch ebenso hätten lassen können, die Krankheit wäre am Ende auch ohne unser Zutun verschwunden.

Es ist wie beim Magengeschwür, es kommt, floriert, klingt ab, und ob wir inzwischen die Brühe gekochter Kartoffeln getrunken oder weibliche Sexualhormone gespritzt, H_2-Blocker oder einfach Atropin gegeben haben, ändert nichts daran, denn das Geschwür ist in der Regel nach sechs Wochen verschwunden (und natürlich ändert es auch nichts daran, daß wir ein Gastroskop* einführen und biopsieren**).

Die Natur heilt, aber wir wissen nicht, was die Natur eigentlich will. Ob sie etwa mit dieser Diskushernie – mit dem Magengeschwür – irgend etwas bezweckte? Wer genug getan hat bei seinem Diskuspatienten, ist wohlberaten, wenn er, auch ohne greifbaren Erfolg, schließlich sagt: «Wir wollen das Gewebe jetzt einmal eine Zeitlang ruhen lassen, vierzehn Tage, dann sprechen wir uns wieder.»

Aber wer bringt das schon fertig? Denn wir sind die Sklaven der Erwartungen der anderen, und die anderen, die Gesellschaft erwartet von uns Handlung.

 * Gerät zur Magenspiegelung.
 ** Gewebe (zur genaueren Untersuchung) entnehmen.

16 Psychosomatik als Dienstleistung

Die Entwicklung der Industriegesellschaft läßt sich mit einer Wiederaufnahme des Turmbaus zu Babel vergleichen. Jedes Stockwerk des gigantischen Gebäudes versucht dabei, die Fehler auszugleichen, die sich in dem Geschoß unter ihm bemerkbar machen – und bleibt blind für die Fehler, die in ihm selbst stecken. Die «Rückkehr zum menschlichen Maß» *, der Versuch, das Bauwerk nicht blindlings weiterwachsen zu lassen, sondern es abzutragen und aufzulösen, weckt heftige Ängste. Manche Propheten der Moderne machen uns weis, daß wir gar nicht in einem solchen Gebäude mit fehlerhaften Fundamenten stecken, sondern bereits in einem Luftschloß, genannt «postindustrielle Gesellschaft», «kybernetische Gesellschaft», «Postmoderne».

Ich will im folgenden versuchen, die Entwicklung der psychosomatischen Vorstellungen mit einer sozialen Veränderung zu verbinden, deren Ausmaß auch ohne futurologische Zukunftsschau eindrucksvoll genug ist. Vor hundert Jahren kamen in den Industriestaaten auf 20 Prozent Dienstleistungsberufe 80 Prozent in der Produktion beschäftigte Arbeiter. Hundert Jahre später haben sich diese Zahlen fast umgekehrt. In den Vereinigten Staaten produzierten 1980 nur noch 31 Prozent der Lohnarbeiter Güter, jedoch 69 Prozent Dienstleistungen. Schätzungen laufen darauf hinaus, daß im Jahr 2000 nur noch zehn Prozent der Beschäftigten in der Güterproduktion arbeiten werden.

* E. F. Schumacher, Die Rückkehr zum menschlichen Maß. Reinbek (Rowohlt) 1977.

Die Folgen dieser Entwicklung für das Bewußtsein der Individuen und die beruflichen Leitbilder der Arbeitswelt sind noch weitgehend unerforscht. Der Gegenstand des Beschäftigten in der Güterproduktion ist von ihm getrennt, eine Sache, die den Muskeln oder dem Geist Widerstand leistet, der durch Arbeit bewältigt wird. Der MButi-Pygmäe überlistet den Elefanten und verschafft seiner Sippe für viele Tage Nahrung, der Bauer pflügt, eggt, sät und erntet, der Industriearbeiter schraubt Teile zusammen, die am Fließband heranziehen. In der Dienstleistungswelt ist der Gegenstand der Arbeit nicht eine Sache, die bearbeitet wird, sondern ein Geschehen zwischen Menschen, das durch den Arbeiter bestimmt werden soll. Das führt dazu, daß Macht- und Kompetenzunterschiede weit wichtiger werden. Nicht der Stoff, sondern die Person leistet Widerstand. Sie muß erzogen, belehrt, verwaltet und geheilt werden. Zugleich sind die Ergebnisse weit schwieriger sinnlich erfahrbar. Aussagen über sie sind oft so gespalten wie die Welten der Ärzte und Patienten, der Priester und Laien. Während die ersteren glauben, die beste Medizin (Religion) aller Epochen zu geben, fühlen sich die anderen vernachlässigt, unverstanden oder ausgebeutet.

Für die hier angeschnittene Frage genügt es, einen verhältnismäßig kurzen Zeitraum der Entwicklung unserer Dienstleistungsgesellschaft zu betrachten. Ihre Voraussetzung ist die bereits den feudalen und städtischen Vorläufern der Industriegesellschaft geläufige Hochschätzung des «Schriftlichen», Geistigen (oder auch Militärischen) gegenüber der Produktion, dem «banausischen» Handwerk im weitesten Sinn. Toga und gestärkte Halskrause fühlten sich der Tunika oder dem zerlumpten Hemd ebenso überlegen wie der white collar worker seinem blue-collar-Kollegen.

Während früher eine breite Palette von Gesundheitsberufen die Bevölkerung versorgte, verhalf die bürgerliche Revolution schrittweise dem Arztstand zu seiner akademischen Einheit. Die Chirurgen schlossen sich zuletzt an. Ihre handwerkliche Ausbildung ließ sie lange Zeit den Professoren der Medizin suspekt erscheinen. Die akademische Normierung der medizinischen Profession förderte auch ihre einheitliche Ideologie: die Naturwissenschaft. Die Medizin setzte die Atomisierung der vorbürgerlichen Gemeinwesen in formal freie Individuen in ihre Patienten hinein fort. Kranke und gesunde Zellen im Körper zu unterscheiden, war zu Beginn der naturwissenschaftlichen Epoche die wichtigste Aufgabe des Arztes.

Medizinische und psychotherapeutische Dienstleistungen haben auf den ersten Blick wenig mit Automobilen oder Badeferien am Mittelmeer gemeinsam. Die Parallele, die ich hier ansprechen will, hängt mit der Wachstumsgrenze zusammen, an der die industrielle Vernunft zum Wahnsinn, ihre Wohltat zur Plage wird. Wenn in den Hauptverkehrszeiten kilometerlange Schlangen komfortabler, durch Explosionsmotoren getriebener Fahrzeuge an den Skeletten der Fichten vorbeiziehen, wenn im August der Badelustige durch fünfzigfach gestaffelte Reihen von Sonnenschirmen Slalom zum Meer läuft, dann läßt sich Anschauungsmaterial über die «Gegenproduktivität» unserer Wirtschaftsform gewinnen. Daß solche Erscheinungen auch im Dienstleistungssektor auftreten, ist auf den ersten Blick nicht so deutlich. Aber die Gegenproduktivität eines Medizinsystems, das von Jahr zu Jahr mehr Geld verschlingt und dafür immer fragwürdigere Dienstleistungen (beispielsweise in Gestalt von Psychopharmaka-Rezepten für Kinder oder Herz-Lungen-Transplantationen mit einer mittleren Überlebensdauer von fünf Tagen) erbringt, rückt allmählich ins Bewußtsein der Öffentlichkeit. Für die psychosomatischen Dienstleistungen gilt eher, daß sie als «Alternative» zu dem kostenintensiven und nutzlosen Einsatz organisch-medizinischer Mittel vermarktet werden.

Keine unserer Errungenschaften ist so gut, daß sie nicht durch massenhafte, ungezügelte Anwendung kontraproduktiv werden kann. Die Entstehung dieser Kontraproduktivität hängt mit den Vermarktungszwängen zusammen – die Furcht vor dem ungebremsten Wachstum des Konkurrenten zwingt zum eigenen ungebremsten Wachstum, von der Medizintechnik («weil die Klinik C jetzt einen Kernspintomographen hat, brauchen wir auch einen!») bis zur Rüstung. Da Dienstleistungen die physische Umwelt nicht verschmutzen, wird ihre Zunahme oft als Fortschritt, als zumindest moralische Lösung angesehen: bin ich als Psychoanalytiker nicht weniger am Waldsterben beteiligt als der Manager von General Motors? Ich halte eine so gewonnene moralische Überlegenheit für zweifelhaft. Ökologisch bedeutsamer ist die Antwort auf die Frage: inwieweit bin ich als Manager oder als Psychotherapeut bereit, langfristige politische Lösungen für die Aufhebung meiner Dienstleistungen anzustreben, das heißt, ihr Wachstum zu begrenzen und (im Idealfall) ihre Schrumpfung, ja Aufhebung einzuleiten?

Die Wachstumsmöglichkeiten der Dienstleistungen sind üppiger als die der materiellen Warenproduktion. Knappheit von Energie und/oder Rohstoff, zunehmende Umweltbelastung setzen ihr Grenzen. Menschliche Mängel, die den entsprechenden «Therapeuten» auf den Plan rufen, lassen sich unbegrenzt finden. Schon immer haben die Menschen geatmet und sich bewegt, gearbeitet und Kinder geboren, sich geliebt und gehaßt. Heute gibt es Atem- und Bewegungstherapeuten, Arbeitstherapeuten und Geburtstherapeuten, Sexualtherapeuten und Aggressionstrainer. Dabei halten sich diese Therapeuten keineswegs für «Sinnstifter der Industriegesellschaft», wie ihnen manchmal unterstellt wird. Sie verstehen sich meist als Befreier, als Experten für die ursprüngliche Natur ihrer Klienten, die von einer leistungsfixierten Arbeitswelt unterdrückt wird.

Wir können angeblich nicht mehr «richtig» atmen, weil wir lernen, die Luft anzuhalten, um nicht zu viele Abgase abzukriegen oder zu viele Gefühle herauszulassen. Wir schränken die Fülle unserer expressiven Gesten ein und brauchen die Bewegungstherapie, um sie wieder zu entdecken. Einem Freund einen Traum zu erzählen ist harmloses, uninteressantes Geschwätz – spannend wird es erst, wenn wir ihm sagen können, was unser Analytiker zu diesem Traum sagte. Die Geburtstherapeutin wird uns belehren, wie eine natürliche Geburt aussieht und welche Atem- und Preßtechnik wir dazu brauchen; der Sexualtherapeut wird uns aufklären, alles, was wir in den Koituslehrbüchern studiert haben, zu vergessen und unseren spontanen Bedürfnissen zu gehorchen. Kurzum: die therapeutische Dienstleistung befreit Teile des Alltagsverhaltens, die frühere Dienstleistungen unterdrückt haben. Kaum sind wir mit zwanzig Jahren heilfroh, endlich den Paukern entronnen zu sein, schließen sich diese zusammen und verkünden als neues Bedürfnis der Menschen in der Industriegesellschaft das «lebenslange Lernen» – von ihnen angeleitet, versteht sich.

Daß auf diesem Weg die Zahl der möglichen Dienstleistungen weiter und weiter ausgedehnt werden kann, liegt auf der Hand. Gründliches Fachwissen und das Selbstvertrauen, anderen Menschen Anleitung geben zu können, sind gute Dinge. In diesem Bewußtsein haben wir sie so vermehrt, daß ihr Nutzen zu schwinden droht. Die Experten behindern sich gegenseitig, wie viele Köche, die den Brei verderben. Sie suchen neue Gebiete zu unterwerfen, in denen sie Bedürfnisse entdecken, von denen wir uns vorher nichts träumen ließen und die sie erschließen, wie fortschrittliche Stadtdirektoren autogerechte Städte schaffen oder unternehmungslustige Dorfbürgermeister einen Skizirkus in Almen und Bergwälder pflanzen. Wie auch das schnellste Auto im Stau nicht rascher vorwärtskommt als ein klappernder Schrotthaufen, so wird die Wohltat des Arztes in einer Gesellschaft verschwinden, die unter einer Überdosis von Ärzten leidet. Er findet kein Vertrauen mehr, weil jeder Patient unsicher ist, ob er nicht aus ärztlichem Eigennutz behandelt wird. Die Arbeitslosigkeit bei Soziologen, Lehrern, Psychologen, Juristen und bald auch Ärzten wird das Ansehen dieser akademischen Berufe zerfressen wie der saure Regen die Strebepfeiler gotischer Dome, wenn es nicht gelingt, berufliches Wissen wieder von seiner Vermarktung zu trennen. Kein Lehrer ist auf den Unwillen seiner Schüler vorbereitet, kein Arzt auf die Unlust und Mäkelei seiner Patienten. Nur die Versicherungen sehen die Wirklichkeit, wie sie ist. Sie erwarten eine Welt, in der innerhalb der Krankenhausmauern die jungen Ärzte um Operationen und andere anrechenbare Behandlungsmaßnahmen konkurrieren, während sich außerhalb die arbeitslosen Juristen anbieten, ob nicht ein Patient seinen Doktor wegen eines Kunstfehlers verklagt. In den USA werden chirurgische Operationen immer teurer, weil die Versicherungsprämien vierstellige Summen pro Jahr erreichen. Kein Wunder, daß die mißhandelten Patienten jeden Anlaß wahrnehmen, Schadenersatz einzuklagen und damit den Zirkel weiterzudrehen.

Meine Einwände gegen die heutige Psychosomatik hängen damit zusammen, daß sie an dieser Schraube mitdreht. Ihr Buhlen um die Anerkennung als medizinische Spezialdisziplin gehört dazu. Wer seine neue Dienstleistung vermarkten will, tut gut daran, die bestehenden Dienstleistungssysteme nicht radikal zu kritisieren, sondern lediglich Unvollkommenheiten zu tadeln, die es zu beseitigen gilt. Richten wir doch psychosomatische Spezialabteilungen in den inneren Kliniken ein – dann können wir guten Gewissens alle «unwissenschaftlichen», nicht technisch faßbaren Seiten des Krankheitsgeschehen dorthin abschieben!

Was spricht *gegen* einen Spezialisten für psychosomatische Medizin? Fassen wir die Einwände noch einmal zusammen:

1. Die psychosomatischen Übersetzungen einer angeblichen «Organsprache» enthalten zahlreiche Ansätze zu einer moralisierenden Festlegung der betroffenen Kranken, die sich diesem Zugriff nicht gewachsen fühlen oder entziehen wollen.

2. Der Blick auf die individuelle Persönlichkeit des Kranken und sein Kindheitsschicksal kann dazu führen, daß die aktuellen Einflüsse (zum Beispiel Belastungen am Arbeitsplatz, in der Wohnsituation, durch Umweltgifte) wegdiskutiert werden.

3. Das Versprechen einer Heilung der psychosomatischen Krankheit durch Psychotherapie kann zu tiefen Enttäuschungen führen, wenn der Therapeut oder der Patient nicht völlig frei in ihrer Bereitschaft sind, zusammenzuarbeiten. Gehorcht der Arzt einem wirtschaftlichen Zwang (das heißt: braucht er Patienten für seine therapeutischen Bemühungen)? Muß der Kranke alles tun, was die Ärzte für gut halten, um seinen Arbeitsplatz nicht zu verlieren? Subtiler, aber nicht weniger einflußreich sind die narzißtischen Motive: Kann der Therapeut sich damit abfinden, seine Zuständigkeit zurückzunehmen? Kann der Patient es ertragen, nicht alles Machbare getan zu haben, allein deshalb, *weil er es nicht will?*

Auf der anderen Seite gibt es auch Gründe *für* einen psychosomatischen Spezialisten:

1. Die Einwände gegen eine psychologisch blinde Medizin werden – so wie die Spezialistenwelt heute beschaffen ist – möglicherweise ernster genommen, wenn sie ihrerseits von einem Experten kommen. Dabei heißt die Kritik an dieser psychologischen Blindheit und an den überall auffindbaren Einfühlungsmängeln der organisch orientierten Ärzte nicht unbedingt, daß nun neue, psychologische Individualisierungen an die Stelle der organpathologischen treten. Es ist schließlich möglich, ein guter naturwissenschaftlicher Arzt zu sein und dennoch einfühlend mit Patienten umzugehen – obschon selte-

ner, als man es wünschen möchte, und durch die Struktur des Berufs und seiner Institutionen eher behindert als gefördert. Ebenso ist es möglich, ein guter Psychoanalytiker zu sein und trotzdem den Verführungen zu entgehen, die Leiden der Patienten zu individualisieren und auf ihr Familien- und Triebschicksal zu reduzieren. Auch hier fördern Ausbildungs- und Berufsstruktur eher solche Verfälschungen, als daß sie diese aufdecken und korrigieren. Aber dennoch ist es möglich, gerade in der individuellen Lebensgeschichte und in der Subjektivität des Kranken die krankmachenden gesellschaftlichen Bedingungen aufzuspüren und darzustellen.

2. Erst durch die Vorherrschaft von Macht- oder Verkaufsinteressen wird Fachwissen verderblich. Die heute verbreitete Expertenkritik drückt aus, daß die Opfer der Experten erst einmal Abstand gewinnen wollen, wie jemand, der blind um sich schlägt, um sich von Schlingpflanzen zu befreien, die ihn zu ersticken drohen. Angesichts der Überschwemmung durch konkurrierende Experten(meinungen) ist diese Reaktion sinnvoll. Aber sie ermöglicht keine genaue Orientierung und findet leicht die falschen Freunde – zum Beispiel Staatssekretäre im Innenministerium, die schon immer wußten, daß (möglicherweise kritische) Sozialarbeiter besser durch (in der Regel diszipliniertere) Polizeikräfte ersetzt werden sollen, oder Bürokraten der Krankenkassen, die schon immer wußten, daß man Psychologen nicht an Kranke heranlassen darf, die doch durch Ärzte soviel wirksamer und billiger ruhiggestellt werden können. Eine Kritik der Dienstleistungsgesellschaft ist immer dann aus ihrem Zusammenhang gerissen, wenn nicht die destruktivsten Dienstleistungen zuerst angegriffen werden: Militärsysteme, gefolgt von Atomindustrie und Großchemie. Sie bedrohen, was sie zu schützen und zu fördern vorgeben. Während immaterielle Dienstleistungen, Berater, Lehrer, Sozialpädagogen und Therapeuten, vielleicht gesellschaftliche Übel

zudecken oder Selbstverantwortung behindern, scheinen sie doch harmlos gegenüber Raketenbasen, Chemikalien, die ins Grundwasser sickern, gegenüber dem tausendjährigen Reich der Radioaktivität oder gegenüber Insektenschutzmitteln in der Muttermilch.

Die Kritik an der Ausweitung des Dienstleistungsangebots ins psychosomatische Geschehen hinein muß mit Einwänden rechnen, die sich angesichts solcher Fragen fast zwangsläufig ergeben. «Mach's besser!» oder «Geh doch nach drüben!» sind bekannte Beispiele dafür. Sie zeigen, wie wenig unsere Macherwelt mit kritischen Positionen anfangen kann, die sich dem elementaren Gesetz sofortiger Nutzanwendung nicht nur entziehen, sondern es unverschämterweise sogar angreifen. Ein Nachdenken, das nicht affirmativ hinter den von der Macht geschaffenen Tatsachen herläuft, ist – so scheint es – um so anstößiger, je unentrinnbarer die Sachzwänge scheinen. Diese wirken nach innen. «Dann müßten wir ja den Beruf aufgeben», sagen mir junge Psychoanalytiker nach der Lektüre meiner ökologisch orientierten Therapiekritik.*

Folgerichtig wundern sie sich, daß ich immer noch hinter der Couch sitze. Ob dann das Ganze überhaupt ernst zu nehmen sei? Das zeigt, wie sehr wir auf Machtgewinn festgelegt sind. Die Ohnmacht, nicht sofort das Richtige tun zu können, ist schwer zu ertragen. Mir persönlich sind Theorien mit geringem Handlungsdruck (wie die Psychoanalyse) sehr sympathisch. Ist es nicht vielleicht ein Irrtum, wenn wir von uns verlangen, immer von dem überzeugt zu sein, was wir gerade tun? Wenn es nicht gelingt, die im Alltag angesichts konkreter Entscheidungen durchaus mögliche Überzeugung zu einem widerspruchsfreien System zusammenzuschweißen?

* W. Schmidbauer, Im Körper zuhause. Alternativen für die Psychotherapie. Frankfurt (Fischer-alternativ) 1982.

Wie wird es weitergehen, wenn das Gleichgewicht zwischen Lehrern und Schülern, Ärzten und Patienten, Anwälten und Mandanten durch eine Überproduktion der bisher so begehrenswerten Berufe kippt? Erosion des Ansehens, gesteigerte Konkurrenz und öffentliches Nachdenken über die Hilflosigkeit der Helfer haben wir bereits beschrieben. Trotz der gesteigerten Belastungen in den akademischen Dienstleistungsberufen kann die Angst vor dem Verlust des Arbeitsplatzes den Druck vergrößern, dort auszuharren. Das heißt, die Möglichkeiten, für einige Zeit in ein anderes Berufsfeld auszuweichen, werden eingeschränkt. Das ist in den vom «Ausbrennen» (burnout) bedrohten Helfer-Berufen für alle Beteiligten unerfreulich. Es wäre sinnvoll, hier nicht auf Lösungen von oben zu warten, sondern Selbsthilfe zu entwickeln, zum Beispiel Teilzeitarbeit, Arbeitsplatztausch innerhalb solidarisch orientierter Teams, Kritik an «lebenslänglichen» Zwangsarbeitsplätzen.

Ein Maximum an Sinn, verbunden mit einem Maximum an Verdienst, waren die Versprechungen, welche die Lehrer- und Ärzteüberschwemmungen ausgelöst haben. Aber wenn Genügsamkeit und Hinnahme des Abbaus von Sozialleistungen die einzigen Gedanken sind, die eine neu-konservative, militaristische und obrigkeitshörige Politik den helfenden Berufen verordnen möchte, ist Gegenwehr abgebracht.

Bröckeln werden die Resozialisierungs- und Heilungsdogmen, die zum Aufstieg und zum Überkippen der Verberuflichung im medizinischen und psychosozialen Bereich geführt haben. Wo Arbeitslosigkeit, auch von hochqualifizierten Akademikern, zum Dauerproblem wird, wird «berufliche Rehabilitation» zur Leerformel. Die Gesellschaft wird sich tiefer als gegenwärtig zwischen jenen Personen spalten, die viel Geld und wenig freie Zeit oder wenig Geld und viel freie Zeit haben. Die Dienstleistungsberufe werden sich ebenfalls entlang dieser Linie aufteilen – mit privilegierten Helfern, welche die arbeitsfähig erhalten, die ohnedies bereits zuviel Arbeit haben, und mit unterprivilegierten Helfern, die bei denen das Ärgste verhindern, die keine Chance haben, die Kluft zu überwinden.

Beispielsweise wird der Diplompsychologe, der in einer Einrichtung für Drogenabhängige arbeitet, in fünf Jahren vielleicht vier Behandlungen erfolgreich abschließen, während der Lehranalytiker, zu dem er in dieser Zeit geht – von seiner Qualifikation her ebenfalls Diplompsychologe – zwanzig Analysen erfolgreich abschließt. Der Suchtkrankentherapeut mit den wenigen Erfolgserlebnissen hat gute Chancen, eines Tages ein Psychotherapeut mit vielen Erfolgserlebnissen zu werden – aber der Drogenabhängige hat nur ganz geringe Chancen, jemals den Rubikon zu überschreiten. Die beiden Therapeuten werden einerseits froh sein, sichere Arbeitsplätze zu besitzen, andererseits aber über ihren dauernden Zeitmangel stöhnen – «aussteigen müßte man können!» Und wenn einer von ihnen tatsächlich ernst macht und sich in ein Alternativprojekt in ländlicher Idylle zurückzieht, bewerben sich zweihundert arbeitslose Diplompsychologen auf die ausgeschriebene Stelle. Der Arbeitgeber aber stellt lieber jemand ein, der Berufserfahrung hat und sich aus Neugier einmal für eine andere Position bewarb.

Die Spaltung in der Gesellschaft wird, solange die neokonservative Politik der «Wende» andauert und vielleicht noch länger (denn ob die verwaltungsgläubige Sozialdemokratie hier neue Schritte wagt, scheint sehr fragwürdig), vor allem durch gesteigerte Kontrolle angegangen werden. Das heißt, daß die Menschen, die zuviel Zeit und zuwenig Geld haben, eher Gegenstand verschiedener psychosozialer und medizinischer Dienstleistungen werden (welche Arbeitsplätze auf der anderen Seite der Kluft erhalten), als daß sie Möglichkeiten erhalten, ihr Schicksal selbst in die Hand zu nehmen. Lieber die Obdachlosenbürokratie aufblähen als Hausbesetzungen integrieren! Lieber Stellen für Sozialpädagogen, die mit Arbeitslosen arbeiten, als selbstverwaltete Projekte! So kommt es in amerikanischen Slums bereits dazu, daß die Bewohner zwar «großzügig» mit medizinischen und psychologischen Dienstleistungen versorgt werden, sich an ihrer Armut aber nichts ändert. Tatsächlich wird das Bruttosozialprodukt durch die Dienste von Sozialarbeitern, Verwaltungskräften, Ärzten, Anwälten, Psychologen, Drogenberatern, Sozialpädagogen und Polizisten sicher weit mehr gesteigert als durch das knapp bemessene Einkommen der Sozialhilfeempfänger. Allein der Wert der medizinischen Dienstleistungen erreichte bei einer Studie aus einem Elendsviertel in Chicago bereits über 50 Prozent der Einnahmen jedes Bewohners!* Weil Arbeitslose nichts mehr zu verlieren haben, wenn sie krank sind, erhalten sie auch in Mitteleuropa die Arbeitsplätze im medizinischen und psychosozialen Dienstleistungsbereich, während die Arbeitsplatzbesitzer viel seltener krank werden als in Zeiten der Vollbeschäftigung.

Eine ketzerische Antwort auf die Situation der mit Dienstleistungen überversorgten und ansonsten knapp gehaltenen Menschen jenseits der Kluft wäre die, das Geld nicht in Polizei, Justiz, Gefängnisse und last, not least Aufenthalte in psychosomatischen Kliniken zu stecken, sondern es ihnen unmittelbar auszuhändigen. Das ganze Mißtrauen der Experten gegenüber den Laien wird durch solche Vorschläge geweckt. Dennoch hat noch niemand in einem mutigen sozialen Experi-

---

* John McKnight, A Nation of Clients? In: Public Welfare, Fall 1980, S. 18: «Ein Dollar für die Armen und 0,57 für Ärzte, Schwestern und Kliniken. Wer braucht wirklich wen in dieser Art Wirtschaft? Diejenigen, welche Dienstleistungen zur Verfügung stellen, beziehen größere Einkommen aus den Slums als die Einwohner selbst. Das ist keine verarmte Bevölkerung, sondern eine versorgte.»

ment nachgeprüft, ob nicht solche Maßnahmen bessere Erfolge hätten als unsere vielfältigen Dienste an den Unterprivilegierten, die sich den Zugang zu einem der begehrten Plätze diesseits der Kluft nicht erkämpfen konnten. Die Erfolge der Experten bei Sucht sind insgesamt nicht besser als die der Selbsthilfegruppen. Kontrolle und fachwissenschaftlich entwickelte Methodik sind niemals ein Ersatz für Eigeninitiative und Selbstverwaltung. Dadurch, daß die Betroffenen fast nie einen Einfluß (geschweige denn die erstrebenswerte, direkte Kontrolle) auf / über die ihnen verordneten Dienstleistungen haben, werden sicher zahlreiche Möglichkeiten verschenkt, ihnen wirkungsvoller zu helfen als durch die ausgefeiltesten Psychotherapiemethoden. So vereinheitlichen und systematisieren die Experten eine Welt, die gerade dadurch für uns alle immer unübersichtlicher wird. Aus den gemeinschaftlichen, nachbarlichen und freundschaftlichen Beziehungen in einem überschaubaren Umkreis sind Bürokratien geworden, deren Entscheidungen nicht menschlich unmittelbar, sondern formalistisch sind – «ich habe die Bestimmungen nicht gemacht, ich tue nur meine Arbeit ...»

Diese Gemeinschaften lassen sich nicht durch technisch-bürokratische Lösungsvorschläge wiederherstellen. Aber kritische Distanz zu dem, was wir in unseren bürokratischen Systemen tun, kann doch dazu verhelfen, die dafür notwendigen Freiräume zu öffnen und neue, praktische Handlungsmöglichkeiten erschließen. So gesehen, gibt es nichts Praktischeres als eine kritische Theorie des Expertentums: sie setzt Kräfte frei, die sonst im Warten auf die fachliche Legitimation gebunden sind. Sie ermöglicht es, sich nicht an Modellen und Vorschriften, sondern an zwischenmenschlichen Bedürfnissen zu orientieren, die im Bereich unseres Gefühlslebens (mit dem unsere Gesundheit so eng verbunden ist) weder vorherzusagen noch sinnvoll von außen zu kontrollieren sind.

17 Fallbeispiel: Eine Sommergrippe

Im folgenden soll möglichst genau der Verlauf einer Sommergrippe beschrieben werden. Es geht darum, die «subjektive Krankheit» genauer zu verstehen, die den Patienten – unabhängig von seinem objektiven Zustand – dazu bewegt, sich krank zu fühlen. Dabei handelt es sich um ein Geschehen, dessen Untersuchung in der Regel für «unwissenschaftlich» gehalten und in der Medizin vielfach vernachlässigt und unterdrückt wird. Tatsächlich ist es viel komplizierter und verwickelter als das Modell der objektiven Krankheit, welches unser Gesundheitswesen beherrscht. Die subjektive Krankheit geht weit über das mögliche naturwissenschaftliche Verständnis hinaus. Sie hat eine geschichtliche und soziale Dimension. Man müßte ebenso Psychoanalytiker und Sozialpsychologe sein, um sie zu verstehen, wie Arzt. Aber man dürfte an keiner dieser wissenschaftlichen Rollen kleben bleiben, sondern müßte sie wechseln, parallel zu dem, was im Befinden des Kranken im Vordergrund steht: Das Expertentum dürfte sich nicht selbst genügen, sondern müßte sich einem poetischen Prinzip unterordnen. Der Kranke verwendet heute Modellvorstellungen der Organmedizin ebenso wie die der Alltagspsychologie, die ihm beispielsweise seine Großmutter vermittelt hat («Erkältung»). Aber selbst wenn er sehr viel medizinisches Wissen hat, zum Beispiel wenn er selbst Facharzt für innere Medizin ist, wird dieses Wissen nur einen sehr kleinen Teil dessen bestimmen, was er während einer fiebrigen Virusinfektion erlebt. Er wird beispielsweise in einen heftigen Konflikt geraten, weil er einerseits sich selbst versichert, es sei nur ein banaler Infekt, andererseits jedoch gerade durch sein Wissen um mögliche

Krankheitsbilder in jeder Lymphknotenschwellung den Morbus Hodgkin und in jeder schlecht heilenden Infektion eine erworbene Immunschwäche vermutet. Das kann ihn dazu führen, daß er besonders hypochondrisch mit sich umgeht und sofort alle notwendigen Untersuchungen veranlaßt, um diese Befürchtungen «objektiv» zu entkräften. Oder es kann in einer Gegenreaktion dazu führen, daß er besonders gleichgültig wird und – falls er wirklich an einer ernsthaften Krankheit leidet – diese sogar erheblich später bei sich selbst entdeckt als bei einem seiner Patienten. Beide Reaktionsformen habe ich bei Ärzten beobachtet und in mir wiedergefunden. Dabei wäre es sicherlich wiederum grob vereinfacht, nun Reaktionstypen zu konstruieren – etwa den Hypochonder, den Krankheitsverleugner oder den «Vernünftigen», der sich in Gesundheitsfragen des objektiven Urteils eines Mediziners bedient, gleichviel, wie umfassend sein eigenes Wissen auf diesem Gebiet ist.

Die subjektive Krankheit wird vor allem durch das bestimmt, was Kranksein für den Betroffenen in seiner augenblicklichen Lage *bedeutet*. Das heißt, sie ist keine nur von einer wie auch immer beschaffenen, individuell verständlichen und beständigen Persönlichkeit abhängige Erscheinung, sondern Ausdruck einer zwischenmenschlichen und gesellschaftlichen Situation. Je nach dieser Situation mag der oben beschriebene kranke Internist sich einmal eher hypochondrisch, einmal eher verleugnend oder vernünftig verhalten.

Diese Vorbemerkungen erläutern, weshalb die subjektive Krankheit in Medizin und Psychologie bisher sehr wenig Aufmerksamkeit gefunden hat. Sie ist verwirrend vielfältig und entsprechend schwer zu erforschen. Wer sich mit ihr befaßt, muß nicht nur auf eine in der üblichen medizinischen Praxis – ambulant wie in der Klinik – nahezu unmögliche Dichte und Verzweigung der Informationen hinarbeiten. Er muß auch damit rechnen, daß viele dieser Informationen ihm gerade dann nicht zugänglich sind, wenn der Krankheitszustand akut ist. Der Patient zieht sich dann häufig in sich selbst zurück. Seine Aufmerksamkeit ist nicht der Umwelt und damit auch nicht der Wißbegier des Forschers zugewandt. Sie geht nach innen. Ein weiteres Hindernis liegt darin, daß wahrscheinlich jede menschliche Gesellschaft (und ganz sicher unsere gegenwärtige Zivilisation) ein starkes Interesse hat, die subjektive Krankheit in ihrer Bedeutung einzugrenzen, sie formelhaft zu verkürzen und mit den verschiedensten Mitteln zuzudecken. Der Kranke macht sich des Exhibitionismus, des Selbstmitleids und ähnlicher unschöner Dinge verdächtig, wenn er sich allzusehr auf sein Befinden einläßt.

Die Gründe dieser gesellschaftlichen Abwehr sind sicherlich kaum weniger vielfältig als die subjektiven Krankheiten. Der Kranke braucht einerseits die gesellschaftlich vorgegebenen Modelle und Erklärungen, um sich überhaupt auszudrücken, «zu sagen, wie ich leide». Andererseits reißt in der Krankheit die Grenzschicht auf, welche den gesellschaftlichen wie den individuellen Organismus vor der Auflösung bewahrt. Das Chaos droht einzudringen – in den Kranken, und wenn dieser nun nicht in die gesellschaftliche Krankheitsordnung eingebettet wird, auch in die Gesellschaft. Der Kranke klammert sich an Strukturen, Formulierungen, Erklärungsversuchen fest, die sich allesamt unter dem Krankheitsprozeß auflösen. Der primitive* Schamane ebenso wie der moderne Arzt versuchen, dieser Auflösung entgegenzuarbeiten, indem sie ihrerseits an den gesellschaftlichen Ordnungen festhalten, mit denen dieses

---

* Ich gebrauche diesen möglicherweise mißverständlichen Ausdruck für schriftlose Kulturen im Sinn von «ursprünglich», nicht in einer abschätzigen Bedeutung. Als Person ist der Schamane sicherlich nicht weniger differenziert als der moderne Mediziner; aber er bewegt sich in einem längst nicht so vielfältigen und komplexen System.

Stück Chaos gebändigt werden soll. Daraus läßt sich der innere Zusammenhang der sogenannten «Professionen» ablesen, jener ehrwürdigen und mächtigen Berufe, von denen man sagt, daß die Träger sie nicht ausüben, um bezahlt zu werden, sondern daß sie bezahlt werden, um sie auszuüben: Schamane, Priester, Lehrer, Richter, Arzt. Denn auch das Neugeborene ist ein Stück Chaos, vertrauter zwar und weit weniger bedrohlich als der Kranke, aber doch wie er unbedingt einer gesellschaftlichen Strukturierung bedürftig.

Aus den Schlachtbeschreibungen früherer Zeiten kennen wir Bilder, in denen organisierte Massen von Menschen wie eine große Maschine arbeiten. Wo einzelne Schildträger fallen, treten sofort andere an ihre Stelle. Die Menschenmaschine tut, als sei nichts geschehen. Später gibt es neben ihr eigene, kleinere Maschinen, die den Abtransport und die Pflege der Gefallenen übernehmen. Die militärischen Sanitäter sind wie eine Kampftruppe organisiert, ihre Ränge entsprechen denen der anderen Soldaten. Es gibt nur «Verluste», wobei es für die Führer der Kampfmaschine gleichgültig ist, ob die Betroffenen krank oder tot sind. Aber es besteht ein intensives Interesse, genau zwischen «kampffähigen Soldaten» und «Verlusten» zu unterscheiden. Bedenken wir die große Bedeutung, die seit der Jungsteinzeit die kriegerische Durchsetzungs- und Behauptungsfähigkeit für die gesellschaftliche Entwicklung hatte, wird auch klar, weshalb die Trennung zwischen Gesunden und Kranken so wesentlich ist.

In der subjektiven Krankheit ist diese Trennung nicht möglich. Denn in sie gehen gerade jene Gefühle mit ein, die der Soldat unterdrücken muß, um kampffähig zu bleiben: Angst, Ruhebedürfnis, Rückzug in die Innenwelt, Schmerz und Trauer. Seit es die allgemeine Wehrpflicht gibt, brauchen wir auch Ärzte, die zwischen «echten» und «eingebildeten» Kranken unterscheiden. Damit ist die subjektive Krankheit vollends zur öffentlichen Belanglosigkeit verurteilt. Wozu sich noch mit diesen inneren Bildern befassen, wo sie doch so leicht in den Verdacht von Simulation, Hypochondrie oder Einbildung geraten?

Heute stehen wir an einem Punkt der Entwicklung, wo die Kategorie der objektiven Krankheit bedrohliche Folgen hervorbringt. Von einer «seelenlosen Medizin» und von «Krankheitsfabriken» wird gesprochen. Die subjektive Krankheit wird weder beachtet noch behandelt, sondern unterdrückt – «funktionelle» Störungen werden erkannt, «nichts Objektives» liegt vor, Psychopharmaka werden verschrieben, von denen inzwischen fünf Prozent der Erwachsenen in der Bundesrepublik insofern abhängig sind, als sie jeden Tag ein solches Mittel einnehmen. Sie sind Symbol für eine gigantische Umkehrung: Aus dem Arsenal der objektiven Krankheit werden Waffen gegen die subjektive Krankheit eingesetzt. Jeder Kundige weiß, daß sie ein Notbehelf sind und oft die Situation der Betroffenen noch verschlimmern. Aber die Objektivierungs- und Sachzwänge sind so mächtig geworden, daß es nur in besonders günstigen Fällen möglich ist, sich von solchen Scheinlösungen wieder zu trennen.

Die Analyse einer eigenen Erfahrung scheint mir hier deshalb nützlich, weil sie die Vielfalt möglicher Zusammenhänge aufzeigt und vielleicht den einen oder anderen Leser ermutigt, sich in ähnlicher Weise mit den Botschaften körperlicher Krankheiten zu beschäftigen. Ich will versuchen, auch auf die Gefahren eines solchen Weges einzugehen, die in der sogenannten psychosomatischen Medizin oft übersehen werden. Um wiederzuentdecken, was die Hypertrophie der objektiven Medizin erstickt hat, scheint es sinnvoll, zur Urform der Wissenschaft zurückzukehren: der genauen Beschreibung.

Überlastung

Ich bin 43 Jahre alt, von Beruf Psychoanalytiker und Schriftsteller, arbeite in einer Gemeinschaftspraxis in München und wohne / arbeite in einer schönen, etwas lauten Altbauwohnung, etwa zwei Kilometer (oder zehn Minuten mit dem Rad) von der Praxis entfernt. Ich lebe mit meiner Freundin, unserer gemeinsamen Tochter (die eben ein Jahr alt geworden ist) und meiner ältesten Tochter aus meiner ersten Ehe zusammen, die demnächst siebzehn Jahre alt wird. Ich bin mit dieser Situation zufrieden, vor allem, wenn ich sie mit meinen beiden Ehen vergleiche, die jeweils unter extremen Spannungen standen und daran auch zerbrachen.

Ich hätte diese persönlichen Daten gerne weggelassen, aber mir fällt auf, daß sie notwendig sind, um die subjektive Krankheit zu verstehen. Ich spüre an meiner eigenen Scham, wieviel einfacher es heute ist, dem Arzt oder dem Kollegen solche Einzelheiten zu verschweigen. Ich erinnere mich noch an die Zeit, als ich mich als inkompetenten Versager fühlte – ein Psychologe, später sogar ein ausgebildeter Psychotherapeut, der mit seiner Ehefrau nicht zurechtkommt und sich endlich nach langen Kämpfen trennt. Wer in unserer Gesellschaft nach Geltung und Erfolg strebt, muß solche Schattenseiten verbergen oder beschönigen. Er tut es wohl auch oft noch dann, wenn es nicht notwendig ist.

Eine wesentliche Rolle in meinem subjektiven Krankheitsgefühl spielt die Belastung, der ich ausgesetzt bin. Sie kommt aus verschiedenen Quellen: 1. Familie und Haushalt, 2. normale Berufstätigkeit, 3. zusätzliche Aufgaben und 4. Krisen in einem dieser Bereiche. Ich achte seit einigen Jahren darauf, daß meine analytische Arbeit nicht überhandnimmt. Ich weise Klienten, die einen Therapieplatz haben wollen, zu Kollegen und kann mit den durchschnittlich sechs Analysestunden pro

Arbeitstag gut fertig werden. Das ändert sich bei Krisen: wenn beispielsweise bereits aus der Analyse entlassene Patienten in einer akuten Überlastung zurückkommen und noch einmal einige Termine haben wollen, gerät das System an seine Stabilitätsgrenze. Es sind oft besonders schwierige Stunden. Gleichzeitig habe ich nicht das Herz, sie abzuweisen oder – wie die Neuanfragen – zu einem Kollegen zu schicken.

Eine andere Krisenquelle sind meine auswärtigen Termine. Ich fahre an sich gerne fort, um in anderen Städten Vorträge zu halten, Seminare und Selbsterfahrungsgruppen durchzuführen. Aber oft kann ich nicht rechtzeitig absagen und auf diese Weise mein persönliches Limit von einem solchen Auswärtstermin pro Monat einhalten. Ich habe schon öfters beobachtet, daß eine «Grippe» mich besonders dann packt, wenn zu viele solcher außerplanmäßigen (meist an Wochenenden liegenden) Termine aufeinandertreffen. Meine Freundin ist dann vorwurfsvoll, die Tochter sagt: «Schon wieder!», ich bin vor der Abfahrt unzufrieden («Wieso hast du denn da wieder zugesagt, du Idiot!»), genieße die Reise dann aber trotzdem, vor allem, wenn ich meinen Auftritt als Erfolg erlebe.

Das war Anfang Mai wieder einmal der Fall. Ich fuhr in die Schweiz, leitete eine Selbsterfahrungsgruppe für Schwesternlehrerinnen, arbeitete an einer Tagung für helfende Berufe mit und leitete schließlich noch an einem Tag eine Gruppe aus Laienhelfern und psychosozialen Profis in Dornbirn. Müde, aber zufrieden fuhr ich am Samstagabend nach Hause. In drei Tagen hatte ich Geburtstag. Der Mai ist ein schöner Monat, dachte ich – alles wächst, grünt, gedeiht. Die Vitalität, die ich oft spüre, kommt vielleicht daher? Wenn mir im Gespräch jemand mit Astrologie kommt, sage ich immer: «Die Sterne lügen nicht. Aber sie sagen auch nichts!» Aber solche Analogien, die viel primitiver sind als die Astrologie, fallen mir durchaus ein, und ich betrachte sie für eine Weile wohlgefällig, obwohl ich mit niemandem darüber sprechen würde. Ausgenommen mein Analytiker oder eine schriftliche Selbstanalyse wie diese hier.

Ein Wochenende auf dem Land gibt mir Kraft für eine weitere Arbeitswoche. Aber diesmal ist der Horizont nicht frei. Das nächste Wochenende geht die Arbeit weiter. Es ist sogar besonders spannend: ich habe eine Tagung über alternative Psychotherapie angeregt und zusammen mit anderen auch organisiert. Am Abend vor der Abfahrt merke ich, daß irgend etwas mit meinem Hals nicht stimmt. Ich muß ständig schlukken. Aber er bleibt belegt. Das hat mir gerade noch gefehlt! Vielleicht kann ich gar nicht zu der Tagung fahren. Ich werde absagen, wenn es mir morgen nicht so gut geht, daß ich fahren kann! Ich setze doch mein Leben nicht aufs Spiel, fahre drei Stunden Auto, möglicherweise sogar noch mit Fieber! Aber diese Gedanken haben wenig Befreiendes. Es ist eher wie das Kind, das im dunklen Keller singt. Ich kann die Freunde nicht allein lassen. Die Tagungsteilnehmer kommen doch auch meinetwegen. Ich will mich nicht unentbehrlich fühlen. Natürlich fange ich damit schon an, es zu tun.

Halsweh ist mir vertraut. Ich hatte schon oft eine Angina. Die schlimmste während des Vordiploms, als ich mit hohem Fieber in die Prüfung ging. Eine HNO-Ärztin überzeugte mich, die Mandeln operieren zu lassen. Es war schlimm – Nachblutungen, die mich wieder zurück in die Klinik brachten, als ich schon entlassen worden war. Seither gehen die Halsentzündungen rasch vorbei. Einmal, als ich an Ostern nach Neapel fuhr und die Reise aufregend war – kein Hotel, kein Bus, mit Autostop endlich doch noch zu einer Bleibe –, fing ich an, Blut zu spucken. Ich weiß noch, wie mich das erschreckte. Es erinnerte mich an die Nachblutung bei der Operation, die Szene vom Tod Molières in Ariane Mnouchkines Film. Ich setzte beruhigende Erklärungen dagegen: ein Virusinfekt, der ein oberflächliches Blutgefäß reißen läßt. So war es wohl auch. Kaum war ich auf dem Heimweg, entspannt, verschwand auch das Halsweh. Jetzt, am Vorabend der Reise zur Tagung, spucke ich wieder Blut ins Taschentuch. Meine Freundin sieht es und ist entsetzt. «Du mußt unbedingt zum Arzt!» «Nein, das kenne ich schon, das ist harmlos, ich hab's schon mal gehabt, und nach einem Tag war es vorbei. Ist eher wie Nasenbluten.»

Tatsächlich geht es mir am nächsten Morgen besser. Mittags müßte ich fahren. Da fällt mir ein, daß ich ja mit einem anderen Tagungsteilnehmer mitreisen kann. Ich finde einen, der mich im Auto mitnimmt. Er hat auch Halsweh. Er muß nach der Tagung eine Erbschaftangelegenheit regeln und hat damit schon wochenlang zu tun. Wir reden die Fahrt lang über Homöopathie. Mein Bekannter lebt mit einer Heilpraktikerin. Er entwickelt eine Parallele zwischen der Homöopathie und der Psychoanalyse. Die allopathische Schulmedizin hat darin die Rolle des Über-Ichs: sie bewirkt, daß Krankheiten zugedeckt und unterdrückt werden. Der Homöopath tritt mit seinem Simile auf wie der Analytiker mit seiner Deutung: das Unbewußte, Verdrängte wird neu belebt und dann, mit den wirkungsvolleren Mitteln eines gekräftigten Ichs, endgültig erledigt und abgeschlossen. Und wie der orthodoxe Analytiker möglichst nur mit Deutungen und der Vermittlung von Einsicht arbeitet, so lehnt der orthodoxe Homöopath die Kombination von Mitteln und die Rückgriffe auf andere sogenannte «Naturheilverfahren» strikt ab.

Am Tagungsort schone ich mich. Keine langen Abende in der Kneipe. Die Angst, ob alles klappen wird, löst sich allmählich. Das Halsweh verzieht sich. Der Schnupfen, den ich so oft in seinem Gefolge bekommen habe, stellt sich nicht ein. Es ist herrliches Wetter. Ich mache einen langen, einsamen Spaziergang, während die anderen sich zu organisierten Aktivitäten verpflichtet fühlen. Zufrieden fahre ich nach München zurück. Die nächste Arbeitswoche! Es ist ein wenig mehr als sonst: ein Kind mehr im Haus, eine kranke Ex-Ehefrau, die manchmal anruft, die ich besuche, ermutigende Worte in ein müdes, trauriges Gesicht. Ich kann es nicht gut ertragen – und habe das Empfinden, daß ich zu selten komme und zu bald wieder gehe.

Ich freue mich auf die Pfingstferien. Auf der Wiese liegen, in dem alten Bauernhaus basteln, das wir vor zwei Jahren gekauft haben. Mit der Sense mähen, das Gras als Dünger unter die Bäume legen, den kopfschüttelnden Nachbarn zum Trotz, die das nicht «sauber» finden. Vorher kommt aber noch ein Wochenende mit zwei Tagungen. Die Fahrt macht mir wieder Freude. Anscheinend habe ich mich auf die neue Situation eingestellt. Dann kommen beim ersten Anruf zu Hause gleich zwei unangenehme Nachrichten. Die frisch in unseren Haushalt aufgenommene Tochter hat heimlich mit ihren Klassenkameraden eine Party in der verlassenen Wohnung ihrer Mutter veranstaltet. Kein Erwachsener dabei. Die Nachbarn haben sich über den Krach beschwert. Ein Anruf kam zu meiner Freundin. Drohungen mit der Polizei, dem Jugendamt. Es ist mir sehr peinlich gegenüber meiner Freundin, die sich jetzt Sorgen um ein Kind machen muß, zu dem sie bisher nur eine ganz lockere Beziehung hatte. Ich müßte mich kümmern, aber ich bin nicht da. C., eine Diplom-Pädagogin, die ich auf der Tagung treffe und der ich von dem Vorfall erzähle, versucht mich zu beruhigen. Es sei doch ein ganz normales Verhalten für eine Zwölfjährige, Pubertät und so weiter. Ich kann kaum zuhören, plage mich um dankbares Eingehen auf ihr Verständnis. Sie bemüht sich redlich, mir zu helfen, aber sie strengt mich an.

Die zweite Nachricht betrifft meinen Sohn. Er ist krank geworden. Wieder merke ich, daß mir das Weiterschreiben schwerfällt. Die Pflicht zur Wahrhaftigkeit muß mich doch nicht dazu treiben, jedes unangenehme Detail meines bisherigen Lebens preizugeben! Soll ich es nicht lieber lassen mit der subjektiven Krankheit? Gegenargumente: Eben aus diesem Grund bleibt die subjektive Krankheit meistens im dunkeln. Die Flecken auf dem Schild: Wie komme ich dazu, von mir zu verlangen, er müsse makellos sein? Darf ich keine Fehler machen, keinen Anteil an einem Schatten haben, den doch jedes Leben wirft? Aber es ist eben etwas anderes, sich das abstrakt zuzubilligen, als konkret über das zu sprechen, was an Mißlingen in einer Lebensgeschichte steckt. Ich habe eben zu viele Fehler gemacht. Nein, ich will weitergehen, mir den Weg durch den Dschungel hacken. Vielleicht komme ich nirgendwohin, aber ich will noch nicht aufgeben.

Wieder muß ich zurück in meine Vergangenheit und sehen, wie sehr die Belastungen in meinem Leben mit meiner Geschichte zusammenhängen. Wieviel mühsamer ist es, sich mit diesen Bedingungen auseinanderzusetzen, sich nicht auf das Eindringen feindlicher Bakterien und Viren zu beschränken! Aber ich habe diesen Weg gewählt, und meine Klagen (sosehr sie zum Thema gehören) sind nur eine Rechtfertigung, ein Teil der Suche nach Legitimation in einer Welt tüchtiger, technischer, schneller Heiler. Ich erinnere mich an einen sehr erfolgreichen Arzt, der an einer Therapiegruppe teilnahm und mich immer wieder bissig angriff, weil ich untätig blieb und seiner Meinung nach die Arbeit den Gruppenmitgliedern überließ. Das sei doch, verglichen mit der Verantwortung, die er trage, recht bequem. Und doch besitzt die technische Umgangsform nicht alle Weisheit. Selbst das, was sie unstreitig leistet, ist teuer bezahlt.

Zurück zu mir. Als die Beziehung zu meiner ersten Frau in einer tiefen Krise steckte und ich glaubte, sie nicht mehr ertragen zu können, schien mir eine Trennung dennoch unmöglich.

Die beiden Kinder waren noch klein. Bisher hatte meine Frau sie ganz versorgt. Ich war zwar viel zu Hause, kümmerte mich auch um die Erziehung, aber der Haushalt lag in ihren Händen. Meine Trennungsangst hing damit zusammen. Ich fühlte mich alleine nicht lebensfähig. Die Kinder wollte ich behalten. So lernte ich nicht schwimmen, sondern versuchte, ein anderes Schiff, auf dem jemand saß, der genausoviel Angst vorm Schwimmen hatte wie ich, zu entern, es mit meinen Kindern zu besetzen und meine erste Frau in dem Wrack sitzen zu lassen. Denn keiner von uns beiden hatte jemals gelernt, selbständig zu leben. Daß ich sie verließ, muß damals auf sie gewirkt haben, als wollte ich willentlich ihr Leben zerstören.

Solange der Sturm wehte, die Wellen hochgingen, die Probleme der Scheidung und der nun einer Stiefmutter ausgesetzten Kinder bewältigt werden mußten, ging alles gut. Ich lernte allmählich, mehr Verantwortung im Haushalt zu übernehmen. Schließlich war meine zweite Frau berufstätig, kräftig, lebenstüchtig. Sie konnte Auto fahren, sie verdiente ihr eigenes Geld, sie hatte eine Menge eigener Freunde. Ich nahm das an wie eine Erlösung und konnte meine Schuldgefühle verdrängen. Später erwies es sich, daß die Trennung auch meine erste Frau selbständiger machte. Aber auf diesem Weg mußte sie nah am Tode vorbei.

Meine zweite Ehe läßt sich mit dem Schicksal einer Kampfgemeinschaft vergleichen, die für jede überwundene äußere Schwierigkeit eine innere eintauscht. Als sich die äußeren Verhältnisse befestigt hatten und die Familie nach außen wieder heil wirkte, fing der Auflösungsprozeß in unserer Beziehung an. Die Geburt unseres gemeinsamen Kindes, meines einzigen Sohnes, erfüllte ebensowenig unsere Erwartungen auf ein harmonischeres Zusammenleben wie der Bau eines Hauses mit Praxisräumen, damit wir – beide berufstätig und vorher auf weite Fahrten zum Arbeitsplatz angewiesen – mehr Zeit zusammen verbringen konnten. Im Gegenteil: Je weniger Anstrengung wir daran wenden mußten, die äußeren Schwierigkeiten zu bewältigen, desto größer wurden unsere Konflikte. Unser Sohn wuchs in ihrem Schatten auf. Er hatte von Geburt an einen Herzfehler. Es war ein Loch in der Herzscheidewand, das sich später, nach einer gründlichen Untersuchung, als weniger bedrohlich erwies, als wir zuerst fürchteten. Eine Operation schien entbehrlich. Er entwickelte sich normal, ein stilles, nachdenkliches Kind. Als er etwas über zwei Jahre alt war, trennte ich mich von meiner zweiten Frau. Ich nahm mir, das erste Mal in meinem Leben, mit fast vierzig Jahren eine eigene Wohnung und zog mit meiner ältesten Tochter dort ein. Meine jüngere Tochter hatte dort ein Zimmer, aber sie fühlte sich bald bei ihrer Mutter heimisch, die nicht weit entfernt wohnte. So spaltete sich die Familie in Paare: Vater – älteste Tochter, erste Frau – jüngere Tochter, zweite Frau – Sohn. Diese Situation war einige Jahre lang stabil. Ich fühlte mich – obwohl ich oft traurig war und mich mit der Trennung von meiner zweiten Frau schwer abfinden konnte – besser als in einer äußerlich heilen, innerlich aber zerstrittenen Familie, in der jeder dem anderen seine Schuld vorrechnet.

Jetzt erfahre ich, nach der Krankheit meiner ersten Frau, die das Kind zurück zu mir treibt, von der Krankheit meines Sohnes, in der meine zweite Frau Hilfe bei mir sucht. Aber ich kann ihr nicht viel geben, außer einem Telefongespräch und dem Versprechen, sogleich nach meiner Rückkehr zu ihm in die Klinik zu kommen. Müde von der Fahrt und noch mehr von der Erwartung des Leidens, gegen das ich ohnmächtig bin (oder hebt die eigene Möglichkeit, krank zu werden, einen Teil dieser Ohnmacht wieder auf?), treffe ich dort ein. Zimmer 238. Es ist ein Zentrum für Herzkranke. In der Kinderstation liegen Babies mit einem angespannten, leeren Gesichtsausdruck, als müßten sie ihre ganze Kraft darauf richten, zu überleben, und hätten keine Energie mehr frei, sich der Umwelt zuzuwenden. Im Vorraum eine arabische Familie, der Mann im Kopftuch, die Frau verschleiert, sie stillt einen Säugling, während er ein anderes Kind im Wagen auf und ab schiebt.

Mein Sohn hat Besuch. Die Mutter ist da. Ich erfahre, daß er sechs Wochen hier liegen soll, an eine Infusionsmaschine angeschlossen, die Penicillin in eine Vene pumpt. Wie kann man hier gesund werden, frage ich mich, und sage ihm: Es geht dir sicher bald wieder besser, und du kannst nach Hause. Sechs Wochen Infusion für ein siebenjähriges Kind! Er ist tapfer, und das macht mir Sorgen. Er fügt sich zu sehr in sein Schicksal, macht es mir und der Mutter und den Ärzten leicht. Die Mutter sucht Erklärungen: Er ist in die Schule gekommen. Der Arzt und der Zahnarzt haben übersehen, daß bei einem angeborenen Herzfehler anders mit der eitrigen Zahnfistel umgegangen werden muß, die er vor einigen Monaten hatte. Lange Zeit hat niemand an eine Herzentzündung gedacht, als er wochenlang immer wieder Fieber bekam. Jetzt sind alle klüger.

Anzeichen

Die meisten Schwierigkeiten des Lebens sind unlösbar. Man kann versuchen, mit ihnen zu leben. Aber diese Einsicht trägt nicht viel von der Last, die ich spüre. Lange Zeit hat mein Privatleben mir wenig Erfolgserlebnisse verschafft. In letzter Zeit ist es besser geworden. Ich dachte oft, es gehe mir wie den Schwaben, die eben auch erst mit vierzig Jahren gescheit werden. Aber die Vergangenheit ist nicht vorbei. Wo es um die Entwicklung im Leistungsbereich geht – die Promotion, die Kassenzulassung als Psychoanalytiker, einige erfolgreiche Bücher –, kann man Probleme für lösbar halten: Schritte, die endgültig zurückgelegt sind; Unvollkommenheiten, die ein für allemal überwunden sind. Aber eine Ehe, die auseinandergeht; Kinder, die darunter leiden – da kann ich mir nur mit wechselndem Erfolg sagen, daß es mir immer wieder gelungen ist, aus einer ungünstigen Situation etwas noch Erträgliches zu machen. Ich kann mir sagen, daß Kinder auch davon Nutzen haben, wenn ihre Eltern uneinig sind, wenn sie nicht als kompakte Front auftreten, sondern als Bündnispartner für verschiedene Bedürfnisse. Aber diese Tröstungen tragen nur so weit, wie es allen Beteiligten einigermaßen gutgeht. Sie finden ihre Grenze jetzt, in dem bleichen Gesicht meines Sohnes oder in der verzweifelten Tapferkeit meiner Tochter, die sagt: «Wie gut, daß die Mami jetzt krank geworden ist und nicht früher, da hätte ich es ja überhaupt nicht ausgehalten ohne sie.» Ich kann nicht viel tun, außer es ertragen.

Endlich kommen die Pfingstferien. Wir wollen eine Woche auf den Bauernhof fahren. Ich umgebe mich mit Arbeit wie mit einem Wall. Das mißglückte Romanmanuskript muß überarbeitet, gekürzt, umgestellt und korrigiert werden. Draußen steht das Gras hoch. Ich muß mähen. Ich komme gar nicht dazu, mir das Haus wohnlich zu machen, lasse alles liegen, stürze mich in die Arbeit. Es ist zu kalt zum Stillsitzen. So wechsle ich zwischen dem Mähen mit der Sense – wo ich schwitze – und dem Schreibtisch, wo ich friere. Und so scheint es ein Aufflackern der alten Erkältung, wenn es im Hals wieder zu kratzen beginnt. Ich heize den Ofen und rücke den Sessel an ihn. Die Erkältung dient mir dazu, mich von meiner Freundin, den Kindern und den Anforderungen zurückzuziehen, meine geschiedene Frau und meinen Sohn zu besuchen. Ich will nicht nachdenken. Die Krankheit legt sich wie eine Schlinge um mich. Ich will sie nicht sehen. Bisher konnte ich aus der Schlinge heraustreten, weil ich äußere Pflichten hatte – die Patienten, die Fortbildung hier und dort. Jetzt kann ich das nicht mehr. Die Schlinge zieht sich zu, aber ich will es nicht wahrhaben. Ein Schnupfen, vielleicht ein Rückfall in das Heufieber, das ich früher manchmal um diese Jahreszeit hatte, regelmäßig dann, wenn die Belastung groß war. Nicht ernst zu nehmen. Am besten nicht beachten, weiterarbeiten. Am ersten Tag mähe ich noch ein Stück, gebe aber dann der Erschöpfung nach. Aber ich lege mich nicht ins Bett, sondern korrigiere das Manuskript. Es ist eine Sisyphusarbeit. Für jede Phrase, die ich streiche, fallen mir zwei neue auf, die ich auch streichen müßte. Früher habe ich mich doch leichter getan mit dem Schreiben! Das Alter, der Abbau.

Ausbruch

Die Nacht ist grauenhaft. Ich kann kaum schlafen. Der Kriminalroman von Eric Ambler, mit dem ich mich am Abend noch müde zu lesen versucht habe, kreist in meinem Kopf. Es ist, als ob ich immer wieder anfangen müßte, eine Szene, ein Bild abzuschließen, es zu Ende zu denken oder es wegzuschieben, und jedesmal daran scheitere. Ich wälze mich hin und her, die Matratze ist zu dünn, die Decke zu schwer. Der Hals ist wie von Säure zerfressen, die Nase verstopft, merkwürdig, daß ich normalerweise nie daran denke, welche unendliche Wohltat es ist, frei atmen zu können. Am Morgen weckt mich ein Summen und Schwirren von Insekten aus meinem Halbschlaf. Lange höre ich es und versuche in derselben mühsamen, unendlichen Denkplage herauszufinden, was denn los ist. Endlich, nach langem, vergeblichen Grübeln beschließe ich, nachzusehen. Der Fußboden ist von winzigen Ameisen bedeckt, die wirr durcheinanderlaufen. Dazwischen größere Ameisen mit Flügeln, die gelegentlich aufschwirren und gegen die Scheiben prallen. Ich schleppe mich zu einem Fenster. Draußen graut der Morgen. Ich öffne es und stolpere die steile Treppe hinunter in die Küche. Ich greife nach einem Apfel, beiße hinein, um den scheußlichen Geschmack im Mund loszukriegen. Dann hole ich Handfeger und Schaufel, kehre die Ameisen zusammen, so gut es geht, und leere die Schaufel aus dem Fenster in den Garten. Viel Glück auf der Hochzeitsreise! Müde krieche ich wieder unter die Decke und ziehe sie mir über den Kopf. Sollen die Ameisen doch das ganze Haus zerfressen! Der Schnupfen wird schon vorübergehen. Wenn er so heftig ist, verschwindet er sicher nach einem Tag so schnell wieder, wie er kam. Gut, daß ich Ferien habe! Mit dieser Erkältung zu arbeiten, das wäre hart. Vielleicht würde ich auch alles ausfallen lassen! Aber so kann ich mich schonen. Idiotisch, in den Ferien krank zu werden!

Den ersten Tag versuche ich, zu verleugnen, wie schlecht es mir geht. Die Krankheit verbindet sich mit einer Lähmung, einem depressiven Zustand, in dem ich mich noch am Schreibtisch plagen und nach einem Nachmittagsschlaf mit zwei Aspirintabletten auch noch ein Stück Wiese mähen kann, mich aber jeder persönliche Kontakt überfordert. Dann, am Abend, bricht die Abwehr zusammen. Ich verfalle in einen verzweifelten Zustand, wo ich die Gedanken an Tod und Auflösung, an einen Zusammenbruch meiner körperlichen Abwehrkräfte nicht mehr verdrängen kann. Ich lasse sie in mein Bewußtsein und versuche gleichzeitig, mir weiszumachen, daß sie nicht ernst zu nehmen sind. Ich bilde mir das alles nur ein, war schließlich schon immer wehleidig und ängstlich. Zuwendung von seiten meiner Freundin vermisse ich, kann sie aber überhaupt nicht annehmen, wenn sie versucht, sich mit mir zu beschäftigen. Ich will ihr den kranken Mann nicht zumuten. Sie bietet mir an, einen Tee zu kochen. Ich will keinen und stehe eine halbe Stunde später auf, um mir selber einen zu machen.

Wenn ich als Kind krank war, habe ich stundenlang im Fieber die Tapetenmuster zu bizarren Tieren und Gesichtern gemacht. Ich lebte in einem Zwischenreich, wo sich weder die vertraute Ordnung aufrechterhalten läßt noch eine neue auffindbar ist. So ähnlich mache ich es jetzt mit meinen Ängsten. Sie sind weder überwindbar, noch gewinnen sie eine klare Gestalt. Die Schwierigkeiten mit der Mutter meiner Töchter, mit dem herzkranken Sohn treten in den Hintergrund. Ich kann ungerührt von meiner zweiten Frau hören, daß es dem Jungen schlechter geht, daß das Penicillin nicht angeschlagen hat und die Ärzte jetzt ein neues Antibiotikum gegen seine Herzentzündung erproben. Ich kann ihn ohnedies nicht besuchen, weil grippekranke Angehörige keinen Zutritt haben. Ich lege mich ins Bett, nehme ein Handtuch mit für die ständig laufende Nase und hoffe, daß die Zeit vergeht. Die Kleider liegen unordentlich herum, ich fühle mich ungepflegt, aus dem offenen Mund rinnt Speichel auf das Kopfkissen. Durch die Nase ist keine Luft zu holen, in den Stirnhöhlen pocht es, immer wieder drehe ich die naßgeschwitzte Bettdecke um. Ich versuche, an sinnvolle Dinge zu denken, wie an den Roman, an dem ich arbeite. Aber ich komme zu keinem Ende.

Ich denke an die Aussage eines Nervenarztes: Wenn die Menschen einen Schalter hätten, an dem sie sich ausknipsen könnten, wären sie ausgestorben. Ob jetzt ein Augenblick ist, an dem ich mich gerne ausknipsen würde? Ja, denke ich. Dann: Nein, das denkst du nur, weil du ja weißt, daß du diesen Schalter nicht hast und es nicht tun wirst. Und wenn die Menschen diesen Schalter hätten, dann würden sie sicher eine Menge Riten und Schutzmechanismen haben, ein Berührungstabu für diesen Schalter, das nur unter besonderen Umständen gelockert ist. In der Industriegesellschaft wäre ein Schutzkäfig um ihn herum eingepflanzt, der nur von einer besonderen Berufsklasse geöffnet werden könnte. Ich kann nichts machen. Mein

Vorsatz, die Krankheit zu ertragen, sie zu verstehen, nichts gegen sie zu unternehmen, es den Selbstheilungskräften zu überlassen, mit ihr fertig zu werden, bröckelt ab. Ob sie ausreichen? Ich fühle mich sehr allein. Ob es nicht längst eine bakterielle Infektion ist, vielleicht mit denselben schleichenden Streptokokken wie bei meinem Sohn? Dann müßte ich Penicillin nehmen und mir die Darmflora ruinieren, ganz abgesehen davon, daß ich ja eigentlich gegen meine Überzeugung handeln würde. Aber was heißt schon Überzeugung, ich will, daß es mir besser geht.

Am nächsten Morgen raffe ich mich auf und rufe eine befreundete Kollegin an, die früher als praktische Ärztin gearbeitet und auch mich einigemal behandelt hat. Sie ist sehr besorgt – zu besorgt, finde ich. Sie hat sich schon gedacht, was da alles auf mich eingestürmt ist in letzter Zeit und daß ich – Therapeuten seien so – mir das nicht eingestanden hätte. Obwohl ich überzeugt bin, daß sie recht hat, wehre ich mich dagegen, daß sie es mir sagt. Als ob ich das nicht selber wüßte! Aber ihre Sorge tut mir gut. Sie nähme immer ein pflanzliches Mittel, das die Abwehrkräfte steigert. Ich glaube nicht an solche Mittel. Aber sie scheinen mir harmloser als Antibiotika. Jetzt beschließe ich, in die Apotheke zu fahren und es zu besorgen. Gleichzeitig brauche ich etwas zum Lutschen für das Halsweh. Und ich solle mal richtig zur Ruhe kommen, meint die Freundin. Ich halte ihre Sorgen für übertrieben, obwohl meine eigenen Ängste viel weiter reichen.

Dennoch tue ich, was sie sagt. Ich fahre in die Apotheke, kaufe die Mittel, nehme vierzig Tropfen und dann alle zwei Stunden zwanzig Tropfen. Es beruhigt. Ich habe das Empfinden, daß ich etwas gegen meine Krankheit tue und gleichzeitig, daß ich jetzt richtig krank sein darf. Ich stehe nur noch zum Essen auf und fange an, mich im Bett wohler zu fühlen. Ich habe den Kampf aufgegeben und denke nicht mehr, daß ich am nächsten Tag wieder gesund sein muß. Das geht so weit, daß eine Klientin, die in zwei Tagen einen außerordentlichen Termin hat, verblüfft und ärgerlich vor mir steht, weil ich sie vor der Tür warten ließ und im Bademantel öffne. Ich habe den Termin vergessen.

Zu dieser Zeit geht es mir seelisch schon wieder besser, obwohl ich mich körperlich nach wie vor verstopft und verschleimt fühle. Es gibt eine interessante Stunde. Muß der Analytiker immer Lust haben, zu arbeiten? Interessiert er sich nicht für einen Patienten, wenn er dessen Termin vergißt? Ich höre mir geduldig und leicht betäubt die Anklagen an und versuche dann herauszufinden, weshalb meine Klientin nicht erleben kann, daß ich mich – verschlafen und verschleimt – doch um sie bemühe, mich für ihre Sorgen interessiere, freundlich bin, obwohl ich mehr Lust gehabt hätte, im Bett zu bleiben und mich nicht ungewaschen und hastig angezogen hinter die Couch zu setzen.

Der andere Körper

Die vielbeschriebene (besungene, hätte ich fast gesagt) Einheit von Leib und Seele ist ein Ordnungsruf, mit dem sich unser Bewußtsein davon abhält, sich zu sehr in sich selbst zu verlieben und zu verlieren. Es ist eine ganz bürgerliche Vorstellung, unsere Phantasie auf diese Weise an die Wirklichkeit anzubinden, indem man der Seele die Fähigkeit verweigert, sich ungezwungen außerhalb der lästigen körperlichen Fessel zu bewegen. Die Pfeil' und Schleudern des wütenden Geschicks, von denen Hamlet in seinem großen Monolog über Sein oder Nichtsein spricht (III 1), treffen uns bald näher an unserem Mittelpunkt, bald weiter davon entfernt. Wir haben Korrek-

turmöglichkeiten, die wir den «sekundären Krankheitsge-
winn» nennen, wenn wir uns in der psychoanalytischen Subkultur bewegen.

Wer sich bei einem Unfall die Wirbelsäule verletzt und anfängt, unter hartnäckigen Schmerzen zu leiden, wird ganz anders mit diesem Leid umgehen, wenn ihn die Rückkehr in seine
Arbeit freut und er deshalb rasch gesund werden will oder
wenn er sich eine frühe Rente wünscht. Im ersten Fall wird er
versuchen, den Angriff auf das Gleichgewicht seines Zustandes
möglichst an den Rand seines Bewußtseins zu drängen. Er wird
im Lauf der Zeit immer mehr schmerzfreie Räume finden und
in ihnen immer längere Zeit verweilen können. Anders der
Rückenverletzte, der nicht mehr arbeiten will. Er wird die
Schmerzen und die mit ihnen verbundene Unfähigkeit in den
Mittelpunkt seiner Existenz rücken und so unter ihnen leiden,
daß er wirklich keine Aufmerksamkeit mehr für seine Berufstätigkeit erübrigen kann.

Ist ein solcher Mensch nun «wirklich» krank, oder täuscht er
eine Krankheit vor? – Diese Frage kann ein Arzt nur so lange
entscheiden, wie er sich vorwiegend auf seine objektiven Erkenntnisse stützt. Je weniger er sich auf die Geschichte, die
soziale Situation des Patienten einläßt, desto klarer mag sein
Urteil ausfallen. Ich vermute, daß die Lehre von der Leib-
Seele-Einheit eine nützliche Funktion in der Industriegesellschaft hat. Wenn der Schaden im Röntgenbild groß ist, wird
auch die Berechtigung von Schmerz und Rente größer. Ist er
klein, macht sich der Beurteilte einer Rentenneurose, einer Ag-
gravation oder einer depressiven Verarbeitung verdächtig.
Wenn wir nicht so fest an diese Einheit glauben würden, dann
gäbe es durchaus die Möglichkeit, daß die Arbeit selbst dem
Menschen das Kreuz gebrochen hat und er jetzt eine Rente
braucht, während ein anderer Mensch, dem ein Unfall das
Kreuz brach, sich erholen und wieder arbeiten kann.

Ich will diese Gedanken hier nicht weiter verfolgen. Es geht mir darum, das Umfeld zu beleuchten, in dem die Beschäftigung mit dem Körper in der Krankheit stattfindet. Subjektiv ist die Leib-Seele-Einheit dann deutlich, wenn ich mich in meinem Körper wohl fühle. Das Sprichwort sagt: Gutes Essen und Trinken hält Leib und Seele zusammen. Tatsächlich trifft kaum etwas den Menschen so sehr mitten in diesen Zusammenhalt wie Seekrankheit oder ein verdorbener Magen. Diese Zustände sind so im Schwerpunkt unserer Existenz, daß es kaum möglich ist, sich von ihnen abzugrenzen, wie es bei einem zerquetschten Daumen immerhin noch möglich sein mag, der «an sich» viel intensiver schmerzt.

Wer die subjektive Krankheit erforscht, kann viel mit dem Seelenbild der Primitiven anfangen. Die Seele wohnt im Körper, aber sie ist nicht fest mit ihm verbunden. Da wird es verständlich, warum sie in Zeiten der Lust und des Wohlbefindens gerne in ihrem Gehäuse bleibt. Wer mit der oder dem Geliebten im Bett liegt und sich der Liebeslust hingibt, wird (so wünschen wir ihm, mag es ihm auch nicht immer gelingen) keine Neigung verspüren, seine Seele aus dem Körper herauszuholen und sie auf eine Reise in andere Bereiche zu senden. Freilich, wenn er schuldbewußt ist und eigentlich von sich fordert, der fernen Ehefrau treu zu sein, dann mag es sein, daß die Seele – gerade während sie sich der höchsten Lust nähert – auf einmal den Körper verläßt und sich in reuevollen Bildern ergeht, während der Körper mechanisch sein Liebeswerk weiter vollführt und versucht, mit stärkeren sinnlichen Verlockungen die verlorene Seele zurückzuholen.

Den Schnupfen würde ich in einen mittleren Bereich einordnen: er verletzt nicht den Mittelpunkt, an dem Leib und Seele zusammenhängen, und macht jeden Abstand unmöglich. Er erlaubt aber auch keine eindeutige Abgrenzung, wie der Schmerz einer Wunde. Immer wieder sucht die Seele nach

Möglichkeiten, sich loszulösen und einen freien Raum zu gewinnen, in dem sie Schmerz und Unbehagen verleugnen kann. Immer wieder holt sie der Leidenszustand zurück. Die Nase muß geschneuzt werden, das Niesen schüttelt den ganzen Körper, der Husten macht atemlos, in der linken Stirnhöhle pocht und schmerzt es nach jedem Nasenputzen. «Jetzt ist es mir fünf Minuten gelungen, nicht an meinen Schnupfen zu denken», sage ich mir manchmal leidvoll, denn in diesem Augenblick denke ich wieder an ihn.

Der Körper ist anders. Er ist lästig, weil er keine Grenzziehung mehr erlaubt zwischen Lust und Unlust, weil ich ihn nicht mehr als ganzen aus einem unangenehmen Bereich heraus und in einen angenehmen hineinbewegen kann. Auf einmal muß ich mitten im Körper eine Grenze ziehen zwischen dem gesunden und dem kranken Bereich. So bin ich erleichtert, daß ich noch essen kann. Ich esse sogar besonders viel und besonders oft, obwohl die Geschmacksempfindungen mehr erinnerte Verpflichtung als lebendiger Genuß sind. An dieser Grenze setzt ein zähes Ringen ein. Kann ich noch eine halbe Stunde herausschlagen, in der ich meine Grippe verdöse, in der ich konzentriert an meinem Manuskript arbeiten kann? Später ermäßigen sich die Wünsche. Schaffe ich es, mich zu schneuzen, ohne daß ich diese rasenden Kopfschmerzen bekomme? Kann ich aufhören, mich zu räuspern und irgendwelchen zähen Schleim aus dem Hals herauszuwürgen, weil dadurch alles nur noch schlimmer wird?

Damit hängt wohl eine der herkömmlichen Seiten der Krankenrolle zusammen. Wer diesen Krieg in sich trägt, kann sich nicht mehr der Außenwelt zuwenden und sich frei in ihr bewegen. Daher muß er entlastet werden. Er muß seine Kräfte für die innere Auseinandersetzung zwischen der Krankheits- und der Gesundheitspartei in seinem Organismus frei haben. Er ist kein ganzer Mensch mehr, mit dem man umgehen kann wie mit seinesgleichen, sondern gespalten. Man muß ihn in seinem geschwächten, gesunden Teil unterstützen und entlasten, damit er seinen gefährlichen, kranken Teil bezwingen kann. Er braucht Bundesgenossen.

Der Körper ist Diener und Herr zugleich, elementares Milieu, das bestimmt, wie wohl sich die Seele in ihm fühlt. Ihre Beziehung zu ihm nimmt Teile aus der Mutter-Kind-Beziehung in sich auf. Der Körper kann im Stich lassen, schwächlich und hilflos. Er kann bösartig seinen Dienst verweigern und eine hypochondrische Sorge erzwingen, durch die ich hoffe, ihn wieder aufzupäppeln. Wie eine Mutter, die man in ihren stillen Diensten erst dann bemerkt, wenn sie diese nicht mehr klaglos erfüllt, gewinnt der Körper in der Erkrankung Aufmerksamkeit, die ihm sonst nicht zukommt. In sie mischt sich oft Verzweiflung, Wut, Vernachlässigung.

Sauberkeit und Körperpflege werden gleichgültig. Ich schneuze mich ins Kopfkissen, vom Fieber halb betäubt. Es ist eh schon egal. Die von der Krankheit erzwungene Scheidung innerhalb des Körpers verwischt die Grenzen zwischen dem Körper und der Umwelt. Er breitet sich aus – das verschwitzte Bett, der Speichel im Kopfkissen, in schlimmeren Zuständen Kot und Urin. Die Erklärung als Regression, als Rückkehr zu früheren, kindlichen Erlebnis- und Verhaltensformen reicht nicht aus. Während die Seele des Kindes ganz in einem urtümlichen Zustand ist und seine Phantasie zunächst nicht zwischen dem eigenen Körper und der Mutter unterscheidet, sitzt das Bewußtsein des Kranken über und neben ihm, wie ein Rabe auf dem Galgen. Es betrachtet zwischendurch immer wieder sein Leiden. Das kranke Kind hofft noch, daß – wenn es nur laut und lange genug schreit und weint – die Mutter kommt und das Leid fortnimmt, wie sie Hunger und Durst mit sich fortnehmen kann.

Der kranke Erwachsene wird diese Hoffnung nicht mehr

nähren. Sein Bewußtsein kann die Hilfe von außen herbeiholen – das Medikament, den Arzt – oder aber auf die eigene Selbstheilungskraft hoffen. Aber diese ist leicht störbar, besonders wenn die Seele ihren Zusammenhalt mit dem Körper weniger aus der Lust als aus der Leistung schöpft. Untüchtigkeit, Schwäche und Ohnmacht führen dann dazu, daß der Körper nicht nur als Quelle der Unlust, sondern auch als Versager erlebt wird. Wie mag man ihm dann zutrauen, kraft seiner eigenen Fähigkeiten die Krankheit zu bezwingen und das frühere Gleichgewicht wiederherzustellen! Man wünscht sich dann, was der Science-fiction-Autor dem Helden Perry Rhodan gibt: einen magischen Zellaktivator, der nicht nur tausendjährige Jugend garantiert, sondern – einmal eingepflanzt – auch Krankheit, Gift und Radioaktivität überwindet. Perry Rhodan spürt dann nur, wie sich in seinem Inneren ein rhythmisches Pulsieren aufbaut, das – ohne daß er sich krank fühlen muß – die eingedrungenen Erreger beseitigt oder die schädlichen Folgen einer Strahlendusche ungeschehen macht.

Ich glaube, daß ich deshalb wieder gesund geworden bin, weil ich mich zwar in «nekrophilen» Phantasien gehenließ, aber ihnen nicht wirklich glaubte. Ich fürchtete an AIDS zu leiden, dem erworbenen Immun-Mangelsyndrom. Aber ich konnte mich auch immer wieder von dieser Vorstellung befreien und mir sagen: «Das denkst du jetzt, aber du weißt auch genau, daß es nicht stimmt!» So spiegelte sich der Kampf zwischen der Gesundheits- und der Krankheitspartei in meinen Phantasien.

Was geschieht, wenn dieser Wall eingerissen wird? Es scheint mir sehr bedrohlich, daran zu denken. Ich habe einigemal Menschen analysiert, die an Krebs erkrankt waren, und gelegentlich eine Hoffnungslosigkeit gefunden, die dazu führt, daß sie sich bedingungslos auch grausamen medizinischen Eingriffen unterwerfen und mit merkwürdiger Ruhe die Schreckensnachrichten aufnehmen, die von allen Seiten kommen. Das ist auch meine Angst: daß der geschwächte Körper einer Vielfalt von Übeln erliegt, daß noch andere Feinde als die ersten Angreifer durch die Bresche dringen. «Tutti i mali gli saltano adosso», sagte der Hirt in Vicchio einmal, als wir auf der Weide standen und über die kranken Tiere eines andern Hirten sprachen. «Alle Übel springen sie an», wenn erst einmal der Weg offen, der Widerstand geschwächt ist. AIDS ist nur ein Symbol dafür, wie das Alter oder der Einfluß böser Magie.

Fassen wir zusammen: die Krankheit entlarvt die Rede von der Leib-Seele-Einheit als bürgerlichen Mythos, geschaffen, mit dem subjektiven Chaos objektivierend umzugehen. Der innere Krieg zwischen Krankheits- und Gesundheitspartei weckt Wut, Angriffslust oder Fluchtneigungen der Seele gegenüber dem Leib. Die Grenze zwischen dem Körper und der Umwelt wird durchlässiger, weil jede der beiden Parteien ihre Verbündeten hat und nicht mehr ein einheitliches Individuum («Unteilbares») der Außenwelt entgegentritt.

Die neue Gesundheit

Die Gesundung begann damit, daß ich die Krankheit akzeptierte, regelmäßig meine Medizin nahm und mir keine Verleugnungs- und Verdrängungsarbeit mehr abverlangte. Sie endete damit, daß die Krankheit aus meinem Bewußtsein verschwand. Das geschah nicht plötzlich, sondern schrittweise. Die Pausen wurden länger, in denen es mir gelang, nicht an meinen Schnupfen oder Husten zu denken. Medikamente, die auffällig auf der Kommode standen, verschwanden in einem Schrank. Sie blieben noch als Talisman bedeutungsvoll. Als ich eine Woche nach Pfingsten in die Toscana fuhr, nahm ich noch zwei

Fläschchen mit den pflanzlichen Mitteln gegen die Nebenhöhlenschmerzen und den Husten mit. Ich benützte sie nie und packte sie nach sieben Tagen wieder in den Rucksack. Es war mir auf eine merkwürdige Weise klar, daß ich jetzt gesund bleiben würde.

Das Hochgefühl des Genesenden erinnert an den intensiven Genuß von Speisen nach einer Fastenzeit. Das Kontrastprinzip, dem unser Glücksgefühl gehorcht, gilt auch für die Gesundheit. Gleichzeitig wehrt sich etwas in uns, dieses Gesetz anzuerkennen. Lust und Glück, erhabene Ziele des Menschen, der sich von transzendentalen Illusionen wie dem religiösen Glauben befreit meint, sollen dem billigen Vergnügen entsprechen, daß ich mich kratzen kann, wo es juckt? Daß ich das Bein in einer kalten Winternacht unter der warmen Decke hervorstrecke und dann, wenn mich fröstelt, wieder zurückziehe? Sokrates hat sich bemüht, diese emotionale Banalität zu entkräften, indem er sie überspitzte: Wenn du, lieber Dialogpartner, ein wenig glücklich bist, weil du dich nach einem Flohstich kratzen kannst – bist du dann sehr glücklich, wenn dich viele Flöhe stechen?

Ich habe mehrere Jahre Fastengruppen geleitet, in denen wir außer Saft, Tee und Mineralwasser nichts aßen, fünf bis zehn Tage lang. Das schönste daran war die Verfeinerung der Sinnesempfindungen beim Fastenbrechen. Aber sosehr ich es wollte: sie ließ sich nicht über längere Zeit aufrechterhalten. Nach einigen Wochen verschwand die differenzierte Wahrnehmung. Ich wurde wieder gefräßig. Manchmal ertappte ich mich dabei und suchte in meinen Erinnerungen. Dann fand ich auch die verlorenen Empfindungen unter einer dicken Schicht von Alltag und Gewohnheit.

Die Gesundheitseuphorie nach der Krankheit entspringt vielleicht nicht nur diesem Kontrastprinzip. Sie hängt auch mit der Selbstbestrafungsneigung zusammen, dem unbewußten

Masochismus, der vielleicht in uns schlummert. Ich sage: vielleicht, denn ich bin nicht sicher. Einerseits scheint es mir wie eine Flucht in das Herz der Finsternis, nun vom Todestrieb zu sprechen, wie Freud es tat. Andererseits ist es wohl eine Flucht ins Licht, alle selbstzerstörerischen Neigungen des Menschen zu leugnen. So harre ich mit meinem «vielleicht» im Zweifel und im Zwielicht aus, wo die zerstörerischen Mechanismen der Gesellschaft und die persönlichen Neigungen zur Selbstbestrafung ineinander übergehen.

Vertraut ist mir ein Gefühl wie: «Jetzt ist es dir lange genug schlechtgegangen, jetzt darf es dir wieder gutgehen!» Es ist, als ob sich im Schatten der Gesundheit allmählich die Krankheit ansammelt wie ein schädlicher Stoff, der nur dann wieder ausgeschieden werden kann, wenn sich der ganze Organismus zur Krankheit bequemt. Uns sind in unserer zivilisierten Lebensform unendlich viele Zyklen verlorengegangen, die das menschliche Leben über Jahrtausende hin bestimmten. Wer kümmert sich noch um den Vegetationszyklus, wenn er jederzeit frische Erdbeeren, Weintrauben, Tomaten oder Äpfel kaufen kann? Tag und Nacht werden durch das elektrische Licht gleichgemacht, Sommer und Winter durch die Zentralheizung, Licht und Schatten durch Rolladen und Bräunungsstudio, Musik und Stille durch Kofferradio oder Walkman. Sicherlich hat es früher auch Krankheits- und Gesundheitszyklen gegeben, die von den Jahreszyklen bestimmt waren.

Reste finden sich noch im Glauben der Bauern, daß der Winter schwer zu überleben ist. «Wenn ich nächstes Frühjahr noch leb, können wir über das Mähen reden», sagte die alte Bäuerin, die bisher den Obstgarten unseres Hauses gemäht hat. Ohne genug Wärme, ohne frische Nahrung war der Winter eine gefährliche Zeit. Damals mag sich die Krankheitskraft innerhalb dieser Zyklen verbraucht haben, kräftig unterstützt durch die Zyklen des Kirchenjahrs. Buße, Fastenzeit, Freudenfeste zur

Sonnenwende im Winter und nach dem ersten Vollmond im Frühling, wenn die Lämmer geschlachtet werden und die Hühner aus Leibeskräften Eier legen.

Die Konsumgesellschaft hat sich diese Zyklen verdorben. Sie wächst und wächst. Wenn sie stockt, dann nicht, weil sie innehalten und ausruhen will, sondern nur, um notdürftig Kraft zu finden für neue Hetze. Die Hühner legen immer Eier, nicht nur im Frühling. Wenn sie es nicht mehr tun, werden sie geschlachtet. Der gesunde Mensch muß immer gesund sein. Im Hintergrund dieses normierten Lebens sammelt sich dann das Gift zu bedrohlichen Mengen, das früher zyklisch ausgeschieden wurde. Die Vorstellung, dieses Gift in mir zu tragen, macht mir angst. Es gibt Rituale, diese Angst zu beschwichtigen, indem man «etwas für die Gesundheit tut».

Wir opfern nicht mehr den Göttern, um ihren Neid zu beschwichtigen, sondern der Wissenschaft, etwa durch Vorsorgeuntersuchungen, ob in den Blutchemiewerten, im Röntgenbild oder im Urin alles in Ordnung ist. Darin drückt sich ein tiefes Mißtrauen in die subjektiven Möglichkeiten aus, die Krankheit zu entdecken. So quälen sich an Heimtrainern oder joggend im Park die Opfer sitzender Berufe, nicht aus Lust an der Bewegung, sondern auf der Flucht vor einem Herztod, der sie wegen der verkrampften Anstrengung am Abend dort treffen mag, wo sie ihm entfliehen wollten. Entsetzt läuft ein Kaufmann zu seinem Freund: Ich muß noch heute nach Samarkand, denn ich habe meinen Tod auf der Straße gesehen. Der Freund geht und sucht den Tod. Er findet ihn, wie er grübelnd an einem Teich steht und in das stille Wasser schaut. (Im Orient, aus dem diese Fabel kommt, ist der Tod ein schöner, junger Mann.) «Warum so nachdenklich?» fragt der Freund des Geflohenen. «Ich habe eben auf der Straße einen Mann getroffen», sagt der Tod, «den ich heute abend in Samarkand holen soll.»

Die psychoanalytische Deutung der Furcht vor dem Neid der Götter auf ein allzu unveränderliches Glück ist verwickelt. Für den, der sich ängstigt, bleibt ihr Nutzen dunkel. Es fängt damit an, daß ich mich als Kind – wie wohl die meisten Kinder – nicht immer verstanden und befriedigt fühlte. Dadurch entsteht Wut gegen die Erwachsenen, vor allem (da mein Vater im Krieg geblieben war) gegen die Mutter. Gleichzeitig ist aber die Mutter auch das Objekt der Befriedigung. Ich darf es mir nicht mit ihr verderben. Die Wut droht, ihr Bild in mir zu zerstören und mich den Qualen der Einsamkeit auszuliefern. In diesem Augenblick muß ich mich mit ihr identifizieren, um sie nicht zu verlieren. Doch da ich auf sie wütend bin, erwarte ich auch Wut von ihr. So nehme ich eine wütende, strafende Mutter unentrinnbar in mich auf. Nur durch Demutsgesten und Unterwerfungsrituale, wie die Krankheit, kann sie milde gestimmt und versöhnt werden, für eine Weile. Andererseits ist es auch nützlich, eine solche strafende, wütende Mutter in sich zu tragen. Denn die Wirklichkeit ist oft genug unseren Wünschen feindlich. Wer diese Feindschaft berechnend vorwegzunehmen vermag, wird oft besser fahren als der vom Glück Verwöhnte, der von den Mitmenschen nur Gutes erwartet.

Register

302